무조건
성적이
오르는
쿼드스터디

나에게 꼭 맞는 학습 성향별 공부 가이드

무조건 성적이 오르는 쿼드스터디

김청유 지음

유노
라이프

성적 향상의 핵심은
학습 성향에 있습니다

"어떻게 하면 아이가 사교육 없이 원하는 대학에 갈 수 있을까요?"

지난 25년 동안 교육 전문가로 활동해 오면서 하루에도 여러 번 받는 질문입니다. 아이가 좋은 성적을 받아 '대학 합격'이라는 관문을 무사히 통과하기를 바라는 마음에서 나오는 질문이죠. 그런데 여기서 중요한 점은 '스스로 공부한다'입니다.

'자기주도학습'은 학습 전반에 걸쳐 목표와 계획, 마무리 점검까지 아이가 주도적으로 공부하는 것을 뜻합니다. 그런데 어떻게 해야 아이가 자기주도학습을 제대로 할 수 있을까요? 공부 잘하는 아이들은 언제부터, 어떻게 자기주도학습을 익혔을까요?

저는 지난 18년 동안 강남 사교육 현장에서 1만 명이 넘는 학생들을 가르쳤습니다. 지자체 멘토링 프로그램을 운영하고 전국 초·중·고등학교에서 특강을 하면서 아이들의 변화와 성장을 관찰했습니다. 진로 적성과 관련된 검사를 진행하고, 고입과 대입 상담, 다양한 책과 논문 자료를 연구했습니다. 3,000명이 넘는 명문대 대학생 멘토단도 만났습니다. 그들과 인터뷰를 진행하면서 공부 잘하는 방법과 그 본질을 하나씩 찾아냈습니다.

그러면서 중요한 사실을 알게 되었습니다. 바로, 명문대 학생들은 모두 자신만의 '학습 성향'에 맞는 공부법을 가지고 있었습니다. 그들은 학창 시절 동안 수많은 시행착오를 겪으면서 적합한 학습 방법을 찾아냈고, 이 과정에서 학업 성취 또한 경험했습니다. 성취는 확실한 동기부여가 되고 성적을 향상시키는 발판이 되었습니다. 이러한 성장 과정을 보면서 자기주도학습 능력을 키우려면 각자의 학습 성향에 맞는 방법을 찾는 일이 매우 중요하다는 사실을 깨달았습니다.

무엇이 성적 격차를 만들까?

최근에 만난 두 명의 중학교 3학년 아이의 사례는 학습 성향이 얼마나 중요한지를 잘 보여 줍니다. 먼저 소영이는 전교 1, 2등을 다투는 우수한 학생이었습니다. 특이하게도 특별한 사교육 없이도 뛰어난 성과를 냈습니다. 새벽 5시 기상, 규칙적인 생활, 체계적인 계획 수립과 실천 등 놀라울 정도로 자기주도적인 모습을 보였죠. 심지어 명문대 멘토가 소영이에게는 특별한 멘토링을 해 줄 것이 없다고 할 정도였습니다. 소영이는 자신의 진로와 학업 계획에 명확한 목표 의식이 있는 학생이었습니다.

이런 소영이의 뒤에는 학습 성향을 깊이 이해하고 존중하는 아버지가 계셨습니다. 아버지는 소영이가 뭔가를 시작할 때 항상 같이 길을 터주면 그다음부터는 소영이가 알아서 척척 한다고 말했습니다. 어렸을 때부터 소영이는 뭐든 처음은 힘들어했지만, 중간부터는 알아서 잘하는 학생이었죠. 부모님은 소영이가 늘 옆에서 관심 있게 지켜봐 주면 잘하는 아이라는 사실을 알았습니다. 부모님은 시작만 같이 하고 지켜보고 응원하며, 필요할 때 적극적으로 소영이를 도와주었습니다. 특별한 사교육이나 과도한 간섭은 오히려 해가 된다고 했습니다. 부모님이 소영이를 얼마나 잘 이해하는지 알 수 있는 지점이었죠.

반면, 유나의 사례는 아주 대조적이었습니다. 어머니는 유나의 성향이 어떠한지에 대한 구체적인 정보가 없었습니다. 지금까지 어떤 학원에 보냈고, 점수는 몇 점 정도이고, 수학과 과학을 어려워하고, 머리는 좋은데 공부를 하지 않아 성적이 안 나온다는 말만 했습니다. 멘토도 명문대 멘토만 고집했습니다. 의대생이나 공대 출신의 여자 멘토를 특히 원하셨죠.

유나도 마찬가지였습니다. 유나는 아직 자신의 진로나 학습 목표에 뚜렷한 계획이 없었습니다. 그동안 학원을 정말 바쁘게 다니느라 생각할 시간이 없었다고 합니다. 당연히 자신이 무엇을 잘하는지, 못하는지에 대한 파악은 안 되어 있었고, 학원을 많이 다녔지만 자신만의 공부법은 없었습니다. 그 이후 멘토링도 과도한 학원 일정으로 제대로 이루어지지 못했고, 어머니는 "딸아이가 제대로 하는 것이 없다"라며 답답함을 토로했습니다.

두 사례의 차이는 무엇일까요? 바로 '자녀의 학습 성향에 대한 이해'라고 할 수 있습니다. 소영이의 부모님은 아이의 성향을 구체적으로 이해하고 그에 맞는 자기주도학습 환경을 만들기 위한 명확한 기준이 있었습니다. 반면 유나의 부모님은 아니었습니다. 학원을 바쁘게 돌아다니지만, 항상 쫓기는 스케줄에 유나가 오히려 공부에 집중할 수 없는 역효과를 낳았죠. 이처럼 학습 성향을 이해하는지 아닌지에 따라 명확히 결과가 갈립니다. 아무리 좋은 학원, 뛰어난 선생님이 있어도 아이의 성향을 고려하지 않는 자녀교육은 한계가 있습니다.

저는 지자체와 학교 그리고 자기주도학습 센터에서 대학생 멘토링을 운영하며 2만여 차례 이상의 멘토링을 했습니다. 그러면서 학습 성향을 네 가지로 유형화하였습니다. 각 유형별로 공부법의 패턴을 기록하고 분석했죠. 그 결과, 학습 성향 네 가지 유형에서 플래너와 작성 방법, 노트 필기 양식과 작성법, 공부 공간, 예·복습 방법, 온라인 강좌 선택에서 다른 특징이 보였습니다. 이 책에서 말하는 '쿼드스터디', 즉 네 가지 성향별 공부법은 그렇게 만들어졌습니다.

쿼드스터디, 성적을 올리는 지름길

쿼드스터디의 네 가지 학습 유형은 다음과 같습니다.

① **원칙주의형(감각형-순차형)**

이 유형은 학습 정보가 구체적이고 실질적이며 현실적인 내용을 선호합니다. 학습 처리가 단계적이고 순차적으로 진행이 되어야 합니다. 체계적이며 계획적인 학습 활동을 선호하고 정해진 순서대로 공부하기를 좋아합니다.

② **목표지향형(감각형-총체형)**

내용을 전체적으로 확인하며 학습하는 경향이 강합니다. 목차를 활용하여 전반적인 구조를 이해하고 나서 세부 내용을 숙지하는 성향입니다. 우선순위를 정하고 핵심 내용을 중심으로 학습합니다. 최대의 학습 효율과 목표지향적인 학습 태도를 보입니다.

③ **한 우물형(직관형-순차형)**

추상적인 정보와 이론을 선호하며, 정보를 단계적으로 처리하는 학습 성향입니다. 원론적이고 근본적인 원리를 이해하고 개념을 확립합니다. 자신에게 이끌리는 것을 탐색하기 좋아하며, 깊이 있고 근원적인 학문을 좋아하는 성향입니다.

④ **전체주의형(직관형-총체형)**

학습 과목이나 영역 사이의 경계를 넘나들며 다양한 개념을 연결하기 좋아합니다. 항상 전체를 생각하면서 한 번에 많은 정보를 흡수하려 합니다. 추상적인 정보와 이론을 선호하고, 새롭고 흥미로운 정보를 처리하는 경향이 강한 유형입니다.

　위와 같은 네 가지 학습 유형은 각각 고유한 학습 방식과 공부법 특징과 장점이 있습니다. 그래서 우리 아이가 어떤 성향인지 이해하면, 학습 효율을 극대화할 수 있는 전략이 통하죠. 쿼드스터디는 아이의 학습 성향을 파악하고 이를 바탕으로 맞춤형 학습법을 제시합니다. 아이의 학습 잠재력을 발견하고 실천하도록 돕습니다.

　아이의 학습 성향에 맞는 공부법을 찾는 일만큼 중요한 사안은 부모님 또한 자신의 학습 성향을 이해하고 알아야 한다는 점입니다. 그래야 자녀와의 학습 성향 차이를 알고 오해 없이 아이의 학습 방식에 맞는 교육을 할 수 있습니다. 서로에 대한 오해로 시간과 에너지를 낭비하지 말고 조금이라도 아끼고 시행착오를 줄이세요. 자녀의 십대 시절은 그 어느 때보다 소중하고 귀중한 시간입니다.

　좀 더 구체적으로 왜 부모님의 학습 성향을 알아야 하는지 살펴보겠습니다.

첫째, 아이에 대한 오해를 줄일 수 있습니다

　부모는 자신의 학습 경험을 바탕으로 아이를 지도하려는 경향이 큽니다. 아이의 학습 성향이 부모님과 다를 경우 갈등과 오해를 불러일으키고 방해 요소로 작용할 수 있습니다. 아이에게 관심을 주는 일에서 더 나아가 오히려 간섭하게 되는 부작용이 생길 수 있죠. 이것은 자기주도학습에 방해가 되어 무기력과 불안 요소로 작용하게 됩니다.

둘째, 다른 아이들과의 비교를 줄일 수 있습니다

비교는 자녀교육에서 제일 지양해야 할 태도입니다. 주변의 다른 아이를 기준 삼아 아이의 부족한 부분을 지적하면 아이는 부모님 말에 귀를 기울이기보다는 감정적으로 행동하고 반감을 갖습니다. 오히려 역효과가 일어나죠. 모든 아이는 고유한 학습 성향을 지닙니다. 그에 맞는 장단점도 존재합니다. 아이의 학습 성향을 이해하면 장점과 특성에 집중할 수 있습니다.

셋째, 아이의 진로, 진학 방향을 제대로 설정할 수 있습니다

학습 성향은 단지 학교 공부에만 국한되지 않습니다. 우리가 살아가는 생활 방식과 대학 입시 전형 그리고 직무 환경과도 연결됩니다. 자녀의 성향을 고려하여 학습 방향과 더불어 진로를 설정하고 입시에 적용한다면 성공적인 미래를 준비할 수 있습니다.

부모님들이 아이의 학습 성향을 이해하고, 더는 맞지 않는 공부법을 무작정 주입하지 않고, 효과적인 학습 방식을 찾을 수 있기를 원합니다. 쿼드스터디로 학습 효율성 향상은 물론이고 학습에 대한 자신감과 동기를 얻기 바랍니다. 자녀와의 불필요한 갈등을 줄이고, 긍정적인 학습 분위기를 조성하는 데 아주 큰 도움이 될 것입니다.

2024년 기준, 대한민국 사교육비는 29조 원이라고 합니다. 아이 수는 계속해서 줄어드는데, 아이러니하게도 사교육 지출은 점점 더 증가하고 있습니다. 아이가 학습의 주체가 되는 공부가 점점 늘어야 하는데, 타인에게 의존하는 공부법이 더 팽창한다면 미래를 위한 현명한 대비가 아니라고 봅니다.

'나만의 공부법'을 찾으면 아이는 공부를 더 재미있어 합니다. 성적이 오르고 집중력 또한 높아집니다. 그동안 명문대 학생들과 만나며 발견한 명확한 사실입니다. 네 가지 성향별 공부법인 쿼드스터디를 하며 아이가 자기주도학습을 이룰 수 있기를 바랍니다. 세상에 모든 아이들이 성공적으로 학습할 수 있기를 바랍니다.

이 책이 세상에 나올 수 있었던 것은 그동안 전국적으로 진행한 멘토링과 학교 캠프에 적극적으로 참여해 주신 멘토와 멘티 분들의 뜨거운 호응과 참여 덕분입니다. 자신이 겪었던 고충과 힘들었던 경험을 후배들만큼은 겪지 않았으면 하는 간절한 마음으로, 회의와 연구 그리고 콘텐츠 개발에 아낌없이 시간과 열정을 쏟은 멘토 분들과 스태프 분들께 진심으로 감사드립니다.

차례

프롤로그 성적 향상의 핵심은 학습 성향에 있습니다   004

1장
"아무리 공부해도
성적이 오르지 않는다면"
쿼드스터디가 필요한 이유

믿는 도끼에 찍힌 발등	019
내 아이에게 딱 맞는 공부법은 무엇일까?	025
학습 성향을 보면 성적이 보인다	030
세 번의 낙담의 골짜기 중2, 예비 고1, 재수	036
무작정 공부하면 성적은 오르지 않는다	043
쿼드스터디 가이드 1 학습 성향 검사하기	051

2장
"학습 성향을 아는 것이
공부의 시작이다"
쿼드스터디 바로 알기

공부할 때마다 아이와 싸우게 된다면	059
스티브 잡스는 '전체주의형'이다?	064
큰아이와 둘째 아이의 공부법이 다른 이유	069
학교 수업만 집중하지 못하는 아이	075
'공부 머리'는 타고나는 걸까?	081
쿼드스터디 가이드 2 학습 성향 파악하기	088

3장
"내신부터 수능까지,
1등급의 비밀"
쿼드스터디 시험 전략

학습 성향에 따라 학교생활이 달라진다	105
성향별 맞춤 국어 공부법 시 〈진달래꽃〉 분석하기	116
성향별 맞춤 수학 공부법 '근의 공식' 분석하기	124
성향별 맞춤 영어 공부법 '관계대명사' 분석하기	131
'동굴 독서실'이 정답은 아니다	139
외워야 할까, 이해해야 할까?	144
쿼드스터디 가이드 3 학습 성향별 노트 활용법	151

4장
"SKY 멘토들의 성공 공식"
쿼드스터디 합격 전략

낙담의 골짜기에서 최상위권으로	**169**
공부는 속도가 아니라 방향이다	**175**
공부의 기본이 되는 필기의 기술	**180**
가장 어렵지만 중요한 '체화하기'	**187**
공부의 완성도를 결정하는 '인출하기'	**193**
장기 기억으로 바꾸는 '재구조화하기'	**199**
쿼드스터디 가이드 4 학습 성향별 플래너 작성법	**206**

5장
"자주 바뀌는 입시 제도, 절대 변하지 않는 공부법"
쿼드스터디 입시 전략

명문대 멘토의 공부 마인드셋	**223**
고교학점제를 이해하고 대비하는 방법	**237**
맞춤 입시 전략으로 단숨에 합격하기	**244**
생활기록부가 알려 주는 공부 강점	**251**
수능도 결국 전략 싸움이다	**260**
쿼드스터디 가이드 5 학습 성향별 예·복습 전략	**268**

6장
"스스로 배우고
성장하는 아이들"
자기주도학습, 쿼드스터디의 최종 목표

공부의 흐름을 깨는 시기가 따로 있다	279
최적의 공부 궁합 찾기	285
공부로 허기진 마음을 채울 수 있다	293
씨앗부터 열매까지, 변화의 7단계	300
우리는 평생 배워야 한다	310
쿼드스터디 가이드 6 명문대 학생들의 쿼드스터디 후기	314

1장

> "아무리 공부해도
> 성적이 오르지 않는다면"

쿼드스터디가 필요한 이유

믿는 도끼에
찍힌 발등

가정의 달을 맞아 따스한 햇살이 내리쬐던 5월의 어느 날, 현석이와 어머니가 센터로 왔습니다. 중학교 2학년에 올라와 처음으로 1학기 중간고사를 마치고 '이건 아니다' 싶어서 상담을 받으러 왔다고 합니다.

"선생님, 우리 현석이가 중학교에서도 계속 공부를 잘할 것이라 생각했어요. 학교 선생님들도 현석이 평소 실력으로 봐서는 무난히 상위권에 머물 것이라고 말씀하셨거든요."

현석이는 강남 사립 초등학교 출신이었고, 여느 다른 아이들처럼 학원을 많이 다녔습니다. 영어와 수학은 기본이고, 영재 과학과 논술

학원, 영어 회화 학원까지 다니고 있었습니다. 중학교 1학년은 '자유학년제'라 지필고사 없이 1년을 보낼 수 있었지만, 중학교 2학년부터는 전체 과목 평균 95점 이상을 목표로 공부할 정도였습니다.

그런데 시험을 치르던 첫날, 현석이는 첫 과목에서부터 뭔가 이상함을 느꼈습니다. 시험을 치른 날 집에 도착해서, 방문을 잠그고 이불 속에서 큰 소리로 울었다고 합니다. 이상함을 감지한 어머니는 아무 말 없이 기다렸다가 현석이가 울음을 그치고 나올 때 물었습니다.

"현석아, 무슨 일이야? 시험 보면서 무슨 일 있었어? 왜 그래? 말을 해야지 엄마가 도와주지."

아무 말 못하는 현석이의 눈에는 눈물방울이 맺혔고, 한없이 울먹이면서 엄마를 바라봤다고 합니다. 한참 시간이 흐른 뒤, 마음이 차분해진 현석이는 첫 시험부터 답안지를 밀려서 표시했다고 말했습니다. 어머니는 어쩔 수 없는 일이라며 위로해 주었고, 내일 시험 준비를 하는 것이 최선이라고 달래며 이번 시험 목표를 다시 조정하자고 했답니다. 현석이는 다시 방으로 들어가 다음 날 시험 준비를 했습니다.

둘째 날 시험을 치르고 온 현석이는 나름 90점이 넘을 것 같다고 말했습니다. 그리고 수학과 사회 시험 점수를 보여 주었죠. 마지막 날까지 시험을 무사히 치르고 난 현석이는 이번 시험은 생각보다 못 봤지만, 다음 기말고사 때는 더 열심히 공부해서 잘 보겠다고 어머니와 약속했습니다.

아이의 시험 성적이 20점이나 떨어진 이유

그런데 며칠 뒤, 어머니는 현석이가 학교에서 받은 성적 꼬리표를 보고 충격을 받았습니다. 첫날 시험을 본 국어와 역사는 그렇다 치고, 마지막 날 치른 영어가 현석이가 채점했던 점수보다 무려 20점 정도 떨어져서 나온 것입니다. 어머니는 담임선생님에게 연락해 연유를 물었지만, 현석이가 제출한 답안지와 점수는 이상이 없었습니다. 이러한 결과를 받고 도저히 뭐가 뭔지 모르겠다는 생각에 현석이와 함께 저를 찾았던 것입니다.

저는 현석이에게 이렇게 물었습니다.

"영어 시험지 가지고 있니?"
"아뇨, 시험 끝나고 어디에 두었는지 모르겠어요."
"혹시 다른 과목 시험지 가지고 온 것이 있다면 보여 줄래?"

현석이는 수학과 역사 과목 시험지를 꺼냈습니다. 수학 문제 풀이 식을 보니 여러 번 썼다 지웠다 한 자국이 보였습니다.

"수학 시험 끝나고 채점한 시험지와 성적표에 점수 차이가 있어?"
"12점 정도 차이가 나요."

학교에서 나눠준 답지가 있냐고 물었더니, 현석이는 핸드폰으로 찍어 놓은 답안지 사진을 건네주었습니다. 저는 답지와 시험지를 1번부터 다시 채점을 하면서 뭔가 이상함을 느꼈습니다. 문제를 살펴보니 현석이는 정답을 3번이라고 표시했는데 실제 정답은 2번이었습니다. 하지만 '맞다'고 표시되어 있었습니다. 이런 문제들이 여러 개 보였습니다. 역사 과목도 역시 틀렸다고 되었어야 할 문항에 맞았다고 둥글게 표시한 문제가 여러 개 있었습니다. 시험지 상단에 각각 92점과 88점이라고 커다랗게 점수까지 기록되어 있었습니다. 정작 꼬리표에서는 72점과 68점으로 나왔는데 말이죠.

현석이 어머니와 대화를 나누었습니다.

"혹시 평소에 현석이에게 반에서 1등을 해야 한다거나 중학교에 올라가면 최상위권에 올라가야 한다고 자주 말하시나요?"

"아니에요. 저희는 현석이에게 점수로 스트레스를 준 기억이 없어요! 그저 현석이가 건강하게 잘 자라고 학교생활 잘하면 되어요."

제대로 된 공부법을 모르고 중학교에 가면 벌어지는 일

아마 초등학교 때부터 잘한다는 이야기를 들어 온 현석이에게, 중학교 첫날 시험은 인정하기 두려운 경험이었을 것입니다. 그런 부담감으로 틀린 문제를 맞다고 표시한 것이죠. 이럴 때 아이를 너무 심하게 탓하는 것은 좋은 방법이 아닙니다. 아이의 마음을 헤아려주고 정확한 원인을 파악하면, 이런 일은 반복되지 않습니다.

초등학교에서 성실히 공부했던 아이들이 중학교에 올라와 첫 시험

==부터 하늘이 무너질 정도로 성적이 떨어지는 이유는 제대로 된 공부법을 모르기 때문입니다.== 자신에게 맞는 공부법을 아는 아이들은 어느 과목이든 개념을 정확하게 습득합니다. 각 단원의 제목과 주제, 학습 목표를 파악하고 무엇을 설명하고 다루는지 이해합니다. 그리고 자신에게 알맞은 방법을 선택해 구체적으로 이해하고 추론적 사고를 합니다. 이를 기반으로 기본 문제부터 심화 문제, 기출문제 등을 다양하게 풀면서 자신이 아는 부분을 제대로 검증하죠.

저학년일수록 단계별 공부가 서툴고 어색하지만 그래도 고학년과 비슷하게 학습 과정을 이룹니다. 어차피 공부는 아는 것과 모르는 것을 구분하는 능력이고, 모르는 것을 제대로 알 때까지 자신을 검증하는 과정이니까요.

반면, 자기만의 공부법이 없는 아이는 개념을 자기 것으로 만들어가는 중간 과정이 없습니다. 누군가 설명하는 내용을 눈으로만 확인합니다. 교과서와 개념을 눈으로 보면서 익숙하도록 노력합니다만, 자신이 제대로 아는지 검증하지 않습니다.

많은 학생들이 현석이처럼 학원에서 개념 설명을 듣고 받은 자료와 기출문제지를 풀면서 모든 것을 안다고 착각하죠. 스스로 검증하는 과정이 없습니다. 자신이 모를 수도 있다고 생각하지도 않고 어렴풋이 안다고 믿죠. 학교나 학원 수업을 잘 들었고 문제도 모두 풀었기에 공부를 다 했다고 생각합니다.

지금까지 말씀드린 바처럼 비판적인 시각으로 자신을 객관화하는 단계를 한 번도 경험하지 못한 아이에게는 학습 성향은 정말 어려운 개념입니다.

내 아이에게 딱 맞는 공부법은 무엇일까?

저는 현석이와 마주 앉아 대화를 시작했습니다.

"어떻게 된 거니?"
"시험지에 채점을 잘못했어요."
"채점할 때 답안지 번호를 잘못 본 것 알아. 선생님은 현석이가 지금까지 어떻게 공부했는지 궁금해. 공부한 내용에서 시험 문제가 안 나왔니?"

현석이가 다소 안심한다는 눈빛을 보이며 말했습니다.

"사실, 영어는 쉽게 나올 것 같다고 생각했어요. 평소에 영어를 좋아해서 대충 문제집만 한 번 풀고 시험 봤어요."

"그랬구나. 그럼 역사는?"

"역사는 정말 암기할 것이 많은데 어떻게 공부할지 모르겠더라고요. 그래서 교과서를 두 번 정도 읽고 자습서랑 기출문제를 풀었는데, 시험 볼 때 하나도 모르겠더라고요!"

사실 중학교 2학년에 처음 치르는 지필 시험에 대한 아이들의 대답은 대부분 현석이와 같습니다. 학원에서 시중에 나온 내신 문제집을 모두 풀게 하지만, 그것이 100퍼센트 해답은 아닙니다. 역사 같은 과목은 제대로 집중해서 공부하지 않으면 정말 대응하기 어려운 과목입니다.

필기하지 않는 아이들의 속사정

어머니와 잠깐 대화를 나누고 현석이의 학습 성향을 검사했습니다. 다음 날 현석이는 영어 교과서와 학교에서 받은 프린트, 역사 책과 시험에 사용했던 교재와 문제집, 노트 모두를 가져왔습니다. 영어를 어떻게 공부했는지 살펴보니, 일단 현석이는 눈으로 공부하는 유형이었습니다. 수업 시간이나 내용을 들었을 때 필기하는 습관이 없었습니다. 교과서는 깨끗했고, 학교에서 준 수업 자료에도 선생님이 설명한 내용을 일목요연하게 정리된 흔적이 안 보였습니다.

그도 그럴 것이 현석이는 '전체주의형'이었습니다. 현석이에게 일반적인 줄글 형태의 노트 필기는 맞지 않습니다. 오히려 '마인드맵' 노트 필기 방식이 더 효과적이죠. 마인드맵은 개념 사이 관계를 한눈에 볼 수 있고, 중심 개념에서 가지를 뻗어나가는 방식이라 직관적인 사고 방식과 잘 맞습니다.

"혹시 선생님이 칠판에 정리해 주는 것 말고, 설명할 때 중요하다 싶은 것을 어디에 적는지 알려 줄래?"

"사실, 선생님이 설명해 주실 때 무엇이 중요한지, 중요하지 않은지 잘 모르겠어요. 모두 받아 적기에는 너무 많고, 안 적기에는 불안한데, 이러지도 저러지도 못해서 그냥 멍하니 듣기만 해요. 선생님이 '중요하니까 받아 적어'라고 말씀하시면 그때야 적어요."

요즘 우리 아이들의 공부 패턴을 들여다보면 교과서 내용을 스스로 정리하는 모습이 거의 없습니다. 선생님에게 1차적으로 교과서를 요약한 프린트를 받고, 수업 중에 들은 내용을 받아 적거나 첨삭을 하다 보면 정리할 기회가 없죠. 사실 받아 적는 일도 제대로 못하는 경우도 흔합니다. 중학교 2학년 남자아이가 프린트를 제대로 챙기는 일부터가 훌륭한 행동입니다. 그러니 필기를 제대로 한다면 신기한 상황인 것이죠.

그러다 보니 이해하지 못한 내용을 다시 확인한다든지, 중요한 부분을 집에 와서 스스로 복습하는 아이는 정말 손꼽을 정도입니다.

학습 목표부터 파악하기 vs. 본문부터 읽기

"현석아, 혹시 이 문단을 읽고 여기서 말하는 핵심이나 주제가 뭔지 알려 줄 수 있어?"

저는 역사 교과서의 한 소단원을 가리키며 물었습니다. 현석이는 제목과 학습 목표는 보지도 않고, 바로 본문 내용만 읽으며 고민했습니다. 중요 핵심 포인트가 이미 학습 목표에 명확히 나와 있음에도 자신이 직접 해결하기 위해 고심하는 모습이었죠. 어떤 글을 읽을 때 제목부터 확인하고 단원의 핵심을 담은 학습 목표가 있는지 살피는 아이들도 있지만, 현석이처럼 무턱대고 본문부터 읽는 아이들이 생각보다 많습니다.

이런 차이는 단순히 공부 머리가 있고 없고의 차이가 아닙니다. 구체적인 정보를 먼저 챙기는 아이와 전체적인 맥락을 먼저 생각하고 구체화하는 아이의 차이, 즉 학습 성향의 차이입니다. 본문부터 들여다보는 현석이와 같은 성향의 아이들은 읽고 나서, 앞뒤를 살펴보게 하는 습관이 매우 중요합니다. 구체적인 정보가 앞뒤 정보와 어떤 상관관계가 있는지 알려 줘야 합니다.

학습 성향에 따른 공부법의 차이는 아이들마다 다릅니다. 어떤 아이는 글에서 정보를 받아들이는 것이 편하고, 어떤 아이는 그림이나 도표에서 빠르게 받아들입니다. 또 어떤 아이는 전체적인 맥락을 먼저 파악하고, 어떤 아이는 세부적인 사실부터 차근차근 쌓아갑니다. 이런 개인차를 무시하고 모든 아이에게 같은 방식의 공부법을 강요한다면 공부 효과가 없습니다. 부모와 교육자들이 아이의 학습 성향을 제대로 파악하고, 그에 맞는 맞춤형 공부법을 찾아주는 일이 중요합니다. 그래야만 아이들이 자신감을 붙여 학업에 임하고, 진정한 의미의 학습을 이룹니다.

현석이의 사례에서 보듯이, 아이의 성적 하락이 단순히 노력 부족이나 능력의 한계가 아닌 경우가 많습니다. 아이가 자신에게 맞는 공부법이 무엇인지 모른다면 시간만 흘러갈 뿐입니다.

학습 성향을 보면
성적이 보인다

유정이를 처음 만났을 때 기억이 아직도 선명합니다. 유정이는 책상에 앉자마자 가방에서 꺼내놓은 물건들부터가 남달랐습니다. 색깔별로 구분된 형광펜, 반듯하게 정리된 노트, 늘 챙기는 작은 메모 수첩까지. 수첩에는 하루 일과가 항목별로 꼼꼼히 기록되어 있었고, 하나씩 줄로 지워진 표시와 오른쪽에는 작은 글씨로 뭔가 적혀 있었습니다.

더욱 놀라웠던 사실은 유정이 어머니의 모습이었죠. 처음 상담했던 때부터 그 이후로 매주 진행되는 상담 시간마다 유정이의 일상을 마치 스토리텔링 작가처럼 세세하게 관찰해 들려주었습니다. 어머니의 관찰력과 정보는 유정이의 학습을 관리할 때 정말 소중한 정보가 되었고, 계속해서 정기적인 학습 관리를 진행하는 데 큰 도움이 되었습니다.

"선생님, 어제는 유정이가 수학 문제 하나를 두 시간 넘게 붙들고 있더라고요. 틀린 문제였는데 도저히 이해가 안 된다면서…. 결국 그날 계획했던 다른 과목은 다 밀렸죠. 처음엔 저도 답답해서 '그냥 넘어가자'고 했는데, 유정이가 '이것을 이해하지 못하면 다음 내용도 어려울 것 같다'라고 하더라고요."

유정이의 꼼꼼한 학습 태도는 우연히 만들어진 것이 아니었습니다. 초등학교 5, 6학년 때부터 시작된 어머니의 세심한 지도 덕분이었죠. 어머니는 그 시기에 직장도 잠시 쉬면서 유정이의 곁에서 많은 시간을 보냈다고 합니다. 단순히 공부를 가르치는 방식이 아니라, 기본적인 학습 습관을 잡아주는 데 집중했습니다. 그 시작은 '다음 날 필요한 준비물은 전날 저녁에 미리 챙기기', '숙제는 학교 끝나고 집에 오자마자 하기'와 같은 아주 작은 것들이었다고 합니다.

쉬지 않고 움직이는 아이의 학습 성향

또 다른 아이의 이야기도 보겠습니다. 유정이와 같은 아파트에서 오랫동안 이웃으로 알고 지내던 민우의 이야기입니다. 전체주의형 성향의 민우의 첫 상담은 그해 겨울이 시작되던 즈음이었습니다. 민우는 상담실에 들어서자마자 히터 앞으로 달려가 손을 녹이더니, 곧장 책장으로 관심을 돌렸습니다. 민우의 시선은 만화책에서부터 과학 도감, 세계 여행 사진집까지 끊임없이 움직였죠.

"민우야, 잠시 여기 앉아 볼까?"
"아, 네. 선생님, 근데 이 책에 나온 우주 사진 정말 멋있어요! 저도 나중에 우주인이…."

민우의 모습에서 저는 민우의 특별한 성향을 읽을 수 있었습니다. 호기심 많고 창의적인 학습자였죠. 하지만 이런 특성이 오히려 일상적인 학습에서는 걸림돌이 되었습니다. 민우 어머니는 민우가 가방도 미리 챙기지 않고, 아침에 일어나서 갑자기 어제 해야 하는 숙제가 생각났다며 허둥지둥해서 매일 아침이 전쟁이라고 토로했습니다. 회사 때문에 일찍 나가야 하기 때문에 어떻게 해야 할지 모르겠다는 어머니의 안타까운 마음을 눈빛에서 읽을 수 있었습니다.

실제로 민우가 공부하는 자료를 살펴보면 학습 유형이 고스란히 드러났습니다. 수학 문제집은 풀고 난 문제 중에 채점이 안 된 문제와 중간 중간 새 문제집처럼 깨끗한 상태가 많았습니다. 국어 교과서에는 본문 내용과 전혀 관계없는 낙서들이 빼곡했습니다. 노트 필기는 아예 찾을 수 없었죠. 이런 민우의 학습을 담당하는 담당 코치들과 함께 회의했을 때 반응들은 이러했습니다.

"민우와 수업하면 진도 나가는 일이 제일 힘들어요. 수학 개념을 설명할 때는 엉뚱한 질문을 하고, 막상 문제를 풀기 시작하면 집중력이 금방 흐트러져요. 특히 단계적으로 차근차근 풀어야 하는 문제는 아예 시도조차 안 하려고 해요."

학습 성향이 가르는 두 가지 미래

반면 유정이의 공부 방식은 마치 잘 정리된 도서관 같았습니다. 매일 밤 내일 공부할 내용을 미리 훑어보고, 질문할 내용을 작은 포스트 잇에 적었죠. 수업 시간에는 선생님 설명을 놓치지 않기 위해 필기는 물론이고 시간이 아깝다 싶으면 핸드폰으로 사진을 찍었습니다. 유정이의 멘토는 유정이가 "이 부분이 앞에서 배운 내용과 어떻게 연결되는지 궁금해요"라는 등의 다른 아이들은 생각지도 못한 부분을 짚어낸다고 감탄했습니다.

이런 성향 차이는 부모님의 자녀교육 방식에서도 극명하게 드러났습니다. 유정이 어머니는 처음에는 오히려 아이의 꼼꼼한 성격을 걱정했다고 합니다. 유정이가 너무 세세한 것까지 매달리는 것은 아닌지, 너무 순서대로, 체계적으로 하려는 것인지 신경이 쓰였죠.

어머니는 유정이의 이런 성향을 존중하면서도 때로는 균형을 잡으려 노력했습니다. 주말에는 가족이 함께 박물관에 가는 등 체험 활동을 하면서 유정이가 더 넓은 시각을 가질 수 있도록 도왔죠. 공부할 때도 중간 중간 "유정아, 이제 좀 쉬었다 할까?"라고 쉬는 시간을 자연스럽게 제안했습니다. 유정이는 처음에는 계획한 공부가 끝나지 않으면 쉬기를 거절했지만, 점차 자신의 속도를 조절할 줄 알게 되었습니다. 요즘은 스스로 "엄마, 저 30분만 쉬었다가 할게요"라고 말한다고 합니다.

반면, 민우 어머님은 대학 졸업 후 사회로 나와 회사에서 겪은 자신의 경험을 자녀교육에 그대로 적용했습니다.

"저는 어려서부터 모두 혼자 해결했어요. 저도 민우 아빠도 알아서 해왔답니다. 민우도 그렇게 되길 바라고요."

하지만 민우에게는 오히려 좀 더 구체적인 지침과 시각적으로 확인할 수 있는 알림이 필요했습니다. 민우처럼 즉흥적이고 확장적인 행동을 하는 아이들은 기본적인 부분에서는 오히려 체계화가 필요합니다. 규칙적이고 매일 해야 할 목록이 없다면 더욱 즉흥적으로 움직입니다. 학습 습관이 적응하기까지 처음에는 힘들 수 있지만, 아주 기본적인 행동 방침은 가정에서 목록화하여 매일 확인하고 신경 써 주시는 것이 중요합니다.

시키지만 말고 부모님이 같이 하면서 보여 주고 실천하는 것도 중요합니다. 더불어 많이 부족해 보이지만 작은 것이라도 칭찬해 주세요. 전체주의형은 시간이 필요합니다. 그리고 익숙해질 때까지 여러 번 반복해야 합니다.

시험 기간이 되면 이런 차이가 더욱 극명하게 드러납니다. 유정이는 한 달 전부터 계획표를 세우고, 과목별로 복습 노트를 만들었습니다. 시험 범위를 작은 단위로 나누어 하루에 조금씩 공부하는 방식이었죠. 반면 민우는 시험 전날 벼락치기로 몰아서 공부하다가 결국 절반도 보지 못하고 시험을 보곤 했습니다. 민우는 자신의 공부 양과 속도에 대한 자기이해가 부족한 상태였습니다.

이런 학습 성향의 차이는 결국 고등학교 진학 후에도 이어졌죠. 유정이는 자신의 꿈을 향해 한 걸음씩 나아가 결국 명문대에 진학했지만, 민우는 자신의 잠재력을 제대로 발휘하지 못한 채 자신의 원하는 대학이 아닌 다른 대학을 선택했습니다. 졸업 후에도 진로와 미래에 고민이 많은 모습이었습니다.

유정이와 민우의 사례를 보며 우리는 학습 성향이 아이들의 미래에 얼마나 큰 영향을 미치는지 볼 수 있습니다. 하지만 더 중요한 것은, 이것이 결코 특별한 사례가 아니라는 점입니다. ==지금까지 교육 현장에서 만난 수많은 아이들은 그 성향을 이해하고 존중받았을 때 놀라운 성장을 보였습니다.== 어떤 아이는 체계적이고 순차적인 학습을 선호하고, 또 어떤 아이는 직관적이고 통합적인 방식으로 배움을 즐깁니다. 어떤 아이는 혼자 조용히 공부할 때 가장 효과적이고, 또 어떤 아이는 친구들과의 토론과 협력을 하며 더 깊이 이해합니다. 그렇기에 학습 성향을 알고 아이를 지원하는 일은 무엇보다 중요합니다.

세 번의 낙담의 골짜기
중2, 예비 고1, 재수

학년이 올라가면 아이들은 작년보다는 성적을 올리겠다는 다짐으로 공부합니다. 하지만 매년 비슷하게 일어나는 패턴이 있습니다. 초등학교에서 우수한 성적을 받던 아이들이 중학교에 진학하고 지필고사를 보면서 성적이 떨어지는 현상과, 중학교에서 어느 정도 상위권 성적을 유지하던 학생들이 고등학교에 올라가서 첫 번째 모의고사와 내신에서 성적이 하락하는 현상입니다. 마치 가을에 낙엽이 떨어지듯이 말입니다.

그렇다고 모든 학생들의 성적이 떨어질까요? 아닙니다. 초등학교 때 조용하고 존재감이 없던 아이가 상위권으로 올라가기도 하고, 중학교 때는 평범한 성적을 받던 아이가 고등학교에서 두각을 나타내기도 합니다. 특히, 어느 특정 과목에서는 정말 입이 떡 벌어질 정도로 멋지게 일취월장합니다.

공부법을 아는 순간, 성적은 오르기 시작한다

이러한 현상은 어디에서부터 시작할까요? 처음에는 또래 아이들보다 정신적으로 성숙한 아이에게 일어나는 일이라고 생각했습니다. 제가 사교육 현장에서 만난 아이들 중 실제로 상위권으로 도약한 아이들을 만나면 어딘지 모르게 의젓하고 말투가 성숙했거든요.

그러던 와중에 전국 지자체 멘토링을 운영하면서 명문대 멘토들에게 초등학교 때부터 원래 공부를 잘했는지, 어떤 특별한 순간이나 계기가 있었는지, 이유는 무엇인지 물어보았습니다. 신기하게도 특정한 시점부터 성적이 향상되었다고 대답했습니다. 특히 중학교에서 고등학교로 올라가는 시기, 재수를 했던 시기, 초등학교에서 중학교로 올라가는 시기 순으로 급격하게 성적이 많이 올랐다고 했습니다.

공부 잘하는 친구를 무조건 따라 했다는 멘토부터, 이렇게 살다가는 인생이 심각해질 것 같다는 위기감이 들어 공부에 매진했다는 멘토까지 그 계기는 다양했습니다. 하지만 대학생 멘토들이 공통적으로 이야기하는 비결은 바로, 어느 순간 '자신에게 맞는 공부법을 찾았다는 것'이었죠.

"나에게 맞는 공부법을 차츰차츰 찾으면서부터 성적은 꾸준히 상승

했고, 하루하루 공부가 정말 재미있었어요."

"언제부터인가 주변의 시선도 의식하지 않게 되었고 오로지 나 자신과 공부에만 몰입했습니다."

좋은 성적을 내는 것이 목표였다가 점차 하루하루를 충실히 살고 자신만의 속도를 잃지 않으려는 모습으로 변했다는 말이었죠.

낙담의 골짜기를 유발하는 것들

멘토들의 이야기를 들으면서 생각나는 개념이 하나 있었습니다. 제임스 클리어의 《아주 작은 습관의 힘》에 나오는 '낙담의 골짜기'입니다. 이는 누구에게나 존재하는 실제 결과와 기대치의 불일치 구간입니다. 일정 구간 노력과 결과는 생각하는 것만큼 정비례하지는 않다는 뜻입니다. 아래의 표를 참고해 보세요. 습관이든 공부든 처음에는

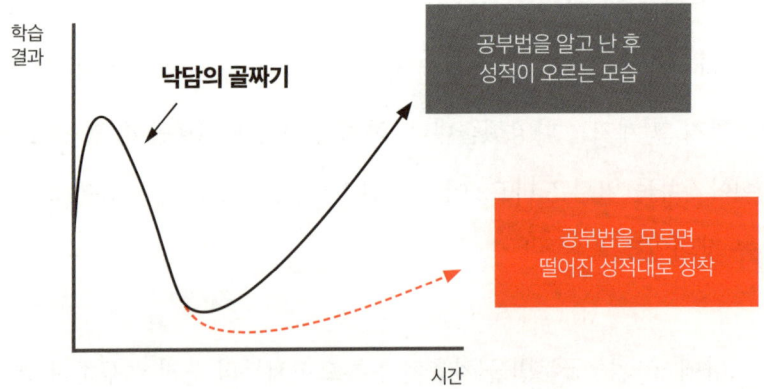

기대보다 떨어지는 것이 일반적이고, 기대보다 결과가 부족할 때 흔히 포기하는 구간이 생기는데, 이 시기가 바로 낙담의 골짜기입니다. 이 시기를 버티고 이겨내면 충분히 좋은 결과를 이뤄내는 것이 우리 삶의 진리이고 원리라고 합니다.

초등학교 시기에는 성적의 객관적인 수치와 등수가 나오지 않아 객관적으로 평가받기가 어렵습니다. 정량적 측정이 어렵기에 정성적으로만 평가를 받죠. '열심히', '성실히', '꾸준히', '착실히'라는 평가는 상대적이기에 우리 아이들의 공부 상태를 확인하기 어려울 수 있습니다.

중학교에 입학하고 나서 처음 지필고사를 치러야 눈에 보이는 등수와 위치가 드러나기 시작합니다. 처음에 말씀드린 예비 중 2와 예비 고1 시기에 성적이 한 번 떨어지면 2~3년 동안 떨어진 성적이 유지되는 경우도 많습니다. 떨어지는 듯했지만 언제 그랬냐는 듯이 다시 올라가는 아이들도 많죠. 차이는 바로, 자신에게 맞는 공부법을 적용했는지 아닌지입니다. ==자신만의 공부법을 찾은 아이들은 떨어지는 구간에 의연하게 다시 일어나지만 그 이유를 모른 채 그대로 눌러 앉는 아이들은 낙담의 골짜기를 넘어서지 못하죠.==

그렇다면 어떤 이유로 그대로 눌러 앉을까요? 단순히 공부법을 몰라서 그럴까요? 그 이유는 다음과 같이 정리할 수 있습니다.

① 중2, 본격적인 시험의 시작

자유학년제가 도입되고 중1 아이들은 지필고사를 치르지 않게 되었습니다. 초등학교에서 중학교로 전환기에 학습 충격을 완화하고 다양한 체험 활동을 하여 진로를 찾는 데 목적이 있지만, 이로 인해 중학교를 입학하고 1년 동안 지필 시험에 대비하는 현실적인 방법을 배울 기회를 놓치게 되었죠. 쉽게 말해, 기초 학업 역량이 그만큼 부족한 아이들이 많아졌습니다. 1학년 2학기부터는 시험을 다시 치르게 된 학교도 점점 증가하는 상황이기에 조금씩은 나아질 것으로 보입니다. 하지만, 처음 습관을 지속적으로 이어간다면 고정된 습관은 쉽게 바뀌지 않습니다.

② 공부는 무조건 암기, 부족한 사고력

현재 중학교 내신 문제를 살펴보면 과거와 달리 단순 암기식이 아닌 사실적 이해, 비판적 사고, 추론적 능력, 창의적 사고를 요구하는 수능 시험이 추구하는 방향과 거의 비슷합니다. 단순히 교과서를 암기하는 수준이 아닌, 사고력을 알아보는 시험이죠. 정보를 묻는 방식의 평가에서 배운 개념과 원리를 이해하고, 적용할 수 있는 능력을 알아보는 것으로 점차 바뀌는 중입니다. 또한 "위 사실을 통해 알 수 있는 것은?", "주어진 보기를 통해 알 수 없는 사실을 모두 고르시오"와 같은 문제 형식에 익숙하지 않은 학생들에게 시험은 다소 어렵게 다가옵니다.

③ 초등학교와 다른 넓은 시험 범위

중학교 2학년이 되어 처음으로 지필고사를 치르는 상황에서, 아이들은 이전보다 훨씬 넓은 시험 범위를 한꺼번에 준비해야 합니다. 초등학교에서는 한 교과목당 한 단원 정도가 시험 범위였다면, 중학교에서는 보통 두 개 이상의 단원을 한 번에 준비해야 합니다. 게다가 3일에 걸쳐 전 과목을 시험 봐야 하죠.

시험 준비를 위해서는 단순히 교과서를 읽는 것을 넘어, 개념을 제대로 이해하고, 다양한 문제 형태로 연습하며, 틀린 문제를 분석하는 과정이 필요합니다. 과목별로 다른 학습 전략도 필요합니다. 암기가 중심이 되는 과목(역사, 사회 등)과 이해를 통한 논리적 사고가 중심이 되는 과목(수학, 과학 등)에 대한 서로 다른 학습 접근법을 익혀야 하죠. 그런데 이 사실을 모르는 경우가 많습니다.

④ 놓친 학습 습관 형성 시기

빠른 아이들은 중3 여름방학, 좀 늦은 아이들은 고2 즈음에 학습 습관의 필요성을 진지하게 느끼기 시작합니다. 사실 습관은 하루아침에 형성되지 않습니다. 중학교 3학년 여름부터 공부법의 필요성을 느낀 학생들이 제대로 실천하기 가장 좋은 시기가 바로 고등학교에 진학하는 겨울방학입니다. 12월, 1월, 2월 동안 자신 있는 과목을 하나 정하고 공부법을 구체화해야 합니다. 하지만 많은 학생들이 이 중요한 시기를 놓치고 무방비 상태로 고등학교에 진학합니다.

⑤ 고등학교 1학년, 처음 마주하는 수능 형식의 시험

고등학교 1학년에 진학하자마자 3월 둘째 주에 전국 연합 학력평가를 치르게 됩니다. 중학교든 고등학교든 내신 시험은 지정된 부분만 집중적으로 공부하면 되지만, 수능 모의고사와 수능은 누적된 지식을 기반으로 종합적 사고력을 평가합니다. 1학년 때 배운 내용이 3학년 때 시험에 나올 수 있으며, 서로 다른 단원의 개념이 결합한 문제가 출제되기도 합니다. 또한 교과 간 융합 사고를 요구하는 문제가 나오기도 하죠. 이러한 학습 방식에 익숙하지 않은 학생들은 당연히 큰 혼란을 경험합니다. 이것이 바로 많은 아이들이 고등학교 진학 후 낙담의 골짜기를 경험하는 이유입니다.

이렇게 낙담의 골짜기는 우리 아이들에게 필연적인 과정처럼 느껴질 수 있습니다. 하지만 이 골짜기에서 빠져나오지 못하는 것은 아닙니다. 수년 동안 어려운 과정을 잘 넘긴 아이들도 많고, 일시적으로 골짜기에 떨어졌지만 언제 그랬냐는 듯이 수직으로 상승한 아이들도 많습니다. 그 비결은 무엇일까요? 바로, 자신의 학습 성향에 맞는 공부법입니다. 자신의 학습 성향을 제대로 알고 그에 맞는 공부법을 적용하다 보면, 어떤 과목이라도 문제없이 해내는 아이로 자랄 수 있습니다.

무작정 공부하면
성적은 오르지 않는다

학습 성향이 아이의 성적에 미치는 영향은 얼마나 될까요? 이 부분에 대해서 더 구체적으로 알아보도록 하겠습니다.

우리 아이들이 성향에 맞는 학습 방법을 사용할 때, 그 효과는 단순히 성적 향상에 그치지 않습니다. 아이들의 학습 태도와 학습 자신감에 상당히 긍정적인 변화를 가져오죠. 학습 성향에 맞는 적합한 공부 방법과 적절한 공부 환경을 선택하면 당연히 집중력도 좋아지고 공부 몰입도가 높아집니다. 당연히 이해도와 기억 능력이 발달하며, 문제 해결 능력과 학습 동기부여까지 강화됩니다.

독서실이 정답은 아니다

아이들이 공부에 깊이 빠져들기 위해서는 적합한 학습 환경이 무엇보다 중요합니다. 그렇지만 많은 아이들이 자신에게 적합하지 않은 환경에서 공부합니다. 마치 발에 맞지 않는 신발을 신고 달리기를 하는 듯합니다.

조용한 독서실이 좋은지, 아니면 여러 사람이 함께 공부하는 스터디카페가 좋은지 자신에게 딱 맞는 공부 환경을 찾는 일은 쉽지 않습니다. 이것을 알아내기 위해서는 여러 시행착오가 필요합니다. 자신에게 맞는 공간은 학습 성향에 대한 이해의 중요한 지침이 될 수 있습니다.

예를 들어, 제 딸은 다른 친구들과 공부할 때 더 집중을 잘하고 학습 효과도 높습니다. 아이에게 조용한 독서실은 오히려 답답하고 집중이 안 되는 공간으로 느껴지죠. 반대로 어떤 아이는 조용하고 프라이버시가 보장되는 공간에서 혼자 공부할 때 가장 큰 효과를 봅니다.

문제집을 풀 때도 마찬가지입니다. 여러 번 풀어야 적성이 맞는 아이가 있는가 하면 여러 종류의 문제집을 풀며 관통하는 개념을 찾아내는 공부법을 선호하는 아이도 있습니다.

우리 아이가 어떤 학습 성향을 가졌는지 부모님이 미리 파악한다면, 본격적인 몰입 공부로 들어갈 수 있게 도울 수 있습니다. 결국 공부를 위한 몰입과 집중은 아이들이 편안함을 느끼는 환경과 공부 조건에서 시작됩니다. 마치 물고기가 물을 만난 것처럼, 아이들이 자신의 성향에 맞는 환경과 방법을 만났을 때 비로소 학습은 즐거운 과정이 될 수 있습니다. 우리가 아이들의 학습 성향을 이해하고 그에 맞는 환경을 조성해 주어야 하는 이유가 바로 여기에 있습니다.

성적을 30퍼센트 이상 올리는 자료 활용법

아이들의 학습 성향에 맞는 학습 자료를 활용하면, 아이들은 더 쉽게 이해하고 오래 기억합니다.

제 딸은 교과서만으로 공부할 때보다 실험이나 체험 활동을 하며 배울 때 훨씬 더 잘 이해하고 기억합니다. 과학 시간에 직접 실험하고 경험한 것은 지금까지도 정확히 기억합니다. 어떤 아이는 영상과 같은 다양한 시각 자료와 함께 구체적인 설명과 예시가 있어야 이해를 잘 합니다. 복잡해 보이는 이론도 실생활과 연관지어 설명해 주면 금방 받아들이죠.

이처럼 아이마다 정보를 받아들이고 기억하는 방식이 다르기에, 자신의 성향에 맞는 방법으로 공부할 때 가장 효과가 좋은 것이죠. 실제로 연구 결과를 보면, 학습 성향에 맞는 자료로 공부했을 때 학습 효과가 30퍼센트까지도 높아진다고 합니다.

결국 우리 아이들이 배운 내용을 잘 이해하고 오래 기억하게 하려면, 각자의 성향에 맞는 학습 자료와 방법을 찾아주는 일이 무엇보다 중요하겠죠. 이것이 단기 기억을 장기 기억으로 전환하는 가장 효과적인 방법입니다.

아이의 학습 성향을 제대로 파악하면, 내신은 물론 수능과 다양한 입시 전형에서도 더 효과적인 전략을 세울 수 있습니다. 예를 들어, 내신 준비 과정만 보더라도 성향에 따라 접근 방식이 매우 다릅니다. 어떤 아이는 교과서로 시작해 자습서, 예상 문제, 기출문제, 오답 정리까지 순차적으로 진행하면서 여러 번 반복하기를 선호합니다. 반면, 어떤 아이는 먼저 교과서를 두어 번 읽고, 기출문제와 평가 문제를 훑어보면서 중요한 단원과 개념을 파악합니다. 그리고 나서 다시 교과서와 자습서로 돌아가 중요 개념을 중심으로 정리하는 방식으로 공부하죠.

체계적이고 꾸준한 학습을 잘하는 아이들은 교과 전형에서 강점을 보입니다. 반면, 다양한 활동을 하며 배우기를 좋아하고 자기 생각을 표현하는 데 능숙한 아이들은 학생부종합전형이 더 유리할 수 있죠. 또한 어떤 아이들은 면접에서 뛰어난 능력을 보이고, 또 어떤 아이들은 논술전형에서 두각을 나타내기도 합니다.

결국 입시 준비도 우리 아이의 성향을 제대로 파악하는 것에서 시작해야 합니다. 무작정 여러 전형을 준비하기보다는, 아이의 학습 성향에 맞는 전형을 미리 파악하고 집중적으로 준비하면 훨씬 더 효과적인 전략이 될 것입니다.

성적보다 중요한 학습 동기 만들기

사실 학창 시절에 공부만큼 아이들의 자존감에 큰 영향을 미치는 것은 없습니다. 명문대 멘토들의 이야기를 들어 보면 한 가지 공통된 경험이 있는데, 바로 '처음으로 성적이 올랐을 때'입니다. 그때 느낀 자부심과 성취감이 굉장히 크기에, 다시는 이전의 성적으로 돌아가지 않겠다는 강한 동기가 생겼다고 합니다. 그래서 더욱 열심히 공부에 매진했다고 하죠.

아이들이 공부를 잘하게 되는 계기는 저마다 다를 수 있습니다. 하지만 자신의 학습 성향에 맞는 공부법을 발견하고 난 뒤에 찾아온 성적 향상은 결코 우연이 아니라는 점은 분명합니다. 마치 자신만의 비밀 열쇠를 찾은 듯, 공부의 즐거움을 발견하고 꾸준히 성장할 수 있게 되죠. 이처럼 자신의 성향에 맞는 공부법을 찾아 성공 경험을 맛보면, 아이들은 비로소 '나도 할 수 있다'라는 자신감을 느낍니다. 이런 자신감은 단순히 성적 향상에 그치지 않고, 삶의 다른 영역에서도 긍정적인 영향을 미치게 됩니다.

학부모님들께 가장 많이 들었던 질문이 있습니다.

"우리 아이는 왜 이런 걸까요?"

재미있는 사실은, 지금은 명문대에 다니는 멘토들도, 제가 오랫동안 가르쳐서 명문대에 보낸 제자들도 모두 비슷한 '단점'이 있었습니다. 하지만 이것은 단점이 아닙니다. 부모님의 학습 성향과 자녀의 성향이 '달라서 생기는 자연스러운 현상'입니다. 아이의 잠재력이 되는 부분을 오히려 단점으로 여기는 것이죠.

그래서 가장 먼저 학습 성향 검사를 권합니다. 부모와 자녀의 성향 차이를 객관적으로 확인하고, 각자의 특성을 이해한 뒤에 구체적인 공부법을 알아야 하니까요. 학습 성향의 차이를 이해한다는 뜻은 단순히 공부법을 넘어, 부모와 자녀 사이의 오해를 풀고 진정한 이해의 다리를 놓는 시작입니다. 서로 다름을 인정하고 존중하는 것, 바로 가정의 평화를 가져오는 열쇠입니다.

공부는 방법을 알면 재미있어진다

목표를 세우고, 계획을 실천하며, 스스로 점검하고 개선하는 자기주도학습은 많은 부모가 꿈꾸는 아이의 가장 이상적인 모습일 것입니다. 제가 2014년부터 프리미엄 독서실과 자기주도학습관을 운영하면서 만난 학생 중에는 실제로 이런 아이들이 꽤 있었습니다. 부모로부터 "공부해라"가 아닌 "좀 쉬면서 해라"라는 말을 더 자주 듣는 학생들이었죠.

그렇다면 자기주도학습을 하지 못하는 아이들은 공부에 관심이 없거나 능력이 부족할까요? 전혀 그렇지 않습니다. 학생들에게 가장 큰 고민이 무엇이냐고 물으면, 대부분 "공부법을 모르겠다"라고 대답합니다. 책상에 혼자 앉아 책을 펼쳤을 때 어떻게 해야 할지, 모르는 내용이 나왔을 때 어떻게 해야 할지 막막하다고 합니다. 물어볼 사람도 없고, 자신이 정리한 내용을 보면 한심스럽고, 문제집을 풀다가 자꾸 모르는 문제가 나오면 짜증이 나서 결국 핸드폰을 켠다고 합니다.

사실 우리 아이들은 모두 공부를 잘하고 싶어 합니다. 다만 자신을 도와줄 누군가가, 자신에게 맞는 공부법을 친절하게 알려 줄 누군가가 없을 뿐입니다. 학교 캠프에서 학습 성향 검사를 기반으로 한 공부법 특강을 진행하면, 학생들의 만족도가 90퍼센트 이상으로 나옵니다. 성공적인 자기주도학습은 바로 여기에 있습니다. 자신의 학습 성향을 이해하고, 그에 맞는 구체적인 공부법을 알아가는 것이 우리 아이들이 진정한 자기주도학습자로 성장하는 첫걸음입니다.

지금까지 학습 성향이 우리 자녀들에게 어떤 영향을 미치는지 구체적으로 살펴보았습니다. 집중력과 몰입도의 향상, 이해력과 기억력의 증진, 입시 전략 수립의 도움, 자존감 향상, 부모 자녀 관계 개선 그리고 진정한 자기주도학습의 실현까지. 이 모든 변화는 학교와 학원, 제가 운영하는 교육 플랫폼에서 만난 수많은 아이에게서 직접 확인한 사실들입니다.

'학습 성향'이라는 개념이 다소 생소하게 느껴지실 수 있습니다. 어쩌면 MBTI처럼 단순한 성격 유형 정도로 여길 수도 있죠. 하지만 이는 과학적 근거를 가진 학습과학 기반의 분석 도구입니다. 제가 20년이 넘는 교육 현장 경험 속에서 늘 품어왔던 많은 의문점을 한 번에 해결해 준 열쇠와도 같습니다.

'우리 아이는 왜 공부를 안 하는 걸까?', '도대체 어떻게 해야 우리 아이가 스스로 공부할까?'라고 고민하는 학부모님들의 답답한 마음을 누구보다 잘 압니다. 그렇기에 앞으로 소개할 구체적인 성향별 학습 전략들이 여러분 자녀의 숨겨진 잠재력을 깨우는 든든한 길잡이가 되리라고 확신합니다. 성향의 차이를 이해하는 데서 일어난 작은 변화가 우리 아이들의 학습, 나아가 삶의 큰 전환점이 될 수 있습니다.

쿼드스터디 가이드 1
학습 성향 검사하기

쿼드스터디 학습 성향 검사(Index of Learning Style)는 '학습 버전 MBTI' 라고 할 수 있습니다. 단 10분 만에 아이의 학습 성향을 과학적으로 진단하고, 그에 맞는 구체적인 학습 방법을 제시합니다. 아이뿐만 아니라 부모님의 학습 성향도 함께 파악할 수 있습니다.

이 검사로 왜 부모님에게는 적용되었던 방법이 아이에게는 통하지 않는지, 왜 서로 자주 충돌하게 되는지를 명확하게 이해할 수 있습니다. 체계적이고 순차적인 학습을 선호하는 부모님은 직관적이고 통합적인 사고를 하는 자녀를 이해하기 어려울 수 있습니다. 반대로 자유롭고 창의적인 학습을 선호하는 부모님은 꼼꼼하고 계획적인 아이의 특성을 답답하게 느낄 수 있죠. 이런 차이를 이해하는 것만으로도 많은 갈등이 해소됩니다.

학습 성향 검사를 하기 전 알아야 할 것들

이 검사는 단순히 유형을 분류하는 것에 그치지 않습니다. 각 유형별로 가장 효과적인 학습 방법, 시간 관리 전략, 노트 정리법, 심지어 가장 적합한 학습 환경까지 구체적으로 제시합니다.

문항은 총 44문항입니다. 문항에 나온 용어가 초등학생들에게는 조금 어렵습니다. 아이가 초등학생인 경우는 꼭 부모님이 함께해 주세요. 해당 검사는 미국 노스캐롤라이나주 EDI연구소에서 개발한 공신력 있는 도구로, 계약에 의해 정식 사용 권한을 확보했습니다. 해당 연구소는 학습과 교육 연구의 선도 기관이자, 다양한 학습 이론과 실질적인 응용을 겸비한 믿을 만한 곳입니다.

학습 성향 검사는 학습과학을 기반으로 이루어진 검사입니다. 첫 번째 축으로 이루어진 '활동형'과 '숙고형'은 학습자가 전반적으로 학습 활동에 참여하는 모습을 보여 줍니다. 아이들이 학교나 교육 기관에서 공부할 때 어떻게 참여하는지를 알 수 있는 개념입니다.

두 번째 축으로 이루어진 '감각형'과 '직관형'은 학습자가 학습 개념과 내용을 받아들이고 인지하는 방법에 대한 성향을 알려 주는 기준입니다. 현실적인 성향인지, 이상주의적인 성향인지 등을 구분하죠. 전공 분야와 과목을 공부할 때 상당히 많은 영향을 미칩니다.

세 번째 축으로 이루어진 '시각형'과 '언어형'은 학습 활동에서 어떠한 학습 자료와 환경이었을 때 학습자가 더 쉽게 내용을 받아들이고 기억하는지에 대한 검사입니다. 학습 도구, 교수법 그리고 개념과 이해를 받아들이는 과정에서 어떤 형태로 학습 과정이 구성되는지가 중요합니다. 학습 과정에서 집중력과 흥미를 일으키는 데 영향을 미칠 수 있는 기준이기도 합니다.

네 번째 축 '순차형'과 '총체형' 성향은 개념과 공부하는 내용을 이해하는 과정에 대한 검사입니다. 학습자가 구체적인 사실을 기반으로 순차적인 사고를 하면서 이해하는 유형인지, 아니면 전체적인 내용을 먼저 이해하고 난 다음 구체적인 내용으로 이해하는 유형인지를 나타내는 성향 기준이라고 할 수 있습니다.

학습 성향 검사 바로 하기

쿼드스터디 검사는 편안하고 조용한 환경에서, 천천히 충분한 시간을 가지고 진행해야 합니다. 많이 고민하지 마시고 직관적으로 느껴지는 첫 반응을 선택해 주세요. 이 검사에 정답은 없습니다. 검사 결과는 절대적인 것이 아닌 참고 사항일 뿐입니다. 혹시 초등학생 자녀의 학습 성향을 파악하고 싶다면 보호자가 함께 진행해 주시길 바랍니다. 모든 문항에 빠짐없이, 솔직하게 답해 주세요.

학습 성향 테스트

다음에 나오는 표는 검사 결과의 한 예시입니다. 먼저 자신에게 해당하는 점수 분포를 확인하세요. 1~3점은 균형 잡힌 학습 성향을 의미하

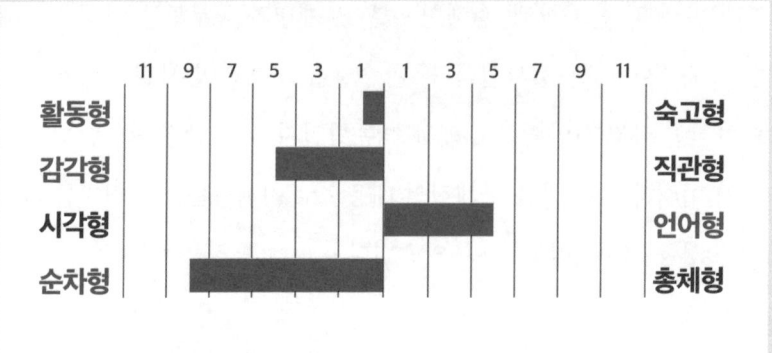

고, 5~7점은 해당 성향에 대한 중간 정도의 선호도, 9~11점은 해당 성향에 대한 강하고 뚜렷한 선호도를 의미합니다. 점수는 항상 홀수로 나오기 때문에 4점과 8점은 포함하지 않았습니다. 학습 성향은 결코 '좋다 나쁘다'라는 의미가 아니며, '맞다 그렇지 않다'라는 의미도 아닙니다.

만약 모든 유형의 점수가 1~3점 정도로 나온다면, 자신이 매우 어중간한 사람은 아닌지 의문이 들 수 있습니다. 절대 그렇지 않으니 걱정하지 않아도 됩니다. 말 그대로 '성향'을 파악하는 것이기 때문에, 여러 성향이 있다고 생각해 주세요.

쿼드스터디 유형을 나눌 때 검사 결과가 기본 값인 네 개 축을 분류 항목 기준으로 모두 삼지는 않았습니다. 결과 값의 첫 번째 기준인 '활동형-숙고형'은 기질적으로 가지고 태어나는 성향이 강하기에 기준 값에 넣지 않았고, 세 번째에 해당하는 '시각형-언어형'은 학습자가 선택할 수 있는 사항이라서 역시 기준 값에 넣지 않았습니다.

다음에 나오는 표에서 확인할 수 있는 것처럼, 두 가지 차원의 네 가

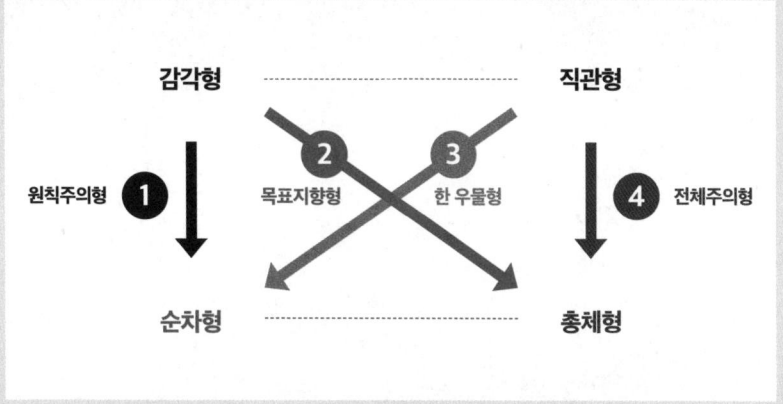

지 속성이 서로 결합하여 더 세분화된 학습 성향을 만들어냅니다. 각각의 조합은 원칙주의형, 목표지향형, 한 우물형, 전체주의형으로 분류되며, 각각의 유형별로 고유한 학습 특성과 선호하는 공부법을 가집니다.

2장

"
학습 성향을 아는 것이 공부의 시작이다
"

쿼드스터디 바로 알기

공부할 때마다
아이와 싸우게 된다면

학부모 간담회가 끝나고, 한 어머니가 조심스럽게 다가와 말을 건넸습니다. 참석자들이 하나둘 자리를 떠나는 강당에서 그분의 얼굴에는 무언가를 털어놓고 싶은 간절함이 묻어났습니다.

"네, 어떤 고민 때문에 오셨는지 말씀해 주세요."
"사실, 저희 아이 때문에 남편과 저 사이에 매일 저녁 전쟁이 벌어지고 있어요."

어머니는 잠시 주저하다가 한숨을 내쉬며 말을 이어갔습니다. 남편은 유명 법률사무소의 변호사이고, 학창 시절부터 공부를 정말 잘했다고 합니다. 그래서인지 아들 공부에 관심이 많고 직접 가르친다고 도 했습니다. 그중 수학을 매일 저녁 직접 봐주며 아들을 붙잡고 가르치는데, 그 시간이 두 사람 모두에게 고통이라고 합니다.

남편은 아들에게 "시험에 나오는 유형을 파악하고 패턴을 익혀야 한다"라고 말하며 기출문제를 수십 번씩 풀게 하고, "이런 유형이 나오면 이렇게 풀면 돼"라는 식으로 공부를 알려 줬습니다. 아마 남편이 그 방법으로 공부했고, 결과가 꽤 성공적이었던 듯합니다.

하지만 아들은 그 방법으로는 공부에 집중하지 못했습니다. 개념을 완전히 이해해야 다음 단계로 갈 수 있는 성향이었죠. "이 공식이 왜 이렇게 되는 거예요?", "이 개념은 실생활 어디에 쓰이는 거예요?"처럼 끊임없이 질문했다고 합니다. 한 문제를 붙잡고 원리를 완전히 이해할 때까지 놓지 않으려는 성향이죠. 이 모습을 본 남편은 아들에게 "시간 낭비하지 마라", "실속 없이 공부한다"라며 야단을 쳤다고 합니다. 저는 잠시 생각에 잠겼다가 이런 제안을 드렸습니다.

"아들과 남편 분 모두 학습 성향 검사를 하면 어떨까요? 간담회에서 말씀드렸던 그 검사인데, 시간 되실 때 센터에 오셔서 좀 더 자세히 알아보면 좋을 것 같습니다."

아버지와 아들이 서로를 이해하지 못하는 이유

며칠 후, 약속대로 그 가족은 센터를 찾아왔습니다. 간담회에서 소개했던 학습 성향별 공부법을 좀 더 자세히 듣고, 두 사람 모두 학습 성향 검사를 받았습니다. 검사 결과를 분석하니, 납득이 될 만한 사실을 발견했습니다. 남편은 '목표지향형'이고, 아들은 '한 우물형'으로, 완전히 다른 유형이 나온 것입니다.

목표지향형은 효율성을 중요시하는 유형입니다. 이 유형은 '무엇을' 배우는지가 중요하고, 실질적인 결과를 얻기 위한 가장 효율적인 방법을 찾죠. 수학 시험을 예로 들자면 기출문제를 분석하고 패턴을 찾는 방식을 선호하는 유형입니다.

반면 아들은 한 우물형으로 "왜?"라는 질문에 집중하는 유형입니다. 개념의 근본적인 원리를 이해하고, 논리적인 순서대로 단계적으로 배워나가는 것을 선호하는 유형이죠. 단순히 문제 풀이 방법을 암기하기보다는 개념이 어디서 왔고 왜 그렇게 되는지를 완전히 이해해야 만족합니다.

설명을 듣던 어머니의 눈이 커졌습니다. 검사를 해 보니 어머니도 아들과 같은 한 우물형으로 나왔습니다. 어머니도 학창 시절 공부할 때 어떤 개념이나 정보를 들으면 이유와 근본적인 원리가 궁금했다고 합니다. 그래서 어머니는 아들을 이해했지만, 남편이 훌륭한 결과를 냈기 때문에 아들의 공부를 남편에게 맡겼던 것이죠.

"그게 더 '옳은' 방법이라고 생각했어요. 남편이 워낙 성공했으니까요. 그런데 이제 보니 아들의 방식이 틀린 것이 아니라, 그냥 다른 것이었네요."

"맞습니다. 한 우물형 학습자에게는 개념의 기본 원리를 이해시키는 것이 중요해요. '왜'라는 질문에 충분히 답하고, 논리적인 순서로 설명해 주세요. 개념 간의 연결성을 보여 주는 것도 도움이 됩니다. 또 한 가지 중요한 점은, 이제 남편 분도 아들의 학습 성향을 이해하는 것이 필요해요. 자신의 방식이 옳다고만 생각하지 않고, 다른 성향을 이해하면 좀 더 열린 마음으로 아들의 공부를 도와줄 것입니다."

또 다른 사례를 들어보겠습니다. 어느 부모님과 아이가 함께 상담을 받으러 왔는데, 매우 단순한 이견에서 갈등이 시작된 경우가 있었습니다. 부모님은 '시간에 상관없이 하던 일은 반드시 마무리해야 한다'라는 입장이었고, 아이는 '정해진 시간이 되면 다음 일정을 위해 넘어가고, 하다 만 일은 다음 날 같은 시간에 이어서 하면 된다'라는 생각이었습니다. 둘 다 나름의 논리가 있는 입장이었죠.

이런 차이는 마치 일상생활에서 흔히 부딪히는 소소한 갈등과 비슷합니다. 치약을 밑에서부터 차곡차곡 짜는 사람과 중간에서 막 짜는 사람 간의 차이, 매일 조금씩 청소하는 사람과 생각날 때 한 번에 몰아서 하는 사람의 차이처럼 말이죠.

아이들의 생체 리듬에서도 이런 차이를 볼 수 있습니다. 새벽까지 정신이 맑다가 아침에는 비몽사몽 하는 아이가 있는가 하면, 아침 6시면 눈이 번쩍 떠져 일찍부터 활동하는 아이도 있습니다. 이는 단순히 누가 부지런하고 게으른지 문제가 아니라, 타고난 생체 리듬의 차이입니다.

매일 저녁 많은 가정에서 부모와 아이가 공부 문제로 갈등을 겪습니다. 부모가 아이의 학습 성향을 이해하지 못하면 아이의 공부 방법이 답답할 수밖에 없죠. 하지만 **틀린 공부법은 없습니다. 다를 뿐입니다. 학습 성향을 파악하는 것의 중요성이 여기서 드러나죠.** 한 가지 방법만이 옳다고 생각하기보다는, 각자의 성향에 맞는 다양한 방법이 있음을 인정하는 것이 중요합니다. 그렇게 되면 가정에서의 갈등도 줄어들고 아이는 자신에게 맞는 방식으로 공부하는 법을 찾아 나갈 수 있습니다.

스티브 잡스는
'전체주의형'이다?

성향과 가치관이 다른 부모와 자녀 사이 대화를 들어 보면 흥미로운 차이점들이 드러납니다. 앞서 언급한 사례처럼 '무슨 일이든 결과를 위해 과정이 존재한다'라고 생각하는 사람이 있는 반면, '과정을 충실히 실행해야 결과가 더 의미 있어진다'라고 여기는 사람도 있습니다. 이는 마치 '닭이 먼저냐, 알이 먼저냐'와 같은 논쟁처럼 보이기도 합니다. 이런 관점에서 볼 때, 학습 성향은 단순한 공부 방식을 넘어 삶의 가치관과도 밀접하게 연결됩니다.

요즘 학생들이 처음 만나면 MBTI를 먼저 물어보는 것도 이런 맥락에서 이해할 수 있습니다. "나는 이런 사람이니 오해하지 말아"라는 일종의 자기소개이자 상대방에 대한 배려인 셈이죠. 말이 적은 사람이 관심이 없어서가 아니라 본래 성격이라는 것을 미리 알려 주는 듯, 학습 성향의 차이도 비슷한 의미를 갖습니다.

부모님 중에는 자녀의 일거수일투족을 모두 알고 관리해야 마음이 놓이는 사람이 있는가 하면, 적절한 방목이 바람직한 교육 방식이라고 믿는 사람도 있습니다. 이런 학습 성향의 차이를 접할 때는 '내 방식만이 옳다'라는 프레임에서 벗어나는 것이 중요합니다. 자녀가 무지해서가 아니라, 단지 나와 다른 방식으로 생각하고 행동할 수 있다는 점을 인정해야 합니다.

물론 오랜 시간을 함께해야 한 사람의 진면목을 알 수 있겠지만, 학습 성향 검사는 짧은 시간 내에 자신에게 적합한 학습 방식과 도구, 인지 방식을 파악할 수 있게 해 줍니다. 이를 서로 존중하고 배려하는 차원에서 이해한다면, 그동안의 오해가 이해로 바뀔 수 있을 것입니다.

성공한 위인들의 학습 MBTI

쿼드스터디에서 이야기하는 학습 성향은 앞서 설명했던 것과 같이 '원칙주의형', '목표지향형', '한 우물형', '전체주의형'으로 구분합니다. 더 쉬운 이해를 위해 학습 성향별 대표적인 위인들을 알아보겠습니다. 위인들의 학습 성향을 살펴보면 좀 더 명확한 특징들을 찾을 수 있을 것입니다.

① **'원칙주의형'의 대표 인물: 토머스 에디슨**

에디슨은 전구, 축음기, 영사기 등 수많은 발명품을 남긴 천재 발명가입니다. 그의 발명 과정을 살펴보면, 원칙주의형 학습자의 특성이 잘 드러납니다. 문제를 해결하기 위해 체계적이고 순차적인 접근을 취하죠. 다시 말해, 차근차근 하나씩 진행해 나갑니다. 아이디어를 구체화하기 위해 수많은 실험을 반복하고, 실패를 거듭하면서 문제의 원인을 분석하고 개선하는 유형입니다. 이 유형의 아이들도 시행착오를 두려워하지 않고 조금씩 개선하며 공부합니다. 에디슨의 발명 노트에는 세세한 관찰과 데이터가 꼼꼼히 기록되었는데, 이 유형의 학습자들 노트도 마찬가지입니다.

자신의 목표를 향해 꾸준하게 매진하고 작은 것부터 한 걸음씩 나가고 긍정적 결과에 다다를 때까지 끊임없이 노력하는 모습은 감각적이고 순차적인 원칙주의형 학습자의 전형을 보여 준다고 할 수 있습니다.

② **'목표지향형'의 대표 인물: 레오나르도 다빈치**

다빈치는 예술가이자 과학자, 발명가입니다. 그가 남긴 많은 양의 노트에는 해부학, 식물학, 광학 등 다양한 분야의 관찰과 실험, 아이디어가 기록되어 있습니다. 다빈치는 자연 현상에 대한 세심한 관찰에서 출발해, 그 이면의 원리와 구조를 통찰하고자 했습니다. 인체의 근육과 뼈를 자세히 관찰하고 스케치하는 과정에서 역학적 원리를 발견했고, 새의 날개 구조에서 영감을 얻어 비행기 설계도를 그렸죠. 사람의 핏줄의 흐름을 보고 베네치아의 수로를 생각해 냈다고 합니다.

다빈치의 작품과 발명품에서는 예술과 과학이 절묘하게 융합되어 있죠. 레오나르도 다빈치는 감각적이고 총체적인 목표지향형입니다. 이 유형의 아이들도 전체 뼈대가 되는 구조를 중심으로 지식을 쌓아 나가는 모습을 보여 줍니다.

③ '한 우물형'의 대표 인물: 찰스 다윈

다윈은 생물의 진화를 설명한 '진화론'으로 유명한 생물학자입니다. 그는 비글호를 타고 세계 일주 여행을 떠나 다양한 생물들을 관찰하고 표본을 수집했습니다. 이 과정에서 다윈은 유사한 환경의 생물들이 서로 다른 형질을 띤다는 사실에 주목했죠. 장기간에 걸친 치밀한 관찰과 분석, 사색을 거쳐 '자연선택설'이라는 핵심 아이디어에 도달했습니다.

다윈의 연구 방식은 한 우물형 학습자의 특징을 잘 보여 줍니다. 현상에 대한 날카로운 통찰에서 출발해, 꾸준한 관찰과 자료 수집, 논리적 추론의 과정을 거쳐 하나의 이론을 완성시킵니다. 세부적인 증거들을 꼼꼼히 분석하면서도 전체적인 방향성을 놓치지 않는 모습이 직관적이고 순차적인 학습자의 면모를 드러냅니다.

④ '전체주의형'의 대표 인물: 스티브 잡스

잡스는 애플의 공동 창업자이자 혁신적인 제품으로 IT 산업에 혁명을 일으킨 인물입니다. 잡스는 기술과 인문학을 넘나드는 폭넓은 지적 호기심이 있었습니다. 대학에서는 서체 디자인 수업을 듣는 등 다양한 분야를 탐색했죠. 이런 경험들은 애플의 제품 디자인에 큰 영향을 미쳤습니다. 또한 잡스는 기존의 틀에 얽매이지 않는 창의적 사고로 유명했죠. 당시로서는 획기적이었던 직관적 사용자 인터페이스, 심미적 디자인 등은 가히 독창적 아이디어였습니다.

이처럼 서로 다른 영역을 넘나들며 새롭게 발상하고, 이를 구체적 결과물로 만드는 모습은 직관적이고 총체적인 전체주의형 학습자의 전형적인 특징이라 할 수 있습니다.

물론 이는 극히 일부의 사례일 뿐, 개개인의 학습 성향을 결코 하나의 유형으로 단정 지을 순 없습니다. 다만, 인물의 특성과 인물의 삶에서 각기 다른 학습 성향이 가진 고유한 강점과 가치를 발견하기를 바랍니다.

큰아이와 둘째 아이의 공부법이 다른 이유

"정말 이해가 안 돼요. 첫째는 제가 '이렇게 하면 좋겠다'라고 말하면 척척 알아듣는데, 둘째는 마치 다른 행성에서 온 것 같아요. 같은 말을 해도 전혀 다르게 받아들이고, 공부 방식도 너무 달라요."

학부모 간담회가 끝나고 나면 늘 이런 고민을 안고 다가오는 부모님이 많습니다. 간담회에서 다룬 내용들 중에서도 특히 '자녀의 서로 다른 학습 성향'에 관한 이야기는 많은 부모님들의 가슴에 와닿는 주제인 듯합니다. 사실 요즘은 한 자녀 가정이 많아지는 추세지만, 여전히 두 명 이상의 자녀를 키우는 가정도 많습니다. 제가 교육 컨설팅을 하며 만나는 학부모님들 중 적어도 절반은 이 주제로 상담을 요청합니다. "왜 우리 아이들은 이렇게 다를까요?"라는 질문은 언제나 뜨겁습니다.

아이는 '고쳐야 할 대상'이 아니다

부모님들이 자주 저지르는 실수 중 하나는 자신과 성향이 비슷한 자녀를 기준으로 모든 것을 판단하는 것입니다. "아"라고 말했을 때 '아'라고 금방 이해하는 자녀에 대해서는 별 걱정을 하지 않습니다. 그런 아이의 행동과 공부 방식은 이해하기 쉽고, 예측 가능하기 때문이죠. 하지만 "아"라고 했는데 전혀 엉뚱한 반응을 보이는 아이는 어떻게 해야 할지 막막합니다. 대화 방식부터 공부 방법까지, 모든 것이 낯설게 느껴지기 때문입니다.

"큰아이는 문제를 풀 때 바로 답부터 쓰고 빠르게 진행하는데, 작은아이는 한 문제를 붙잡고 왜 이렇게 되는지 이해할 때까지 넘어가지 않아요."
"첫째가 쓰던 문제집을 둘째에게 물려주려고 했더니, 아예 손도 대지 않겠다고 버티네요."

이런 말을 얼마나 자주 들었는지 모릅니다. 그런데 퀴드스터디로 부모님들이 아이의 학습 성향을 이해하고 나면, '이렇게 아이들마다 학습 성향이 다르고, 정보를 이해하는 과정도 다를 수 있구나'라고 깨단습니다. 그리고 이어서 '남편과 내가 다른 것도, 첫째와 둘째가 이렇게 다른 것도 당연한 일이구나'라는 안도감이 찾아옵니다.

이러한 깨달음은 단순한 위로를 넘어, 실질적인 변화의 시작이 됩니다. 지금까지 ==가족 내에서 '별종'처럼 느껴졌던 자녀에 대한 시각이 바뀌죠. '나와 다르다=잘못되었다'가 아니라, '나와 다르다=그냥 다르다'라는 인식의 전환이 일어납니다.==

몇 년 전 포항에서 만난 한 학부모님의 사례가 생각납니다.

"선생님, 오늘 강의를 듣고 정말 많은 것을 깨달았어요. 특히 학습 성향에 대한 이야기가 제게는 큰 울림이 되었습니다."

그 어머니는 첫째 아이와 둘째 아이의 성향 차이를 어느 정도는 파악했지만 구체적으로는 알지 못했습니다. 첫째는 굉장히 활달하고 주도적인 활동형이었고, 직관형에 언어형과 총체형 성향이었습니다. 과학고에 다니고, 항상 자기주도적으로 결정을 내리는 유형이었죠. 어머니는 첫째 아이를 '멍석만 깔아주면 스스로 길을 찾아가는 아이'라고 표현했습니다. 최대한 간섭하지 않고 아이가 내린 결정을 존중했다고 합니다. 그러나 중학교 2학년 둘째는 어떻게 해야 할지 늘 고민이었다고 합니다.

"둘째는 첫째와 너무 달라요. 오히려 남편과 성향이 비슷한 것 같은

데, 제가 남편의 말을 100퍼센트 이해하지 못하는 것처럼, 둘째도 이해하기 어려웠어요. 어떻게 대화해야 할지, 어떻게 도와줘야 할지 늘 막막했죠."

아이와 부모를 잇는 징검다리

학습 성향 강의를 듣고 난 뒤, 그 어머니는 마치 안개가 걷히는 듯 명확함을 얻었다고 말했습니다. 둘째는 구체적인 정보를 선호하는 감각형이고, 차근차근 진행하는 순차형이지만, 동시에 전체적인 그림을 보고 시작하는 총체형이라는 사실을 이해하게 된 것입니다. 평소에 두 자녀의 기질과 행동 패턴, 성향 차이에 늘 관심이 많았기에 파악이 가능했다고 생각합니다.

그리고 2년 뒤, 우연한 기회에 그 가족의 소식을 다시 들었습니다. 첫째는 포항공대에 입학했고, 둘째는 자사고에 진학해 학업에 정진한다고 했습니다. 특히 둘째의 소식이 무척 반가웠습니다.

"둘째의 성향을 이해하고 나서부터는 어떻게 도와줘야 할지 방향이 잡혔어요. 무엇보다 아이를 '고쳐야 할 대상'이 아니라, '이해해야 할 사람'으로 바라보게 되었죠. 첫째처럼 되라고 강요하지 않고, 둘째만의 방식을 존중하니 아이도 저도 훨씬 편안했어요."

그 어머니는 둘째와 공부할 때는 전체적인 개념을 먼저 이해시킨 다음, 세부 내용을 차근차근 알려 주었다고 합니다. 새로운 단원을 시작할 때마다 큰 그림을 먼저 보여 주고, 세부 내용으로 들어갔죠. 또한 둘째에게는 충분한 시간을 주는 것을 잊지 않았다고 합니다. 그렇게 기다리니, 둘째는 더 깊이 있는 결과를 낼 수 있었던 것입니다.

이 사례에서 부모가 자녀의 다른 성향을 단순히 '인정'하는 데 그치지 않고, 적극적으로 '존중'하고 그에 맞게 '지원'했다는 점이 인상 깊습니다.

자녀의 학습 성향 차이를 일찍 인식하고 받아들인 가정은 흔히 10대에 발생하는 부모와 자녀 간 갈등을 크게 줄일 수 있습니다. "첫째는 잘하는데 둘째 너는 왜 그러니?", "우리가 해준 게 얼만데 너는 왜 항상 그 모양이니?"처럼 비교와 원망의 말 대신, 각 자녀의 고유한 성향을 존중하는 태도가 자리 잡게 되죠.

타고난 성향은 아무리 노력해도 완전히 바꾸기 어렵습니다. 부모님이 자식을 향한 일방적인 기대나 요구가 아니라, 자녀 각자의 고유한 특성을 이해하고 그에 맞게 지원하는 형태일 때, 제대로 된 교육이 실현됩니다.

멘토링 했던 어느 아이가 한 말이 생각납니다.

"공부가 가장 힘들 때가 언제냐면, 세상에 나 혼자만 있는 것 같을 때예요. 아무도 나를 이해하지 못한다고 느껴질 때요."

바로 그 순간이 가족으로부터 공감과 이해를 받지 못할 때라고 합니다. 수많은 아이들은 각자 자신만의 고유한 학습 성향을 가지고 태어납니다. 이는 부인할 수 없는 사실입니다. "왜 그렇게 생각해야 돼?"라는 질문 대신, "네가 그렇게 생각하는 이유를 알고 싶어"라는 태도로 다가간다면, 아이들은 자신의 생각과 감정을 더 자유롭게 표현할 수 있을 것입니다.

아이들이 자기주도적인 활동으로 인생의 주인공이 되기 위해서는, 어릴 때부터 부모님으로부터 자신만의 고유한 성향을 존중받는 경험이 필요합니다. 그럴 때 비로소 자신감 있게 독자적인 활동을 하면서 자존감도 높아집니다. 자녀들의 다른 학습 성향을 이해하고 존중할 때, 우리 가정에는 비로소 진정한 평화가 찾아올 것입니다.

학교 수업만
집중하지 못하는 아이

　매년 11월 수학능력시험이 끝나고 12월에 수능 점수 결과가 발표되면 그해 수능 만점을 받은 학생과의 인터뷰 내용이 각종 뉴스와 미디어에 등장합니다. 정말이지 약속이라도 한 듯, 그들은 똑같은 대답을 합니다.

　"네, 학교 수업 열심히 듣고, 예·복습을 잘하는 것이 수능 만점의 비결이었어요."

　뉴스와 미디어에 인터뷰가 공개되고 나면, 부모님과 학교 선생님들도 약속이라도 한 듯 같은 이야기를 합니다.

"어제 수능 만점자 인터뷰 봤지? 학교 수업이 그렇게 중요한 거야. 예·복습 잘하란 말이야. 학원이 해결해 주지 않아. 졸지 말고, 열심히 하자."

선생님의 학습 성향과 아이의 학습 성향이 다를 때

몇 년 동안 똑같은 이야기를 듣고 자란 아이들은 학교 공부가 그렇게 중요하다고 하는데, 왜 수업 시간에는 그렇게 중요한 내용들이 들리지 않는지 궁금합니다. 수능 만점자를 배출한 학교 선생님들은 뭔가 다르게 가르치나 궁금하기도 하고요. 수업 시간에는 잠이 오고, 시험에 안 나오는 내용만 가르치는 것 같고, 왜 항상 학교 수업은 집중이 안 되는지 궁금할 노릇입니다. 학부모님들도 어떻게 하면 아이들이 집중을 잘하고, 굳이 학원에 보내지 않아도 학교 수업만으로도 충분할지, 제일 궁금해합니다.

우리 아이들이 학교 수업에 어려움을 겪는 이유는 다양하지만, 가장 결정적인 원인은 학교 선생님들의 교수법과 아이의 학습 성향 사이의 불일치에서 일어납니다. 이러한 차이가 학습 효과에 큰 영향을 미치는데, 특히 두드러지는 네 가지 경우를 자세히 살펴보겠습니다.

① '직관형' 선생님과 '감각형' 아이

감각형 아이들은 구체적이고 명확한 개념으로 이해하기를 선호합니다. 그들에게는 실생활의 사례, 실제 사물, 직접적인 경험이 중요한 학습 도구입니다. 예를 들어, 물리학에서 '중력'을 배울 때, 감각형 아이는 실제로 물체가 떨어지는 것을 보거나, 실험에서 중력 작용을 직접 경험할 때 가장 잘 이해합니다.

하지만 직관형 선생님들은 종종 추상적인 개념과 이론 중심으로 설명하는 경향이 있습니다. 그들은 "중력이란 질량을 가진 물체 사이에 작용하는 힘으로…"처럼 이론을 설명하는데, 이런 접근법은 감각형 아이들에게 어렵게 느껴질 수 있습니다. 이런 경우, 감각형 아이들은 집중력을 유지하기 어렵고, 때로는 수업 내용 자체를 이해하지 못하는 상황까지 발생할 수 있습니다.

직관형 선생님은 반드시 구체적인 사례와 예시, 실생활과 연결된 설명을 해 감각형 아이들이 이해하기 쉽게 가르쳐야 합니다. "우리가 제자리에서 뛰었을 때 다시 땅으로 돌아오는 이유는 중력 때문입니다"처럼 구체적인 예시를 주면 효과적입니다. 관념적이고 추상적인 내용만으로 수업이 진행된다면, 감각형 아이들에게는 수업이 무척 어렵게 느껴질 수밖에 없습니다.

② '총체형' 선생님과 '순차형' 아이

총체형 선생님은 전체적인 개념을 먼저 제시하고 세부 사항으로 내려가는 방식으로 가르치기를 선호합니다. '개념 → 정의 → 실례 → 설명 → 예시' 순서로 수업을 진행하는 편이죠. 또한 총체형 선생님들은 다양한 주제 사이를 자유롭게 넘나들며 설명하는 경향이 있습니다. 예를 들어, 문학 작품을 가르칠 때 작품의 시대적 배경, 작가의 다른 작품, 비슷한 주제의 다른 작가 작품까지 폭넓게 연결하면서 설명합니다. 총체형 선생님들에게 이런 방식은 자연스럽고 일관된 맥락으로 수업하지만, 순차형 학생들에게는 혼란스러울 수 있습니다.

순차형 아이들은 하나의 단원과 개념 안에서 구체적으로 한 번에 한 가지씩, 차근차근 배우기를 선호합니다. 그들은 A에서 B, B에서 C로 논리적으로 진행되는 학습 과정이 필요합니다. 갑자기 D로 건너뛰거나, F와 연관시키는 것은 감각형 학생들에게 혼란을 줄 수 있습니다. 또한 순차형 아이들은 책을 1장부터 차례대로 읽듯, 처음부터 끝까지 순서대로 학습하기를 선호합니다.

하지만 총체형 선생님들은 종종 중요하다고 생각하는 부분부터 가르치거나, 흥미로운 주제를 먼저 다루는 경향이 있습니다. 이런 진도 방식의 차이도 순차형 아이들에게는 어려움일 수 있습니다. 교과서의 첫 페이지부터 차례대로 배우기를 원하는데, 갑자기 중간 부분이나 뒷부분으로 건너뛰면 불안감이 생기는 것이죠. 순차형 아이들에게는 '구체적이고 일상적인 사례 → 우리 삶과 연결되는 의미 → 개념 → 확장 → 비슷한 현상 → 개념의 정의'와 같은 순서로 가르쳐야 효과적입니다.

③ '활동형' 선생님과 '숙고형' 아이

활동형 선생님들은 본인의 성향대로 수업을 활기차게 진행하며, 종종 속도감 있게 내용을 전달하는 경향이 있습니다. '빠르게 많은 내용을 다루는 것'을 효율적인 수업이라 생각하는 편이죠.

그러나 숙고형 아이들에게 이러한 빠른 속도의 수업은 큰 부담이 됩니다. 숙고형 아이들은 새로운 정보를 받아들이고 처리하는 데 시간이 필요합니다. 아이들은 배운 내용을 깊이 생각하고, 체화하고, 자신만의 방식으로 정리하는 과정을 거쳐야 비로소 학습이 이루어집니다.

활동형 선생님이 숙고형 아이들을 가르칠 때는 진도를 너무 빠르게 나가지 않고, 중간 중간 학생들이 이해했는지 확인하는 과정이 매우 중요합니다. 예를 들어, 새로운 개념을 설명한 후 "이 부분에 대해 질문 있는 사람?" 하고 넘어가는 것보다, "방금 배운 내용을 자신의 말로 설명할 사람 있나요?" 또는 "잠깐 시간을 줄 테니 지금까지 설명한 내용을 정리해 보세요"와 같은 질문을 해서 학생들의 이해도를 점검하는 것이 효과적입니다.

또한 숙고형 아이들에게는 수업 진행 방식, 발표자 순서, 조별 활동의 역할, 수업 목표를 사전에 명확히 알려 주면 큰 도움이 됩니다. 그래야 아이들이 마음의 준비를 하고 수업에 임할 수 있기 때문입니다.

④ '언어형' 선생님과 '시각형' 아이

많은 아이들이 시각형 학습자인데 반해, 언어형 선생님들은 텍스트 중심의 자료를 선호하는 경향이 있습니다. 시각형 아이들에게는 모든 내용이 시각화되는 것이 핵심입니다. 그들은 보면서 가장 효과적으로 학습합니다.

언어형 선생님들은 글자가 많은 자료에 익숙하고, 이를 아무렇지 않게 아이들에게 제공합니다. 또한 교과서나 유인물을 보며 내용을 단순히 읽어 내려가는 방식으로 수업을 진행하는 경우가 많습니다. 하지만 시각형 아이들은 많은 글 속에서 중요한 정보를 찾아내는 일이 아주 어렵다고 생각합니다. 또한 글자가 많은 자료를 단순히 읽으면서 설명할 경우, 현재 어느 부분을 설명하는지 내용을 따라 가지 못합니다. 이런 아이들을 위해서는 프로젝터나 모니터를 활용해 본문을 보여 주고, 손가락이나 색깔 표시로 현재 설명하는 부분을 명확히 지시하면 도움이 됩니다.

시각형 아이들에게는 사진, 그림, 이미지, 차트, 도표처럼 시각적 자료가 기억을 돕는 중요한 요소입니다. 예를 들어, 역사 수업에서 연대표를 시각화하거나, 과학 수업에서 생태계의 순환을 도표로 보여 주면 효과적입니다. 이러한 시각적 자료 없이는 내용이 쉽게 기억에 남지 않고, 결과적으로 학습 효과도 떨어지게 됩니다.

이처럼 학교 선생님들의 교수법과 우리 아이들의 학습 성향 사이의 불일치는 교실에서 매일 발생합니다. 이로 인해 수업 방식에 대한 기대가 달라지면서, 아이들이 수업 내용에 집중을 못하기 시작하죠. 하지만 학생들이 이러한 어려움을 자신의 문제나 능력 부족으로 받아들이지 않도록 하는 것이 중요합니다. 부모님과 선생님들은 아이들에게 학습 성향의 차이가 존재한다는 사실과 그로 인해 발생할 수 있는 어려움을 충분히 알려 주어야 합니다.

아이에게 맞는 학습 방법을 적극적으로 찾아갈 수 있도록 도와주는 것이 부모님과 주변 관찰자의 중요한 역할입니다.

'공부 머리'는 타고나는 걸까?

저는 '공부 머리'는 타고난다고 굳게 믿어왔습니다. 그 믿음은 제가 강남권 사교육 현장에서 직접 체험한 수많은 경험에서 비롯되었습니다. 소위 '공부 잘하는 아이들'과 '공부 못하는 아이들'을 한 교실에 모아놓고 수업하다 보면, 그 차이가 정말 명확했죠. 이해도, 공부 속도, 집중력, 소화할 수 있는 공부 양까지, 모든 면에서 차이가 뚜렷했습니다. 단어 암기 테스트를 해도 그 결과는 항상 비슷했습니다.

몇몇 아이들은 마치 스펀지처럼 정보를 빠르게 흡수하지만, 어떤 아이들은 아무리 노력해도 따라가지 못하는 모습을 지켜보며, '타고난 능력의 차이를 어쩌겠는가…'라고 생각했던 것 같습니다. 하지만 세월이 흐르고 더 많은 학생들을 만나면서, 이런 고정관념은 서서히 바뀌기 시작했습니다. 그리고 마침내 몇 가지 중요한 경험들이 제 오랜 신념을 완전히 깨뜨리고 말았습니다.

'공부'라는 개념의 범위를 재설정하자

교육에 관한 서적을 읽던 중 미국 교육심리학자 캐롤 드웩 교수의 《마인드셋》이라는 책을 만났습니다. 이 책은 제게 큰 충격을 주었습니다. 공부 영역이 단지 학교 교과목에만 국한되지 않고, 인생의 모든 측면에 해당된다는 사실이 담겨 있었습니다. 더 중요하게는 공부 능력이 고정된 것이 아니라 지속적으로 발전할 수 있다는 사실이죠.

그전까지만 해도 공부는 단순히 결과와 등수를 위한 수단이기에, 그로 인한 경쟁이 당연하다고 여겼습니다. 제 자신의 교육관을 처음으로 후회하게 된 순간이었죠. '내가 진정한 교육의 의미를 놓치고 있었구나'라는 생각이 퍼져나갔습니다. 이러한 깨달음은 실제 학생들을 만나며 구체적으로 확인되었습니다.

특히 진우라는 아이는 제게 잊을 수 없는 교훈을 주었습니다. 진우는 중학교 성적이 거의 전교 최하위권에 머물던 학생이었습니다. 공부에 흥미가 전혀 없었고, 수업 시간엔 늘 딴짓을 하거나 졸았습니다. 일반 고등학교 진학은 어려울 것 같아 특성화고를 준비하고 있었죠.

그런 진우를 멘토링하게 된 것은 우연한 기회였습니다. 처음에는 진우를 어떻게 도와줄 수 있을지 부담이 컸습니다. 하지만 진우를 가까이서 관찰하면서 놀라운 사실을 발견했습니다. 진우는 교과 공부를 못하는 것뿐이지, 자신의 관심사에는 믿기 힘들 정도로 놀라운 집중력과 학습 능력을 보였습니다.

진우는 자전거를 가장 좋아했습니다. 자전거에 관한 진우의 지식은 정말 놀라웠습니다. 전 세계 자전거 브랜드 스펙과 특성을 마치 백과사전처럼 꿰었고, 각 부품의 기능과 품질까지 세세하게 알았습니다. 중학생임에도 지역 자전거 판매점에서 아르바이트를 하며, 고장 난 자전거를 수리하고, 심지어 온라인에서 중고 자전거 판매까지 대행하고 있었죠.

이런 진우의 모습을 보면서, 저는 깊은 감동과 반성을 했습니다. 이 아이가 공부를 못하는 아이가 아니라, 단지 기존 교육 시스템에 맞지 않을 뿐이라는 사실을 깨달았기 때문입니다. 특성화고 소프트웨어 개발학과 면접 준비를 도와주는 과정에서, 진우는 제게 이런 말을 했습니다.

"선생님, 저는 서울 '따릉이' 같은 자전거 공유 플랫폼을 만들고 싶어요. 더 많은 사람들이 자전거를 쉽게 이용하도록요. 저는 책에서 배우는 지식은 하나도 와닿지 않아요. 글자만 보면 머리가 아파요. 하지만 실물을 직접 만지고, 실험하고, 고치면서 배우는 일은 정말 재미있어요. 자전거를 분해했다 조립하면서 배운 것들은 절대 잊어버리지 않아요."

그 순간 저는 우리가 '진짜 공부'라고 하는 것, 책상에 앉아 교과서와 문제집을 풀고, 시험 점수로 평가받는 그 공부가 모든 아이들에게 맞는 방식이 아닐 수 있다는 사실을 깨달았습니다. 진우는 손으로 직접 만지고, 경험하고, 실천하면서 배우는 학습자였던 것입니다. 진우의 사례에서, 기존 학교 교육 시스템이 다양한 학습 성향을 가진 모든 학생들에게 적합하지 않을 수 있다는 점을 뼈저리게 실감했습니다.

공부를 잘하는 특정 학습 성향이 있을까?

이런 변화된 시각을 가지고, 저는 학습 성향과 공부 머리의 상관관계를 더 깊이 탐구하고 싶었습니다. 그래서 교육 박람회에 참여하게 되었습니다. 여기서 전국 학교 선생님들과 교육 관계자들을 대상으로 학습 성향 검사를 진행했습니다. 검사하기 전, 아마 학교 선생님들은 특정 학습 성향에 집중될 것이고, 유능한 교사들일수록 특정한 학습 성향을 가질 것이라고 예상했습니다.

하지만 결과는 완전히 달랐습니다. 결론부터 말씀드리면, 학습 성향과 '공부 머리'는 전혀 상관관계가 없었습니다. 학교 선생님들의 학습 성향은 쿼드스터디의 네 가지 유형(원칙주의형, 목표지향형, 한 우물형, 전체주의형)에 골고루 분포되어 있었습니다.

이 발견은 정말 놀라웠습니다. 어떤 학습 성향이 '공부를 잘하는 성향'이라고 말할 수 없다는 사실입니다. 각각의 성향은 저마다 장점과 특성이 있을 뿐, 어느 성향이 더 우월하다고 할 수 없었습니다. 이 사실이 제게 주는 의미는 참으로 컸습니다. '어떻게 해야 학생들이 더 잘 배울 수 있을까?'라는 질문이 자연스럽게 이어졌고, 그 해답을 찾기 위해 노력했습니다.

그리고 대학생 멘토단들의 학업 능력과 학습 성향을 더 자세히 분석했습니다. 특히 'SKY'로 불리는 서울대, 고려대, 연세대와 같은 명문대에 재학 중인 멘토들과 그렇지 않은 멘토들 사이에 학습 성향의 차이가 있는지 살펴보았습니다. 역시 예상대로 명문대에 재학 중인 멘토들도 특정 학습 성향에 치우쳐 있지 않았습니다.

멘토들과의 심층 인터뷰에서 알게 된 중요한 사실이 있었습니다. 성공적인 학업 성취를 이룬 학생들, 즉 소위 '공부를 잘하는 학생들'은 대부분 자신의 학습 성향에 맞는 공부법을 일찍 발견했다는 공통점이 있었습니다.

한 서울대 멘토는 이렇게 말했습니다.

"중학교 때까지는 저도 공부를 잘하지 않았어요. 그런데 중학교 3학년 때 우연히 제가 시각형이자 전체주의형 학습자라는 것을 알게 되었어요. 그 뒤로 모든 내용을 마인드맵이나 그림으로 정리했는데, 그때부터 공부가 재미있고 성적도 올라갔어요."

반면, 자신의 능력에 비해 대학 만족도가 떨어지는 멘토들은 대부분 아직도 자신에게 맞는 공부법을 찾지 못했다고 말했습니다.

"저는 남들이 하는 대로 열심히 했어요. 문제집도 많이 풀고, 밤늦게까지 공부했지만, 뭔가 항상 부족한 느낌이었어요. 지금 와서 생각하면, 제 학습 스타일에 맞는 방법을 찾지 못했던 것 같아요."

이 발견은 매우 중요한 의미를 담고 있습니다. 자신의 성향에 맞는 공부법을 찾고, 이를 토대로 성적이 향상되면, 비로소 사람들은 그 학생이 공부 머리가 좋다고 평가하는 것입니다. 즉, ==공부 머리는 선천적이지 않고, 자신에게 맞는 학습법을 발견한 후천적 결과물입니다.==

이 깨달음은 제게 큰 희망을 주었습니다. 만약 공부 머리가 타고나는 것이라면, 교육자로서 할 수 있는 일이 제한될 수밖에 없을 테니까요. 하지만 그것이 발견하고 개발할 수 있는 것이라면, 모든 학생들에게 가능성이 열려 있는 것입니다.

성적이 향상된 아이들을 관찰해 보면 흥미로운 패턴이 보입니다. 그 수준을 유지하기 위해 자신만의 공부법을 더욱 정교하게 다듬고 발전시킵니다. 마치 선순환의 고리처럼, 성공 경험은 더 큰 자신감을 주고, 그 자신감은 더 높은 성취로 이어집니다. 이런 모습을 보면, 공부 머리보다는 자아 실현에 대한 열정이 더 중요하다는 사실도 알 수 있습니다. 공감 능력, 자기 이해도, 호기심과 같은 감성 지능의 요소들이 학업 성취에 중요한 역할을 한다는 사실을 수많은 사례에서 확인했습니다.

제가 만난 진우도 결국은 자신의 학습 성향을 이해하고, 그에 맞는 방식으로 자신의 잠재력을 발휘했습니다. 진우는 특성화고에 진학하고, 실습 위주의 교육과정에서 두각을 나타냈고, 졸업 후에는 자전거 스타트업에 취업하여 자신의 꿈을 조금씩 실현하고 있습니다.

  자신에게 맞는 학습 방식을 찾을수록, 소위 '공부 머리'라고 불리는 능력은 더욱 발달하게 됩니다. 이것이 바로 쿼드스터디가 강조하는 핵심 메시지입니다. 우리 아이들의 타고난 성향을 억누르고 모두에게 똑같은 방식을 강요하기보다는, 그 성향을 이해하고 존중하며 그에 맞는 학습법을 찾아주는 것이 진정한 교육의 시작점이 되어야 합니다.

쿼드스터디 가이드 2
학습 성향 파악하기

쿼드스터디 가이드 1에서 학습 성향 테스트를 했다면, 이제는 각 축을 나타내는 각각의 검사 결과의 개념은 어떤 성향을 말하는지 어떤 학습 특성을 나타내는지 세세히 알아보겠습니다.

아이가 공부할 때 어떤 모습이 떠오르나요? 다음 설명을 보면서 아이가 어떤 학습 활동에 적합한 유형인지 깊이 이해하기 바랍니다.

다 같이 공부하기 좋아하는 활동형(Active)

활동형 학습자는 다른 사람들과 함께 공부하는 환경에서 더욱 효율적으로 학습할 수 있습니다. 이들은 MBTI에서 말하는 외향성이 강한 유형으로, 다른 사람들과의 상호작용에서 에너지를 얻습니다.

활동형 학습자들은 모둠 활동처럼 협력적인 학습 환경을 선호합니다. 조용한 실내보다는 개방적이고 약간의 소음이 있는 공간에서 더 편안함을 느낍니다. 여러 사람과 같이하는 활동에서 자신의 의견이 반영되고 주목받을 때 강한 학습 동기를 받고 자부심을 느끼며, 그 상황에서의 학습 내용을 잘 기억합니다.

또한 활동형 학습자들은 혼자 공부하는 시간이 길어지면 집중력이 떨어질 수 있습니다. 장시간 혼자 공부할 경우 다른 행동으로 전환하거나, 야외로 나가고 싶은 충동을 느낄 수 있습니다. 따라서 활동형 학습자들은 일정 시간 동안만 집중하여 공부하고, 필요할 때는 잠깐 외출하여 기분 전환하고 다시 공부에 집중하면 도움이 됩니다.

집중하는 시간은 짧게 끊어가면서 지속적으로 이어가는 '포모도로 공부법'이 그 한 방법입니다. 그러다 보니 혼자 듣는 방식의 온라인 강의 학습은 활동형 학습자들에게 힘들 수 있습니다. 다른 사람들과 함께 공부할 때 더 집중이 잘 되는 성향이라 공개된 자리에 온라인 학습을 하는 경향이 많습니다.

수업 중에 발표, 토론, 실험, 모둠 활동 등 직접 참여할 기회가 많을수록 효과적입니다. 선생님의 일방적인 설명으로만 진행되는 수업에서는 쉽게 집중력을 잃을 수 있습니다. 만약 숙고형 성향의 교사가 진행하는 정숙한 분위기의 수업은 활동형 학생들에게는 집중하기 어려울 수 있습니다. 질문을 듣자마자 손을 들고 답하려 하지만, 막상 대답하면서 비로소 답을 생각하는 경우의 학생들입니다. 심지어 대답하는 도중에 생각을 정리하는 모습을 보이기도 합니다.

이렇게 적극적으로 이야기하다 보니 휴식 시간에도 친구들과 함께 야외에서 시간을 보내기를 즐깁니다. 쉬는 시간마다 친구들과 모여 재미있게 수다를 떠는 것은 이들에게 다음 수업을 위한 에너지 충전의 시간이 됩니다.

선생님과 부모님은 활동형 학습자의 이러한 특성을 이해하고, 협동 학습의 기회를 제공하고, 적절한 휴식과 운동의 시간을 보장하며, 지나친 통제보다는 자율성을 부여하는 것이 좋습니다.

혼자만의 시간과 공간을 원하는 숙고형(Reflective)

숙고형 학습자는 행동보다는 사색을 중요시합니다. 이들은 말과 행동에 앞서 충분히 생각하고 고민하는 시간을 선호하죠. 자신만의 조용하고 독립적인 공간과 시간이 절대적으로 필요합니다. 부모님이나 주변 사람들이 이를 이해하지 못하고 자기만의 시간을 방해한다면, 집중력을 잃고 공부하는 데 어려움을 겪을 수 있습니다.

속으로 생각하고 숙고하기에 겉으로 드러나는 감정 표현이 적을 수 있습니다. 적극적으로 도움을 요청하지 않는 경향이 있어 주변 사람들의 세심한 관찰과 배려가 필요합니다. 이 성향의 학습자들에게는 하루를 마무리하고 마음을 가라앉힐 수 있는 시간이 필수입니다. 외출 후 귀가하거나 학교에서 돌아왔을 때, 자신의 방에서 한동안 나오지 않는 것은 바깥에서 소모한 에너지를 재충전하는 과정입니다. 거실로 나와서 이야기하자고 하면 대화가 싫어서가 아니라, 마음을 진정시키고 에너지를 충전하기 위함입니다.

이 성향의 학습자에게는 공부에 집중할 수 있는 방해받지 않는 독립적인 공간이 마련되어야 하며, 부모님이 노크 없이 방에 들어오는 것조차 큰 방해 요인이 될 수 있습니다. 사람이 많은 스터디카페보다는 자기 방이나 1인 독서실, 칸막이가 있는 구석지고 조용한 스터디

카페가 좋습니다. 다른 사람들과 부딪치는 동선도 싫어할 수 있고, 심지어 칸막이 낮아서 누군가가 내 공부를 볼 수 있다거나, 열린 곳에서 공부하는 것은 힘들 수 있습니다.

그룹 활동이나 모둠 학습에서도 숙고형 학습자들은 적극적으로 나서기보다는 관찰자의 역할을 하는 경우가 많습니다. 이러한 행동은 의견이 없거나 주장이 부족해서가 아닙니다. 오히려 질문을 받으면 깊이 있는 의견을 제시하곤 합니다.

숙고형 학습자들은 그룹 토의 중간에 중요한 사항을 짚어주거나, 다뤘던 내용을 정리하는 등 나름의 역할을 담당합니다. 마무리를 잘 짓기도 하고 추상적인 개념을 구체적으로 정리하는 행동도 합니다. 꼼꼼한 분석과 원리에 대한 이해를 바탕으로 체계적인 정리를 하는 능력이 뛰어납니다. 이들은 말로 표현하기에 앞서 글로 정리하는 것을 선호하는데, 이는 활동형 학습자와는 대조적인 특징입니다.

대화할 때는 충분한 시간을 주어야 합니다. 질문에 즉각적으로 대답을 기대하기보다는, 생각할 시간을 주는 것이 중요합니다. 대화에서도 보통 7~9초 정도의 답변 시간이 필요하다고 알려져 있습니다. 이 시간 동안 숙고형 학습자는 머릿속으로 대답을 준비하고 연습하는 과정을 거칩니다.

수업 진행 속도 역시 숙고형 학습자에게 영향을 미칠 수 있습니다. 빠른 속도로 진도를 나가는 수업에서 어려움을 느낄 수 있죠. 내용의 난이도보다는 충분하게 이해하고 정리할 시간 없이 수업이 진행된다면 그 자체가 부담으로 작용하기 때문입니다. 따라서 소규모의 수업이나 온라인 학습이 숙고형 학습자에게 더 효과적일 수 있습니다.

구체적이고 현실적인 감각형(Sensual)

감각형 학습자는 오감을 활용한 학습을 선호합니다. 오감, 즉 보고, 듣고, 만지고, 느끼는 등 감각적인 경험을 하며 학습 내용을 더욱 잘 이해하고 받아들이기에 현실적이고 구체적인 내용 공부를 더 선호합니다. 필기할 경우에도 개념에 대한 자세한 예시와 구체적인 내용이 있어야 이해를 잘하는 편입니다.

좋아하는 학습 과목은 실제로 결과물을 만들거나 결론이 있어야 그 개념 이해가 더욱 쉬워집니다. 사례와 더불어 실물을 보여 주는 학습 방법과 결과를 보여 주는 수업이 효과적이죠. 자신이 배우는 내용이 일상생활과 어떻게 연관되는지에 대해서 의미를 부여합니다. 추상적이고 관념적인 내용에서는 상대적으로 흥미를 못 느낄 수 있습니다. 그렇기에 학습 효율을 높이기 위해서는 실험, 도구, 연주, 악기 조작 등 직접적인 체험 학습 활동을 하는 것이 매우 중요합니다.

감각형 학습자들은 반복 학습에 거부감이 적습니다. 예를 들어, 선생님 중에 영어 단어를 틀릴 때마다 10번씩 써서 외우게 하는 '깜지 공부법'도 감각형 아이에게는 좋을 수 있습니다. 시를 암기하거나, 영어 본문을 토씨 하나 틀리지 않고 정확히 외우는 데 최선을 다합니다. 영어 교과서 본문 암기를 하는 데도 여러 번 반복해서 암기하면서 단어 하나 틀리지 않고 익히는 학습을 무리 없이 따라갑니다. 수학 문제도 정확하게 풀어 내려가는 습성이 강해서 특히 숫자에 강한 면모를 보이기도 합니다.

이 성향의 아이들은 정해진 원칙에 따라 공부하는 것을 좋아하고 학습 내용이 예측 가능한 커리큘럼 안에서 안정감을 느낍니다. 그래서 수업 시작 전에 어떻게 수업이 진행될지 꼭 미리 알려 주시면 좋습니다. 만약 중간에 커리큘럼이 변경되거나 내용, 방법 등이 달라질 경우, 이를 사전에 공지하는 것이 중요하겠죠.

필기와 관련하여, 이 아이들은 교사의 말을 거의 그대로 받아 적으며 구체적인 내용을 기록하는 것을 선호합니다. 교사의 수업 속도가 빠르거나 내용이 많을 때는 녹음을 활용하여 반복적으로 듣고 필기하는 방법을 택하기도 합니다. 그러다 보니 구체적이고 체계적인 선생님의 강의를 '명강의'로 생각합니다. 고등학교 과학 탐구 영역의 선택 과목에서도 생명과학처럼 눈에 보이는 대상을 다루는 과목을 좋아하며, 화학 과목처럼 분자와 원자를 다루는 눈에 보이지 않는 대상으로 하는 과목과 지구과학처럼 쉽게 와닿지 않는 개념이 많은 과목은 상대적으로 어렵다고 합니다.

추상적 직감을 중요시하는 직관형(Intuitive)

직관형 학습자들은 실제로 오감과 더불어 직감을 이용해서 개념을 이해하고 정보를 받아들입니다. 추상적인 개념, 이론, 관념 등에 관심이 많죠. 표면에 나타나는 사실적 정보보다는 내재되거나 숨겨진 정보에 관심이 많습니다. 이 학습자들은 상상력과 창의력이 풍부하며, 항상 새로움을 추구합니다. 과거와 현재보다는 앞으로 일어날 미래의 존재할 가능성에 주목합니다. 감각형 학생들이 '현재'에 초점을 맞춘다면, 직관형 학생들은 '미래'를 중시하죠. '숨어 있는 잠재된 이치나 원리는 무엇일까?' 하고 생각을 많이 합니다. 그러다보니 문제를 풀 때 문제를 접하고는 출제자가 의도한 부분을 너무 확대 해석해서 문제를 풀어나가는 경향도 있습니다.

직관형 학생들은 개념과 아이디어 간의 연결을 빠르게 파악하는 능력이 뛰어납니다. 패턴을 인식하고, 전체적인 맥락을 이해하려고 하죠. 세부적인 사항이나 구체적 정보에는 상대적으로 관심이 적을 수 있습니다. 가끔 중요한 디테일을 놓치는 것도 이런 이유입니다.

직관형 학습자들을 위해서는 주입식 교육보다는 토론 중심과 흥미를 이끌어내는 수업으로 진행하면 더 큰 효과를 봅니다. 기존 지식을 습득하는 데 집중하기보다는 새롭고 흥미로워하는 부분에 대한 자신의 아이디어를 자유롭게 표현하고 실험할 기회를 얻는 데 더 관심이 많기 때문입니다. 프로젝트 기반의 수업도 좋습니다.

직관형 아이는 '구체화하는 데 어려워한다'라는 사실을 꼭 알아주세요. 어떤 개념을 구체화한다든지, 계획을 단계별로 구체화한다든지, 수행해야 할 프로젝트를 구체화하는 방법을 알려 주면 더욱 빛을 발할 것입니다. 획일화된 정답을 요구하기보다는 다양한 관점에 해석하는 성향을 존중해도 좋습니다. 또한 그들이 자신의 아이디어를 구체화하고 현실에 적용하도록 지도하면 좋습니다. 직관형 학생들의 창의

성과 통찰력은 적절한 방향으로 발현될 때 큰 힘을 발휘합니다.

이미지 사진과 도표를 좋아하는 시각형(Visual)

시각형 학습자는 시각을 통해 정보를 받아들이고 처리하기를 좋아합니다. 이 유형은 사물, 사건, 문서, 글자 등을 마치 사진 찍듯이 이미지를 받아들여 기억하는 성향이 강합니다. 글자의 의미를 해석하고 기억하는 데에는 언어형 학습자보다 더 많은 시간이 걸립니다. 그로 인해서 글자가 많은 책을 선호하지 않는 편이죠.

로버트 루트번스타인의 《생각의 탄생》이라는 책을 보면, 시각형 과학자들은 자연 현상을 상상할 때 눈을 뜨고도 마치 눈앞에 입체적인 모습이 펼쳐지는 것처럼 명확하게 현상을 그려낸다고 합니다. 이러한 능력을 바탕으로 시각형이 탁월한 과학자들은 상상으로 가설을 세우고, 바로 실험하는 방식으로 과학 탐구를 진행했다고 합니다.

미디어의 발달로 인해 시각형 학습자의 비율이 더 크게 증가한다고 합니다. 어쩌면 시각형의 아이들이 언어형으로 옮겨가기가 더욱 어려워졌다라고 표현하는 편이 맞을 것 같습니다. 저희 연구소에서 진행하는 성향별 공부법 캠프를 초등학교에서 진행하면 최대 80퍼센트까지 시각형으로 나타나며, 중·고등학생들도 60~70퍼센트의 높은 비율을 보입니다. 대학생들의 경우 모집 집단에 따라 차이가 있지만, 어떤 경우에는 언어형이 50퍼센트가 넘기도 합니다. 성인이 되고 학력이 높아질수록 시각형의 비율이 줄어들고 언어형의 비율이 높아지는 경향이 두드러진다는 점은, 아마도 시각형의 학습자들이 독서와 글자로 된 텍스트를 오랫동안 다루면서 언어형으로 변화하는 것 같습니다.

또한 필기할 때는 다양한 색상의 필기구를 사용하기를 즐기기도 하고, 책을 고를 때도 그림과 이미지가 많은 책을 선호하는 것이 시각형의 특징입니다. 교사가 수업 중에 시각적 도구를 적극적으로 활용하면 학생들의 이해도와 집중력이 크게 향상되겠죠. 교사가 언어형이면 이러한 교구를 사용하는 것이 어색하겠지만, 학생들은 이해하기 힘들어고 수업을 따라가는 데 어려움을 느낄 수 있으니, 시각형 학습자가 수업 내용을 시각적으로 확인할 수 있도록 도와주세요.

시각형 학습자는 추상적인 개념조차도 시각적으로 구조화하여 이해하려는 경향이 있습니다. 그래서 글을 읽을 때 주제문에 표시하고 핵심어에 색깔이나 도형으로 체크하고, 사례와 예시에 번호를 붙여서 근거와의 관계를 연결하는 공부 방법은 많은 도움이 됩니다.

시각형 아이들에게는 글감을 읽을 때 마인드맵, 다이어그램, 플로우차트 등을 활용해 가르치면 높은 학습 효과를 보일 수 있습니다. 교재 외에도 시각 자료가 풍부한 참고 도서나 영상 자료를 적극적으로 활용하는 것이 좋습니다.

학교나 사교육에 종사하는 교사는 시각형 비율이 어느 정도 되는지 알면 좋습니다. 시각형 학습 성향에 맞는 학습 환경과 교구 그리고 커리큘럼을 준비하기 위해서죠. 대한민국의 교육 환경, 특히 입시에서는 언어형들이 절대적으로 유리하며 시각형에게는 참 어렵습니다.

혹시 우리 아이가 글 읽기에 어려움을 겪을 때 이를 난독증이나 문해력 부족으로만 오해하지 말고 시각형 학습법을 먼저 적용해 볼 것을 추천합니다. 그러면서 언어형으로 조금씩 익숙하도록 충분히 시간을 두고 조금씩 연습하면 좋습니다.

글감만 있어도 이해가 되는 언어형(Verbal)

언어형 학습자는 말이나 글로 된 정보에서 효과적으로 학습하는 유형입니다. 이들은 강의를 듣거나 책을 읽을 때 말과 문자로 표현된 개념과 이론을 잘 이해하고 흡수합니다. 시각형 학습자가 이미지나 도표에서 정보를 쉽게 이해하는 것과는 대조적입니다. 이 유형의 학습자들은 말하기와 쓰기에 능숙합니다. 자기 생각과 의견을 언어로 명확하게 표현하기를 즐기며, 텍스트로 된 학습 내용도 자기 것으로 잘 체화합니다.

개념 간의 논리적 연결 관계라든지 각 개념들에 관한 내용을 전개하는 과정이 문자나 활자로 명확히 이해하고 선생님의 설명만으로도 이해를 잘합니다. 글의 세부 내용과 핵심 개념에 주목하며, 글에 담긴 정보를 자신의 언어로 잘 재해석합니다. 아무래도 대한민국 입시에서는 언어형에 더 유리한 점이 많기는 합니다.

언어형 학습자들에게는 구두 발표, 토론, 에세이 작성 등의 언어 기반 활동이 학습에 많은 도움이 됩니다. 이를 통해 자신의 언어로 표현하고 정리함으로써 이해도와 기억력을 높일 수 있기 때문입니다. 요약, '패러프레이싱(Paraphraising)'이라고 할 수 있는 자신의 언어로 다시

한 번 정리하는 습관은 매우 훌륭한 공부법입니다.

언어형이 선천적인지 후천적인지에 대해서는 아직 명확한 결론이 없습니다. 다만 주의할 점은 언어형 학부모가 선택한 학습 자료나 방식이 시각형 자녀에게는 적합하지 않을 수 있다는 사실입니다. 아이가 부담되지 않고 흥미가 떨어지지 않게 조금씩 글감을 늘려가면서 글감에 익숙하게 하는 편이 중요합니다. 시각형에서 언어형으로의 전환이 가능하긴 하지만, 이는 반드시 점진적인 훈련을 통해 이루어져야 합니다.

교육 현장에서는 언어형 학습자의 특성과 시각형 학습자의 특성을 고려하여 균형이 있게 수업을 진행하는 것이 제일 효과적이라고 할 수 있습니다. 강의식 수업, 토론 중심 활동, 글쓰기 과제 등이 언어형 학습자들의 학습에 도움이 될 수 있고 동시에 시각형 학습자를 위한 시각 자료와 활동도 균형 있게 제공하여, 정리된 판서, 예시 사진과 이미지 등이 있으면 좋겠습니다. 두 유형의 학습 성향을 위해 모두 제공할 필요가 있습니다.

차근차근 단계적으로 학습하는 순차형(Sequential)

순차형 학습자는 정보를 순차적이고 단계적으로 처리하기를 선호합니다. 학습 과정이 순서대로 진행될 때 가장 효과적으로 학습합니다. 목차별로 앞에서부터 하나씩 이해해 나가면서 차츰차츰 전체를 파악하는 과정을 밟는 '귀납적 사고'의 경향을 보입니다. 귀납적 사고란 구체적인 사실에서 출발하여 일반화된 결론을 도출하는 방식으로, 경험주의적인 성향이라 할 수 있죠. 두괄식의 결론보다는 구체적인 정보와 사실을 바탕으로 이야기를 전개하고, 마지막에 결론을 내리는 미괄식 구조에 익숙합니다.

공부할 때나 책을 읽을 때에도 한 단계씩 차근차근 진행하는 것을 선호합니다. 만약 고등학교 수학 선생님이 함수 개념을 알려 주기 위해 이차함수, 삼각함수, 지수로그 함수 등 단원을 넘나들면서 뒤섞어 가르친다면, 순차형은 이해하기 어려울 수 있습니다.

필기할 때도 순차형 학습자들은 앞에서부터 순서대로 기록하며, 중간에 페이지를 건너뛰는 것을 꺼립니다. 학습 내용뿐만 아니라 일상생활에서도 나타나는 특징입니다. 예를 들어, 고궁이나 박물관을 견학할 때도 안내 게시판의 번호 순서대로 관람하기를 선호합니다. 순서를 따르는 것이 마음의 안정과 편안함을 주기 때문이죠.

분석적인 사고를 즐기는 순차형 학습자들은 문제 해결에서도 단계적으로 접근합니다. 주어진 정보를 순서대로 정리하고, 하나의 결론에 도달하는 데 필요한 과정을 체계적으로 밟아나가기를 선호합니다. 따라서 순차형 학습자의 특성을 고려하여 순차적이고 체계적인 교육 커리큘럼을 제공해야 합니다. 커리큘럼을 구성할 때도 단계적으로 심화하는 방식으로 구성하면 좋습니다. 또한 학생들이 정리정돈이 된 환경에서 공부하도록 지도하고, 학습 자료 역시 구조적으로 잘 정리된 상태로 제공하면 도움이 될 것입니다.

전체적인 윤곽이 드러나야 내용을 이해하는 총체형(Global)

총체형 학습자는 정보를 전체적으로 파악합니다. 학습 내용의 전체적인 맥락과 큰 그림을 먼저 이해하고 세부 사항을 파악하는 경향이 있습니다. 전체를 이해하고 세부를 선별해서 학습해 나갑니다. 또한 개별 요소들 간의 상호 관계와 전체 구조를 통찰하는 능력도 뛰어납니다. 전체 큰 그림이 그려지지 않으면 이해가 안 된다고 말하며 '연역적' 사고를 즐깁니다. 일반적인 원리나 법칙에서 출발하여 개별 사례에 적용하죠. 결론이나 핵심 아이디어를 먼저 제시하고, 이를 뒷받침하는 구체적인 설명이나 사례를 나중에 제시합니다.

책을 읽을 때도 총체형 학습자들은 목차나 개요를 먼저 확인해 앞부분을 읽다가 뒤쪽으로 갑니다. 전체 구조를 파악하기 위해서죠. 세부 내용을 읽기 전에 핵심 주제와 요지를 먼저 이해하고, 이를 바탕으로 세부 사항을 해석하고 연결 짓습니다. 필기할 때도 카테고리별로 적기를 좋아합니다. 한눈에 전체가 보이고 각 범주별로 소제를 달리하며 전체 내용이 머릿속에 들어오도록 하는 필기 방식입니다.

총체형 학습자들은 유연하고 편안한 학습 환경을 좋아합니다. 선생님이 수업의 전체적인 방향과 목표를 제시하고, 학생들이 스스로 학습 내용을 탐색하고 발견할 기회를 제공하는 분위기를 좋아합니다. 생각하도록 기회를 주고 질문하여 창의력과 문제 해결력을 자극하는 수업을 선호합니다.

문제 해결에서도 문제의 전체적인 구조와 핵심 요소를 파악하고, 이를 바탕으로 창의적인 해결책을 끌어냅니다. 마인드맵이나 개념도

등을 활용하여 학습 내용의 전체 구조와 개념 간의 관계를 시각화하는 것이 도움이 많이 됩니다. 또한 다양한 주제를 아우르는 통합적인 프로젝트나 토론 활동을 통해 총체적인 사고력을 기를 수 있습니다.

총체형 학습자들이 세부 사항을 놓치거나 일관성을 잃지 않도록 주의를 기울일 필요가 있습니다. 전체적인 방향성과 세부 요소 간의 균형을 잡을 수 있도록 교사의 적절한 조언과 피드백이 필요합니다.

3장

> "내신부터 수능까지,
> 1등급의 비밀"

쿼드스터디 시험 전략

학습 성향에 따라
학교생활이 달라진다

지금부터 학습 성향이 실제 학습 상황에서는 어떻게 나타나는지 살펴보도록 하겠습니다. 자기주도학습 센터에서 만났던 아이들 사례로 각각의 특징을 살펴보겠습니다. 물론 이 방법이 완벽한 정답은 아닐지라도, 각 성향의 아이들을 이해하는 데 도움이 되기를 바랍니다.

꼼꼼하고 성실한 '원칙주의형'의 요구

"선생님, 규연이가 원하는 속도와 방법을 못 쫓아가겠어요."

규연이 어머니는 센터에서 답답한 심정을 토로했습니다. 규연이는 처음 센터에 왔을 때부터 똘똘했고, 자사고에도 진학한 학생이었습니다. 규연이를 담당하는 관리 코치도 '규연이는 계획적이고 체계적이며 규칙적이라서 미리미리 해야 할 공부 목록을 알려 주어야 하는 학생'이라고 이야기했죠. 학습 스타일 검사에서도 원칙주의형으로 나온 학생이었습니다.

규연이 어머니는 고등학교 입학을 준비하면서 규연이와 갈등이 있었던 것 같습니다. 규연이는 외고와 자사고, 집 주변의 일반 고등학교 중에 어디를 갈지 오랫동안 고민했습니다. 센터에서도 진학 정보에 대해 아주 자세하게 상담을 진행했던 기억이 있습니다.

어머니는 규연이가 어디를 가든 하고 싶은 공부를 하기를 원했습니다. 하지만 규연이는 어머니가 그렇게 말하는 것이 불만이었습니다. 다른 어머니들처럼 학부모 설명회를 다니면서 학교별로 장단점과 입학 후에 학교에서 진행하는 다양한 정보를 정리해서 알려 주기를 바랐죠. 그런데 어머니는 "그렇게까지 다니면서 정보를 알아야 하느냐"라고 오히려 반문했던 것입니다.

규연이는 그뿐만 아니라, 집에서는 좀 멀지만 같은 반 친구 어머니처럼 대치동의 학원에도 관심을 가져달라고 요구했다고 합니다. 규연이는 "알아서 학원 열심히 다니면서 공부할 테니 엄마는 지원만 제대로 해줘"라고 덧붙였죠.

어머니는 그런 규연이가 도리어 걱정이었습니다. 규연이는 알아서 잘하는데, 뭔가 늘 불안해하고, 뭔가 더 해야 할 것 같다고 이야기하고, 지금보다 더 하기 위해 늘 무엇인가를 찾아다닌다고 합니다. 어머니의 이야기를 들으니 규연이의 행동과 말이 이해되었습니다. 하지만 규연이 어머니와도 여러 차례 상담했기에 어머니의 입장도 확연히 이해가 갔습니다.

규연이는 아주 계획적인 학생입니다. 한 달, 일주일, 일일 계획을 늘 확인하며 공부합니다. 학교, 학원 세 군데, 센터까지 이어지는 동선만 봐도 단순한 계획으로는 불가능한데, 아주 치밀하게 계획을 세워서 실행합니다. 해야 할 공부와 할 일들, 읽어야 할 책, 공부 외에 다양한 활동까지 하는 규연이에게는 한 가지 뚜렷한 목표가 있었습니다. 바로 외교관이 되는 것이었는데, 지난 겨울에 아쉽게도 원하는 외고에 합격하지 못했습니다. 그래서 자사고에 진학하고 더욱 열심히 공부하게 된 것입니다.

이런 상황에서 규연이는 어머니에게 계속 요구를 할 수밖에 없습니다. 목표로 했던 고등학교에 진학하지 못한 결과에 대해 자신의 준비 부족도 있었지만, 어머니의 지원 부족도 있었다고 생각하는 듯했습니다. 반면, 어머니는 그렇게 생각하지 않았습니다. 외교관이라는 꿈을 위해 꼭 외고에만 진학할 필요는 없다고 생각했고, 앞으로 얼마든지 기회가 있다고 여겼죠.

규연이는 요즘도 '엄마가 느긋해서 불안하다'며, '자신의 미래를 함께 고민해달라'고 요청합니다. 이런 규연이의 모습을 어떻게 대해야 할지 몰라 어머니가 상담을 하러 오신 것입니다.

규연이는 전형적으로 감각적이고 순차적인 학생입니다. 늘 준비되어야 안심하는 성향이죠. 잘 가르치기로 유명한 선생님의 강의를 들어야 합니다. 물론 본인도 그에 걸맞게 열심히 하는 학생입니다. 그런데 결과가 생각한 것보다 좋지 않게 나왔으니 얼마나 실망했을까요? 사실 외고가 아닌 자사고도 충분히 좋은 학교입니다. 하지만 규연이 같은 성향의 아이들은 자신이 생각한 목표만이 옳은 목표라고 여길 수 있습니다.

이럴 때 아이와 다른 성향인 부모라면 아이의 이러한 성향을 이해하기 어려울 수 있습니다. 규연이는 명확한 목표가 있고 사전에 구체적인 계획과 준비를 해야 불안해하지 않는 아이입니다. 부모님이 그런 성향이 아니더라도, 규연이가 필요로 하는 수준까지는 아니더라도 준비와 관심을 보여주는 협력이 필요합니다.

자녀의 성향을 이해하는 것은 첫 단계일 뿐입니다. 실제로 그 성향에서 비롯되는 욕구와 필요를 충족시켜 주려고 노력하는 것이 중요합니다. 원칙주의형인 규연이 같은 아이의 핵심 욕구는 부모의 적극적인 관심과 구체적인 목표, 계획을 세우고 실천할 수 있는 방법과 방향성입니다.

이런 아이들에게는 "걱정 마, 다 잘될 거야"라는 막연한 위로보다는, 함께 정보를 찾고 단계별 계획을 세우며 실행을 지원하는 것이 도움이 됩니다. 아이와 학교 설명회에 함께 참석하거나, 진학 정보를 같이 찾아보고, 구체적인 학습 계획을 논의하는 시간을 갖는다면, 아이의 불안감은 크게 줄어들 것입니다. 이런 준비와 계획이 단순한 학업 지원 이상의 정서적 안정감을 제공하기 때문입니다.

확실한 결과를 내는 '목표지향형'의 공부법

은지는 오늘 해야 할 일 목록을 작성하는 것으로 하루를 시작합니다. 오늘까지 마쳐야 할 가장 중요하고 긴급한 과제들, 빠르게 처리해야 할 보고서나 과제물, 심부름, 학생회 간부로서 준비해야 할 축제 관련 업무, 동아리 행사 준비 등을 모두 꼼꼼히 검토합니다. 4주 뒤 시험을 위해 미리 챙겨야 할 과목들도 살펴봅니다. 이미 고등학교 2학년인 은지에게 동아리 활동과 행사는 대부분 마지막이기 때문에, 생활기록부에 기재될 중요한 내용과 심화탐구 과목의 수행평가 보고서까지 세심하게 챙기죠.

은지는 센터에서 만난 학생들 중에서도 유독 똑 소리가 났습니다. 가장 큰 이유는 자신이 해야 할 일을 스스로 파악하고 실행하는 능력이 뛰어나기 때문입니다. 무엇을 먼저 할지 항상 고민하고 그에 따라 행동한다는 점이 큰 장점입니다. 계획을 세울 때도 우선순위에 따라 정리하는 습관이 완벽하게 몸에 배었습니다.

처음 센터에 왔을 때, 담당 멘토가 시간별로 계획을 세우는 표를 내밀자 '그렇게 해본 적이 없다'고 즉시 거절하고, 자신의 메모 수첩을 꺼냈던 모습이 인상 깊었습니다. 그보다는 메모지에 날짜를 적고 그날 해야 할 일들을 쭉 나열한 뒤 하나씩 지워나가는 방식이 자신에게 더 편하다고 했습니다.

은지에게 왜 이렇게 하는지 물었더니, 어머니의 영향을 받았다고 했습니다. 어머니가 마트에 가기 전에 항상 구매할 품목을 목록으로 작성하고 꼭 필요한 물건들을 적어 그 안에서 구매하는 방식을 보고 자연스럽게 따라 하게 되었다고 했죠.

은지는 저녁 10시 전까지 모든 할 일을 마칩니다. 그리고 나서 중학교 때부터 좋아했던 축구를 합니다. 고등학교에 와서 시간이 부족해져 일과를 효율적으로 마무리하고 나서야 즐기는 것입니다. 이 성향의 학생들은 대체로 자기 관리 능력이 뛰어납니다. 가장 중요하고 긴급한 일부터 목표에 맞게 목록을 작성하고 하나씩 처리합니다. 불필요하다고 판단되는 일은 과감히 건너뛰거나 최대한 빨리 해치우죠. 그리고 자신이 정말 좋아하는 것을 합니다.

이러한 성향의 자녀를 둔 부모님에게 특히 강조하는 것이 있습니다. 바로, 아이들이 쉴 때 간섭을 최소화해달라는 것입니다. 이 성향의 아이들은 해야 할 일을 재빨리 마치고 자신만의 시간을 확보하는 특징이 있습니다. 즉, 약간의 요령을 부려서라도 주어진 심부름, 숙제, 공부를 빠르게 마무리하죠.

많은 부모님들이 쉬고 있는 아이를 보면 참지 못하는 경우가 많습니다. "얼마나 했다고 벌써 쉬니?"라며 안타까워하면서 간섭합니다. 아이는 빨리 과제를 끝내고 게임하거나 놀고 싶은데, 그 시간까지 공부하면 좋겠다고 생각하는 부모와의 충돌은 불가피해집니다.

특히 목표지향형 아이들을 키우는 부모님들이 주의해야 할 점이 있습니다. 이 아이들의 공부 방식에 너무 구체적으로 참견하거나 일정에 맞춰 규칙적으로 하라고 간섭하지 마세요. 이러한 아이들은 '일정하게', '꾸준하게', '차근차근'보다는 '요령껏', '융통성 있게', '효율적으로' 중요한 일부터 처리합니다. 한 번 시작하면 그 자리에서 완전히 마무리하는 성향을 가집니다.

부모가 보았을 때는 아이의 학습 방식이 자칫 '게으르다'거나 '성실하지 않다'라고 오해할 수 있습니다. 하지만 이 아이들은 단지 다른 방식으로 효율성을 추구할 뿐입니다. 결과와 성취에 집중하되, 그 과정에서의 방법론을 강요하지 않는 것이 지혜롭게 양육하는 비결입니다. 감각형 아이들의 독특한 우선순위 설정 방식과 효율성 추구를 이해하고 존중한다면, 아이들은 자신의 강점을 최대한 발휘하며 더욱 성장할 것입니다.

한 번에 하나씩만, '한 우물형'의 공부법

어느 예능 프로그램에서 어떤 인터뷰를 보았습니다.

"고등학교에 올라오자마자, 정말 힘들었어요. 왜냐하면 대한민국에서 대학에 입학하려면 모든 것을 다 잘해야 한다는 사실을 깨달았거든요."

이 사람은 학교에서 해야 할 공부가 너무 많고, 해야 할 활동들이 많아서 학교를 그만두었다고 합니다. 그것도 고등학교 1학년 때 말입니다. 그 뒤로 검정고시를 합격하고 대학에 입학했고, 대학을 다니는 동안에도 무엇을 해야 할지 많이 고민했다고 합니다. 그러다 대학 4학년 때, 어느 일본 교수님의 강의를 듣고 '이거다. 이게 내가 찾던 학문이야!'라는 생각이 들어 그때부터 그 길을 선택했다고 합니다.

　그 학문은 바로 '수학'이었는데, 뒤늦게 시작했지만, '늦었다고 생각할 때가 사실 제일 빠른 것 같다'라며 정진했다고 합니다. 그렇게 연구를 거듭한 끝에, 이 사람은 그동안 아무도 해결하지 못했던 난제를 해결했고, 2018년에 '수학의 노벨상'이라고 부르는 '필드상'을 수상했습니다. 이 사람이 바로 허준이 교수입니다.

　여러 매체에서 인터뷰한 허준이 교수의 말을 들어보면 전형적인 한 우물형의 특징을 보입니다. 자신의 속도대로 천천히 나아가며, 자신의 직관을 믿는 성향이죠. 허준이 교수의 학습 성향은 속도와 경쟁을 중시하는 대한민국의 교육 현장에 큰 울림을 주었습니다.

　자연 과학 분야와 같은 순수 과학에서 큰 공로를 세운 사람들 중에 이런 성향이 많습니다. 장기간에 걸쳐 자연과 우주의 법칙을 찾아가야 할 분야이기에 오랜 시간을 두고 심혈을 기울여야 하죠. 이러한 성향의 사람들은 다양한 통계와 자료를 분석, 관찰하고 자료를 수집하여 지금까지 없었던 새로운 개념과 이론을 정립하기 위해서, 자신의 신념과 직관을 이용하면서 큰 업적을 일구어냅니다.

혹시, 다음과 같은 고민이 있나요?

"우리 아이가 행동이 느려서 걱정이에요."
"해야 할 공부는 많은데, 기민하게 움직이지 않아 걱정이에요."

이 성향의 학생들은 곰곰이 생각하고 관찰하면서 하나하나 학습하는 경우가 많습니다. 느리지만 깊이가 있습니다. 자신의 것으로 완전히 만들지 않고는 다음으로 넘어가지 않습니다. 한 단계가 제대로 이해되어야 다음 단계를 속도감 있고 원활하게 진행합니다. 이것을 단점으로 생각하면 아이와의 관계가 힘들어집니다. 얼마든지 이 성향의 아이들도 학습 완성도를 높게 성취할 수 있습니다. 그러니 부모는 더욱 아이를 존중하고 기다려야 할 것입니다.

계획하는 것이 어려운 '전체주의형'의 학교 생활

"학교 다닐 때 새 학기가 시작되면 늘 엄마가 플래너를 사다 주시는데, 저는 별로 신경 안 썼어요. 저한테는 계획 세우는 일이 그렇게 의미가 없더라고요. 다만, 한 달 짜리 달력에 무슨 과목은 언제까지, 어떤 활동은 언제까지 이렇게만 표시를 해놨죠."

연희는 멘토링 프로그램 멘토단으로 만난 학생입니다. 워낙에 전체주의형의 특성을 잘 나타내고 있는 학생이라 학창 시절을 물어보았더니 처음부터 대뜸 스케줄표 이야기했죠. 해야 할 것들을 생각하면서 목록 중심으로 리스트를 나열하되 언제까지 마칠지를 제일 중요하게 생각하고 공부했다고 합니다. 특히 다양한 분야에 관심이 많아서 대학에 입학해서도 정해진 학과로 입학하지 않고, 자유전공학부를 선택했다고 합니다.

제가 만난 전체주의형 성향의 멘토들 중에 특히 자유전공학부생들이 많았던 이유가 우연은 아니었습니다. 그들은 자신의 진로 방향을 처음부터 정하고 외길만 가는 것이 아닌, 어떤 학과가 자신에게 맞을지 이리저리 둘러보고, 중간 중간 관심 분야를 좁혀가면서 선택하는 성향이었습니다.

에밀리 와프닉의 《모든 것이 되는 법》이라는 책을 보면 '다능인'이라는 개념이 나옵니다. 한 분야에만 올인하는 성향의 사람이 아니라, 얇고 넓게 많은 분야를 넘나들면서 섭렵하는 사람들의 특성을 말합니다. 특히 전체주의형 성향들이 다능인에 속하는 경우가 많습니다. 한 분야에서 어떤 순간이 오면 갑자기 방향을 틀어서 다른 분야로 넘나들죠.

연희 멘토가 멘토링을 진행하면서도 같은 성향의 학생들에게 '계획을 세우지 못한다고 너무 부담 갖지 말자, 계획은 언제든지 바뀔 수 있다. 계획은 지키지 않아도 된다'라는 전체주의형만이 할 수 있는 이야기를 멘티들에게 해주었습니다. 같은 성향을 가진 아이들에게는 정말 의미 있는 말입니다. 해야 할 공부를 생각해도 또 다른 급하고 중요한 목록이 생기면 또 바뀌는 성향이라, 이 학생들은 아침과 저녁의 계획이 다른 경우가 많습니다.

　시간이 흘러 어느 날 연희에게 연락이 왔습니다. 행정고시에 최종 합격을 했다는 연락이었습니다. 저는 한번 더 확실히 느꼈습니다. 체계적인 계획을 세우지 않아도, 나만의 공부법을 제대로 알고 있다면 누구나 원하는 목표를 달성할 수 있다는 것을요.

성향별 맞춤 국어 공부법
시 〈진달래꽃〉 분석하기

"선생님, 설명이 너무 어려워요. 무슨 말인지 이해하기 힘들어요."

국어 수업 시간, 아이들의 눈빛이 빛나기보다는 뭔가 답답해 보일 때가 있습니다. 선생님은 분명히 아이들이 알아 듣기 쉽게 설명한다고 하는데, 어떤 학생은 막막해하는 표정을 짓고 있죠.

체계적으로 분석하는 원칙주의형의 국어 공부

먼저 국어 수업에서 김소월의 〈진달래꽃〉을 원칙주의형인 학생들에게는 어떻게 해야 잘 학습할 수 있는지를 살펴보도록 하겠습니다.

이 성향의 학생들은 구체적이고 실제적인 자료를 선호하며, 작품을 부분부터 하나씩 순서대로 이해하기를 좋아합니다.

① **시의 배경에 초점 맞추기**

이 성향의 아이들을 위한 수업은 먼저 시의 기본적인 배경 정보를 제시하는 것으로 합니다. 김소월 시인의 출생과 생애, 일제강점기라는 시대적 배경을 소개하고 시인과 당시 시대 상황에 대한 기초적인 이해를 하게 합니다. 그다음 아이에게 직접 시를 읽게 하면서 진달래꽃의 실제 모습을 보여 주는 단계로 넘어갑니다. 아이에게 시를 천천히 읽어 주는 동안, 봄에 피는 진달래꽃의 모습과 색깔, 향기를 담은 사진이나 영상을 함께 보여 줍니다. 아이들에게 시에 등장하는 '진달래'가 실제로 존재하는 꽃임을 시각적 자료로 확실히 인식시킵니다.

② **'뿌리오리다' 등 시어 의미 파악하기**

본격적인 시 감상은 구조적 분석에서 순차적으로 이루어집니다. 첫 번째 연에서는 화자의 감정 변화가 어떻게 시작되는지, 두 번째 연에서는 떠나가는 임에 대한 화자의 태도가 어떤지, 세 번째 연에서는 진달래꽃에서 드러나는 화자의 희생적 사랑이 무엇인지, 마지막 연에서는 시 전체의 정서가 어떻게 마무리되는지를 차근차근 살펴봅니다.

각 연에 사용된 '꽃'과 '사뿐히 즈려밟고', '뿌리오리다'와 같은 시어들의 의미도 하나씩 짚어가며 해석합니다. 분석이 끝날 때마다 간단한 연습 문제를 풀어봅니다. 예를 들어, "두 번째 연에서 화자가 '뿌리오리다'라고 표현하는 이유는 무엇일까요?"라는 말로 얼마나 이해했는지 확인합니다. 이러한 단계적 접근으로 아이들은 시의 전개 순서를 따라가며 자연스럽게 작품 전체의 의미를 이해할 수 있게 됩니다.

원칙주의형인 아이를 위한 수업 방식은 구체적인 자료와 단계적인 접근입니다. 실제적인 이미지와 체계적인 분석이 조화와 균형을 이루는 학습 방식은 이 성향의 아이들에게 부합된 수업 진행 방식입니다.

의의가 중요한 목표지향형의 국어 공부

목표지향형 아이를 위한 〈진달래꽃〉 학습 방법은 실제적인 자료나 경험을 중요하게 여기면서도, 전체적인 흐름과 의미를 먼저 파악하고 세부 사항으로 들어가도록 합니다.

① 감정과 분위기 파악하기

이러한 성향의 아이에게는 먼저 시의 전체적인 분위기를 파악하게 합니다. "이 시는 이별하는 상황에서 화자가 상대방을 떠나보내며 느끼는 마음을 보여 주는 작품이야. 이 시에서 우리는 이별이라는 큰 감정적 주제를 이해하게 될 거야"라고 설명합니다. 아이들은 시를 읽기 전에 이 작품이 '이별'과 '희생적 사랑'이라는 큰 틀 안에서 전개됨을 미리 이해하게 됩니다.

② 시의 배경이 되는 문학 자료 조사하기

다음으로는 실제적인 문학적 자료들을 활용합니다. 진달래꽃의 실제 모습을 담은 사진과 함께, 조선 시대와 근대 초기의 이별 풍습, 우리 문화 속에서 꽃과 사랑이 어떻게 연결되는지를 보여 주는 이야기들을 간단히 소개합니다. 이로써 아이들은 이 시가 단순히 아름다운 표현의 나열이 아니라, 한국의 전통적인 정서 속에서 이해할 작품임을 깨닫게 됩니다.

③ 정서 공유하기

시 전문을 함께 낭독하고 전체적인 정서를 감상하는 시간을 가집니다. "전체적으로 어떤 감정이 느껴지니?", "이별하는 상황에서 화자는 왜 꽃을 뿌리는 행동을 선택했을까?"처럼 큰 그림을 파악하는 질문들을 던집니다. 아이들은 작품 전체를 감상하고 자연스럽게 생긴 궁금증과 호기심을 바탕으로 세부적인 내용에 접근합니다.

전체적인 정서를 파악한 뒤에는 각 연에서 그 정서가 어떻게 구체적으로 표현되는지를 살펴봅니다. 예를 들어, "전체적으로 희생적인 사랑이라는 주제 속에서, 두 번째 연의 진달래꽃을 뿌리는 행동은 그 희생을 어떻게 더 구체적으로 보여 줄까?"와 같은 질문을 던져, 전체에서 각 부분의 의미를 더 깊이 이해하도록 합니다.

큰 그림에서 시작하여 세부 사항으로 들어가는 이러한 학습 방식은 목표지향형 아이들의 학습 성향과 잘 어울리는 방식입니다.

논리적 흐름 쌓는 한 우물형의 국어 공부

한 우물형 아이들을 위한 〈진달래꽃〉 학습 방법은 다음과 같습니다. 이들은 추상적이고 상징적인 내용을 좋아하면서도, 작품을 분석할 때는 개념을 단계적으로 쌓아가며 논리적 흐름대로 이해하기를 좋아합니다.

① 빛, 꽃, 이별 등 상징하는 단어 찾기

우선, 추상적 개념으로 시작합니다. "이 시는 단순한 꽃 이야기가 아니라, '희생적 사랑'이라는 추상적 개념을 빛, 꽃, 이별이라는 상징을 통해 표현하고 있어"라고 설명합니다. 그러면 아이들은 희생적 사랑이라는 추상적인 주제를 먼저 인식하게 됩니다. 본격적인 작품 분석은 연 단위로 상징을 해석하며 순차적으로 접근합니다.

두 번째 연에서는 "화자는 왜 떠나는 임에게 화를 내지 않고 꽃을 뿌리려 할까?"라고 질문해 상징적 행위의 의미를 해석합니다. 임의 '떠남'이라는 상황을 화자가 어떻게 받아들이는지, 이별의 조건과 화자의 태도를 살펴봅니다. 세 번째 연에서는 진달래꽃이 자신의 마음을 바닥에 깔아 임이 밟고 가도록 하는 상징임을 이해하며, 희생과 헌신의 구체적 표현을 파악하게 합니다. 마지막 연에서는 전체 흐름의 마무리를 통해 화자의 감정적 결론을 도출합니다.

② 논리 체계 형성하기

이 과정에서 논리적 사슬을 형성합니다. '이별이라는 상황 → 화자의 태도(비난이 아닌 희생) → 매개체로서의 진달래꽃 → 희생적 사랑이라는 주제 완성'이라는 흐름을 따라가면서, 단계별로 희생과 헌신이라는 추상적 개념이 꽃이라는 구체적 상징과 어떻게 연결되는지를 파악합니다. 마지막으로는 전체 학습 내용을 '추상적 사랑 → 꽃이라는 상징 → 단계별 해석 → 희생적 사랑이라는 결론'으로 요약하며 마무리합니다. 이러한 과정을 거쳐 학생들은 시에 담긴 상징적인 의미를 순서대로 해석하면서 주제를 체계적으로 이해할 수 있게 됩니다.

한 우물형은 추상적 개념과 상징적 의미를 단계적으로 분석하는 방식으로 시를 가장 효과적으로 이해할 수 있습니다. 논리적 흐름을 따라 상징적 의미를 해석하는 학습 방식은 이들의 학습 성향과 잘 맞아떨어집니다.

맥락을 이해하고 분석하는 전체주의형의 국어 공부

전체주의형 아이들은 추상적 개념과 이론적 사유를 좋아하며, 작품을 전체적인 문학적, 문화적 맥락 속에서 이해하고 자유롭게 작품 내부로 들어가는 방식을 선호합니다.

① 작품의 가치 파악하기

작품의 거시적인 문학사적 위치부터 파악합니다. "김소월은 한국 현대 시 문학사에서 서정시의 정수를 보여 준 시인이며, 특히 〈진달래꽃〉은 한국적 정서와 상징성을 집약적으로 보여주는 작품입니다"라고 설명하면 좋습니다. 이로써 아이들은 이 시가 단순한 개인적 사랑 이야기가 아니라, 한국 문학 전통과 현대 서정시의 큰 흐름 속에서 중요한 의미를 지니는 작품임을 인식하게 됩니다.

② 상징 체계 이해하기

다음으로는 큰 틀의 상징 체계를 이해하는 단계로 나아갑니다. '진달래꽃'이 한국 시문학에서 가지는 상징성(봄, 순정, 희생)을 다른 시인들의 작품과 비교하면서, 이 작품을 더 넓은 문학적 지도 속에 위치시킵니다. 이를 통해 학생들은 이 작품을 하나의 독립된 시가 아닌, 큰 상징의 틀 안에서 이해할 수 있게 됩니다.

이 성향의 학생들에게는 자유로운 탐구 경로를 허용하는 것이 중요합니다. "왜 하필 진달래꽃일까?"라는 질문으로 다른 꽃과의 차이점을 살펴보거나, "떠난 임에게 왜 화를 내지 않고 꽃을 뿌려주는 걸까?"라는 질문으로 전통적 여성상, 인내와 사랑의 상징을 다시 고찰하는 등 아이들은 자신의 직관적 흥미에서 출발해 전체 주제와 작품의 문학사적 위치를 다시 확인하게 됩니다.

③ 다른 작품과 연계하기

마지막으로는 다른 작품과 연계해 전체적인 이해를 심화합니다. 김소월의 다른 시들이나 한국 문학 속의 다른 이별의 시들과 비교하면서, 전체 문학 전통에서 이 작품의 의미를 다시 되짚어봅니다. 이러한 과정을 거쳐 아이들은 거시적 맥락에서 작품 내부의 상징을 재해석하고, 다시 거시적 맥락으로 돌아오는 순환적 이해로 작품을 더욱 풍부하게 이해합니다.

전체주의형은 넓은 문학적, 문화적 맥락 속에서 작품을 이해하는 방식이 효과적입니다. 추상적 개념과 전체적 맥락을 중시하는 이러한 학습 방식은 이러한 아이들의 학습 성향과 완벽하게 부합합니다.

성향별 맞춤 수학 공부법
'근의 공식' 분석하기

'수포자'라는 말 들어보셨나요? 특히 문과 성향의 학생들에게 수학이란 과목은 참 어렵습니다. 공식을 이해하는 것부터 적용하는 것까지 아이가 수학 문제를 보기만 해도 머리 아파 한다면 성향에 맞게 다시 한번 설명해 주세요. 지금보다 수학에 흥미가 생길지도 모릅니다.

실용적인 예시를 활용하는 원칙주의형의 수학 공부

감각형이면서 순차형인 원칙주의형 학습자들은 구체적이고 실용적인 예시를 좋아하며, 단계적으로 차근차근 공식을 적용하고 이해하는 과정을 선호하기에 다음과 같은 학습 방식을 추천합니다.

① 상황 제시하기

먼저 공식이 필요한 구체적인 상황을 제시하는 것으로 시작합니다. 예를 들어, "정수로는 쉽게 인수분해가 되지 않는 이차방정식이 있어, 예를 들어 $2x^2+3x+1=0$을 인수분해를 하려고 하면 잘 풀리지 않지. 이런 상황에서 근의 공식이 큰 도움이 되는 거야"라고 설명합니다.

② 공식 정확히 파악하기

다음으로는 근의 공식의 형태와 대입 순서를 명확하게 알려 줍니다. 예를 들어, "근의 공식은 $-b\pm\sqrt{b^2-4ac}/2a$ 형태이며, 여기서 a, b, c는 이차방정식 $ax^2+bx+c=0$에서 가져오는 거야"라고 설명하면서, 식을 표준형으로 정렬하고 → a, b, c를 확인하고 → 공식에 대입한 뒤 → 순서대로 계산하는 과정을 보여 줍니다.

실제 문제 풀이는 단계별로 진행됩니다. $2x^2+3x+1=0$이라는 구체적인 문제를 가지고, -b 계산하기, b^2-4ac 계산하기, 그 값의 제곱근 구하기, 마지막으로 2a로 나누기까지 차근차근 진행합니다. 이런 실제 수치 계산을 통해 결과값을 도출하면서, 학생들은 '이 공식을 사용하면 어떤 복잡한 이차방정식도 해결할 수 있구나!'라고 깨닫습니다.

③ 연습 문제 풀기

마지막으로는 다양한 연습 문제로 학습 내용을 완전히 이해시킵니다. 계수가 음수인 경우, 큰 수가 포함되었으면 등 다양한 형태의 문제를 하나씩 순서대로 풀어보면서 공식 활용 능력을 강화합니다.

매 문제마다 식 정렬 → 대입 → 계산 → 검산이라는 단계별 절차를 따르면서 체계적인 문제 해결 능력을 기릅니다.

맥락 파악이 먼저인 목표지향형의 수학 공부

목표지향형 아이들은 근의 공식을 이차함수나 그래프와 같은 수학의 전체적인 맥락 속에서 이해하고자 합니다. 공식이 어떤 목적을 가질 때 유용한지에 집중하죠.

① 공식 사용 배경 제시하기

예를 들어, "이차방정식은 실생활에서 곡선 운동이나 투사체 문제, 건축 구조 계산 등 다양한 분야에서 활용됩니다. 근의 공식은 이러한 이차방정식의 해를 한 번에 구할 수 있는 강력한 도구야"라고 설명합니다. 그러면서 아이들은 이 공식이 어디에 쓰이고 왜 중요한지에 대한 큰 그림을 얻게 됩니다.

② 그래프의 의미 파악하기

다음으로는 그래프 의미를 파악하는 단계로 넘어갑니다. 이차함수 $y=ax^2+bx+c$의 그래프와 x축의 교점을 보여 주면서, 근의 공식이 이 교점들의 정확한 위치를 수치로 알려 주는 역할을 한다는 것을 설명합니다. 아이들은 이 공식이 단순한 숫자 놀이가 아니라 그래프상의 실제 점들, 나아가 현실 상황의 해석과 연결됨을 깨닫게 됩니다.

공식을 실제로 적용하기 전에는 시각적 자료를 활용하는 것이 좋습니다. 종이 그래프나 디지털 그래프 도구를 사용하여 방정식의 해를 찾아보려 시도하다가, 그것만으로는 정확한 해를 구하기 어려울 때 근의 공식을 도입한다는 것을 보여 주죠. 이로써 아이들은 그래프 관찰에서 시작하여 해를 구하는 과정, 근의 공식 도입으로 이어지는 자연스러운 흐름을 이해하게 됩니다.

③ 공식 대입하기

마지막으로, 전체 맥락에서 근의 공식이 모든 이차방정식 상황에서 통용되는 해결책이라는 사실을 확인하고, 구체적인 예시로 공식 대입을 연습합니다. 이러한 과정을 거쳐 큰 틀 속에서 공식을 이해하고, 세부적인 계산 연습을 하여 활용 능력을 키울 수 있습니다.

논리로 단계를 쌓는 한 우물형의 수학 공부

한 우물형 아이들은 추상적이고 개념적인 접근에 흥미를 보입니다. 그러면서 과정에서는 단계적인 논리 전개로 개념을 이해합니다.

① 공식 유도 과정 파악하기

단순히 공식을 제시하기보다는, 이차방정식 $ax^2+bx+c=0$에서 '완전제곱식 만들기' 과정을 단계별로 보여줍니다. 특히 bx/a 항을 정리하고 양변에 적절한 수를 더해 완전제곱 형태로 변형하는 절차를 천천히 설명합니다.

② 논리 흐름 이해하기

다음으로는 추상적 논리 흐름을 이해하는 단계로 넘어갑니다. $ax^2+bx+c=0$에서 시작하여, $x^2+(b/a)x=-(c/a)$로 변형하고, $(x+b/2a)^2=(b^2-4ac)/4a^2$를 만듭니다. 여기서 제곱근을 취해 최종적으로 근의 공식 $-b±\sqrt{(b^2-4ac)}/2a$를 유도해 냅니다. 이 과정으로 아이들은 공식이 단순히 암기의 대상이 아니라 수학적 변형을 거쳐 도출된 논리적 결과라는 사실을 알게 됩니다.

③ 연습 문제 풀기

공식의 유도 과정을 이해한 다음 적용 연습으로 넘어갑니다. 공식이 어떻게 도출되었는지 개념적으로 이해했기 때문에, 이제는 실제 문제에 단순 대입하는 연습을 해 논리적이고 추상적인 이해를 현실적인 문제 해결로 연결합니다.

④ 정리 노트 만들기

완전제곱이라는 추상 개념에서 시작하여 공식의 도출 과정을 거쳐 일반 문제 적용까지 이어지는 전체 흐름을 체계적으로 정리합니다. 이로써 아이들은 개념적 토대 위에서 공식의 의미를 확실히 이해한 상태로 학습을 마무리할 수 있습니다.

전체를 파악한 뒤 구체화하는 전체주의형의 수학 공부

전체주의형 아이들은 추상적인 관점을 선호하며, 전체 수학적 체계 속에서 공식의 의미를 파악하고 싶어 하는 성향입니다. 먼저 전체적인 지식 구조에서 근의 공식이 차지하는 위치를 이해하고 필요에 따라 구체적인 내용으로 들어가는 접근을 선호합니다.

① '근의 공식' 의미 이해하기

먼저 아이들에게 "근의 공식은 이차방정식 해법의 핵심입니다. 이차방정식을 푸는 모든 과정이 결국 이 공식으로 귀결될 수 있으며, 이는 일종의 '궁극적 해결책'이자 이차 곡선이 가질 수 있는 모든 근을 정형화한 결과"라고 설명합니다. 이를 통해 학생들은 근의 공식을 단순한 공식이 아닌, 수학적 체계 내의 중요한 정리처럼 인식하게 됩니다.

② 다른 공식과 비교하기

다른 해법과 비교하며 더 큰 틀을 이해하도록 합니다. 인수분해처럼 인접한 기법들과의 관계, 근의 공식과 판별식(b^2-4ac)이 방정식의 해 존재성 판정에 미치는 영향 등을 살펴봅니다. 이 과정에서 아이들은 근의 공식이 '모든 경우를 포괄하는 일반적 해결책'으로서 전체적인 수학적 해결의 중요한 일부라는 것을 기억하게 됩니다.

③ 공식의 다른 의미 탐구하기

더 나아가 공식의 철학적 의미도 탐구합니다. "근의 공식이 수 세기 전부터 수학자들이 일반 해를 찾기 위해 노력한 결과물이고, 단순한 문제 풀이 도구가 아니라 '언제나 해를 찾는 방법이 존재한다'는 수학적 성취를 상징합니다"라는 식의 설명을 통해 공식 자체를 수학적 사고 발전의 중요한 성과로서 큰 그림 속에서 이해하게 되죠.

  학생들은 필요에 따라 세부적인 내용으로 들어갈 수 있습니다. 이 과정을 거친 후에 구체적인 계산 연습을 통해 공식 활용 능력을 높이고, 평소에는 큰 구조 속에서의 위치를 인식한 채 개념을 이해합니다.

성향별 맞춤 영어 공부법
'관계대명사' 분석하기

지금부터 영어 문법에서 '관계대명사'를 예시로 성향별 공부법을 알아보도록 하겠습니다. 각 성향의 아이들에게 어떻게 문법을 설명하면 효과적인지 참고해 주세요.

단계적 예문 학습이 핵심, 원칙주의형의 영어 공부

원칙주의형 학습자들은 명확한 규칙을 파악한 뒤 단계적으로 예문을 풀어보는 과정에 집중합니다. 원칙대로, 순차적으로 관계대명사를 이해합니다.

① 관계대명사 규칙 정리하기

먼저 관계대명사의 기본 정의, 즉 who, which, that 등의 단어가 두 문장을 연결하면서 명사를 수식하는 역할을 한다는 사실을 교과서나 참고서 속 명확한 문장으로 제시합니다. 가장 기본적인 용법부터 설명하고, who는 선행사가 사람을, which는 선행사가 사물을, that은 때에 따라 사람과 사물 모두를 가리킬 수 있다는 기초적인 규칙부터 알려 주세요. 당연히 선행사가 무엇인지도 정의를 내려야 합니다.

② 예문 작성하기

다음으로는 단계별로 예문을 제시합니다. 'This is the man who lives next door'와 같은 간단한 예문으로 시작합니다. 두 번째 단계에서는 'The book which I borrowed yesterday is interesting'처럼 사물을 가리키는 예문을 다룹니다. 세 번째 단계에서는 'The man, who is my neighbor, helped me'과 같이 예시를 보여 주면서 다음 단계인 관계대명사의 제한적 용법과 계속적 용법으로 확장해 나갑니다.

③ 연습 문제 풀기

개념을 학습하고 나서 구체적인 연습 문제로 학습을 강화합니다. 문법서의 연습 문제를 순서대로 풀면서 난이도를 점차 높여갑니다. 문제를 풀 때마다 답과 맞춰보고 바로 해설을 확인하며, 틀린 문장이 있다면 어떤 점에서 잘못되었는지 명확하게 짚습니다.

학습 자료로는 단계별 연습이 가능한 워크북, 한쪽에는 관계대명사 문장이 있고 다른 쪽에는 해석이 있는 해설지, 짧은 예문 위주의 문법 참고서 등을 활용합니다. 더 나아가 간단한 영어 듣기 자료에서 관계대명사가 포함된 문장을 듣고 따라 말하는 등의 간단한 확장 활동도 진행하면 좋습니다.

흐름과 주제가 중요한 목표지향형의 영어 공부

① 학습 목표 살펴보기

지금 배우는 관계대명사가 전체 문법에서 어디쯤에 속하는지를 살펴봅니다. 앞부분에 명사절, 뒷부분에 부사절이 있는데, 관계대명사와 관계부사가 중간에 있는 이유를 확인합니다. 형용사절 역할을 인지하고, 관계대명사 안에서의 목차를 확인합니다. 관계대명사의 종류, 격, 생략과 함께 관계대명사 what으로 구성된 중제목을 확인합니다. 그리고 관계대명사의 종류과 격부터 확인하면 지난 시간까지 공부했던 내용들을 다시 한 번 반복해서 기억합니다.

② 자료 활용하기 1

주의해야 할 내용이 무엇인지 살펴보고 수업을 듣습니다. 관계대명사의 종류와 사용법, 격의 구분과 생략까지 확인합니다. 그리고 이론적인 부분을 바탕으로 시험에 출제된 기출문제를 다룹니다. 문제를 풀기 전에 어떤 문제가 출제되는지 5년치 출제 패턴을 알아봅니다.

③ 문법의 필요성 상기하기

목표지향형 아이들은 전체의 흐름을 잊지 않으려 합니다. 새로운 문법을 배우기 시작하면 전체 문법 제목을 기억합니다. 문법 규칙을 무작정 암기하기보다는 패턴과 흐름을 발견하는 것을 중요시합니다. 특히 시험에 출제되는 패턴을 익히려고 합니다. 머릿속에 지금까지 공부한 전체 문법 제목을 생각하고 오늘 공부하는 관계대명사의 중간 제목들을 살펴보고 기억합니다. 중간 제목 안의 내용을 공부하면서 이해하고 암기합니다. 시험에 자주 출제되는 내용과 핵심을 표시하고 여러 번 반복하면서 기억합니다. 여러 번 백지에 제목과 내용을 간략하게 정리해 봅니다.

④ 자료 활용하기 2

마지막으로 유튜브나 매체를 활용해 관계대명사를 사용한 영어 회화와 자주 사용하는 문장들을 확인합니다. 이렇게 실질적으로 사용하는 것까지 확인하고 마무리는 한 장의 종이에 씁니다. 학습한 내용을 기반으로 제목와 내용 그리고 핵심 포인트를 기억하면 생활 영어로 자주 사용했던 문장을 기억해 냅니다.

문법 개념을 먼저 파악하는 한 우물형의 영어 공부

이론과 원리를 먼저 생각하는 한 우물형 아이들을 위한 관계대명사 학습 방법을 살펴보도록 하겠습니다. 이들은 문법 규칙의 기저에 있는 개념과 논리적 흐름을 이해하는 데 큰 관심을 보입니다. 그러면서 학습 과정에서는 단계적인 전개를 선호합니다.

① 관계대명사 개념 파악하기

"관계대명사는 앞의 어떤 '명사'를 수식하고 부가적인 정보를 담아서 설명하는 절(관계절)을 만들어 문장을 확장하는 역할을 합니다"라는 기본 개념을 먼저 설명합니다. 이를 통해 아이들은 관계대명사가 명사 뒤에 절을 붙여 그 명사(선행사)를 더 구체적으로 설명하는 논리적 원리를 이해하게 됩니다.

② 문법 심화하기

다음으로는 단계적 심화 과정을 거칩니다. 먼저 '명사 + who/which/that + 주어+동사…' 구조를 학습하고, 주격 관계대명사, 목적격 관계대명사, 소유격 관계대명사(whose)로 나누어 각각의 논리적 패턴을 이해합니다. 이때 모든 유형을 한꺼번에 제시하지 않고, who/which/that에서 시작하여 whose, where/when 등 관계대명사의 역할과 종류, 용법, 격의 종류와 명사를 수식하는 관계부사까지 순차적으로 확장해 나갑니다.

③ 연습 문제 풀기

비교와 변형 연습도 중요한 학습 단계입니다. "The boy is my friend. He lives next door"라는 문장을 "The boy who lives next door is my friend"로 합치는 과정을 단계별로 연습합니다. 이러한 논리적 변환 규칙을 직접 적용하면서 관계대명사의 기능을 자연스럽게 체득하게 됩니다.

학습 자료로는 논리적 해설이 잘된 문법서와 연습 문제집을 활용합니다. 특히 두 개의 문장을 제시하고 이를 관계대명사를 사용하여 연결하는 문제가 특히 유용합니다.

맥락 속 개념을 파악하는 전체주의형의 영어 공부

이 성향의 아이들은 추상적 개념을 선호하며, 전체적인 맥락에서 이해하는 것을 좋아합니다. 전체적인 흐름이 파악되지 않으면 세부 사항을 이해하기 어려워하는 유형이죠.

① 문법의 큰 그림 그리기

관계대명사가 영어 문법 전체에서 갖는 의미와 역할에 대한 큰 그림을 제시하는 것으로 시작합니다. "관계대명사는 단순한 문법 요소가 아니라, 언어의 경제성과 표현력을 높이는 핵심 역할을 한다. 이것이 없다면 우리는 같은 내용을 반복해서 말해야 하고, 표현이 단조로워질 것입니다"라는 식으로 설명합니다.

이런 접근은 왜 관계대명사를 배워야 하는지에 대한 본질적 이해를 제공합니다.

② **국어 문법과 비교하기**

다음으로는 모국어인 국어와 비교하며 개념을 확장합니다. 예를 들어, 한국어와 영어의 수식 구조 차이(한국어는 앞에서 수식, 영어는 뒤에서 수식)를 비교하거나, 관계대명사와 같이 수식하는 다른 문법적 역할과 비교해서 보여 줍니다. 각각 어떻게 표현되는지 살펴봅니다. 이런 비교 분석은 관계대명사의 특수성을 이해하는 데 도움됩니다.

③ **문법 활용하기**

전체주의형은 이론적으로만 문법 공부하기보다는 실제적으로 사용하는 방법을 익히면 좋습니다. 짧은 이야기나 뉴스 기사, 간단한 에세이 등을 먼저 읽고 그 안에서 관계대명사가 포함된 문장을 찾아보는 활동이 효과적입니다. 예를 들어, 영어 동화 속에서 "The boy who lived in the forest"와 같은 표현을 발견하고, 관계대명사가 문장들을 어떻게 자연스럽게 연결하는지 파악하도록 합니다. 이들은 특히 여행 가이드북이나 관광 안내문처럼 실용적인 텍스트에서 "Something which is located in~", "The man who designed the building" 등의 표현을 찾아 의미를 알려 주면 좋습니다. 이러한 과정에서 관계대명사가 없다면 명사에 대한 추가 정보 제공이 얼마나 어려워지는지를 자연스럽게 이해하게 되죠. 이렇게 직관적으로 공부하면서 문법을 익히는 순서로 공부하는 방법이 더 효율적입니다.

지금까지 살펴 본 바와 같이 아이의 성향별로 접근법과 순서, 중요

==하게 생각하는 부분들이 서로 다릅니다.== 부모님들이 중요하게 생각하는 부분과 자녀가 생각하는 공부법의 중요도와 순서는 분명이 다를 수 있고, 학교 선생님이나 사교육에서 가르치시는 강사들도 분명히 다를 수 있습니다. 누군가의 공부법을 무작정 따라 하는 공부법은 시간을 낭비하는 역효과를 가져온다는 사실을 꼭 기억해 주세요.

'동굴 독서실'이
정답은 아니다

    고등학교 시절, 야간 자율학습 시간이 생생하게 기억납니다. 학교 건물 맨 꼭대기 강당에서 진행되던 야간 자율학습. 한 반에 열 명씩 선출되어 일률적으로 배정되었죠. 정해진 책상에 앉아 강압적으로 공부했습니다. 제게는 그때 그 공부 방법이 그다지 효율적이지 않았습니다. 활동형인 저는 궁금한 것이 생기면 바로 물어보고 답변을 듣고 싶은데, 그럴 수 없었으니까요.

    사설 독서실도 마찬가지였습니다. 그 당시에는 동굴 독서실밖에 없었는데, 옆과 앞이 꽉 막힌 칸막이 책상, 숨소리조차 조심해야 하는 분위기가 주를 이뤘습니다. 주기적으로 밖으로 나가 바람을 쐬어야 머리가 맑아지고 집중되는 저에게는 답답한 공간이었죠. 이런 경험 때문이었을까요? 2014년, 우연히 접하게 된 '스마트 독서실'은 제 관심을 단번에 사로잡았습니다. 여섯 가지 다른 유형의 공간을 제공하는 이 공간은 제가 학창시절 꿈꾸던 공간이었습니다. 완전 밀폐형 1인실부터 카페형 공간, 토론이 가능한 모임 공간까지, 각자의 성향에 맞는 공부 공간을 선택할 수 있다는 컨셉은 정말 획기적이었습니다.

아이들 누구나 자신의 취향에 맞도록 선택 가능한 공부 공간을 만들고 싶었습니다. 스마트 독서실을 만든 회사와 계약을 진행하고 직접 운영하며 자세히 살펴보았습니다. 그 결과, 어떤 학생은 정적과 고요함이 흐르는 밀폐된 공간에서 집중하고, 어떤 학생은 적당한 소음과 주변 사람들의 움직임이 집중에 도움이 된다고 했습니다. 처음에는 '설마, 그렇게까지 차이가 날까' 생각했지만, 학생들을 관찰하고 직접 만나서 확인해 보니 명확한 사실이었습니다. 학습 성향별로 선호하는 공간이 명확히 나뉘었습니다.

소음을 활용하는 아이, 소음을 차단하는 아이

활동형과 총체형 성향을 가진 아이는 적절한 활기가 있는 개방적인 공간에서 훨씬 더 높은 학습 효율을 보였습니다. 이 아이들이 가장 선호하는 공간은 시야가 탁 트인 곳입니다. 칸막이로 둘러싸인 답답한 공간은 이들의 사고를 제한하는 물리적 장벽이 되었습니다. 큰 창문이 딸린 밝은 방이나 개방형 스터디룸처럼 시야가 확보된 공간에서 더 편안함을 느끼고 집중력을 발휘했습니다. 다른 사람들이 보이는 위치, 창가 자리나 중앙 자리를 선호했습니다.

주목할 점은 이 아이들에게 완벽한 정적이 오히려 집중을 방해할 수 있다는 사실입니다. 차라리 카페의 잔잔한 배경음악이나 빗소리 같은 백색소음이 학습을 더 효과적으로 만들었습니다. 이러한 성향에게는 다른 사람들과 공부하는 것이 자연스러운 동기부여가 되고, 필요할 때 누군가와 의견을 나누며 자유롭게 공간을 썼습니다.

반면, 숙고형과 순차형 성향을 가진 아이들은 이와는 전혀 다른 환경을 필요로 합니다. 이들에게 가장 이상적인 공간은 외부 자극이 최소화된 독립된 개인 공간입니다. 이들은 마치 개인 서재나 독립된 공부방처럼, 타인의 시선으로부터 자유롭고 편안함을 느껴야 공부합니다.

이 아이들에게는 물리적 환경의 정돈 또한 매우 중요합니다. 필요한 물품만이 깔끔하게 정리된 책상, 체계적으로 배열된 책장과 같은 정돈된 환경이 집중으로 이어집니다. 특히 외부 소음이 완벽히 차단된 환경을 선호합니다. 이는 사고의 흐름을 방해하는 요소들을 제거하는 방법입니다. 또한 이 성향은 과목별로 정리된 학습 자료와 벽에 부착된 스케줄러 등으로 효율적인 정보 접근을 꾀합니다. 자신의 속도로 깊이 있는 사고와 분석이 가능한 환경이 이들에게는 매우 중요합니다.

유행하는 거실 공부법, 모두에게 좋을까?

1년 전 즈음에 온라인 커뮤니티에서 화제가 되었던 '거실 공부법'이 있었습니다. 온 가족 구성원들이 거실 공간에서 함께 모여 공부하는 방식입니다. 거실 공부법은 적당한 생활 소음이 오히려 집중력을 높여주고, 궁금한 것을 바로 해소하는 활동형 자녀에게는 좋은 공간이 될 수 있습니다.

하지만, 반대로 숙고형 자녀에게는 심한 스트레스 요인이 될 수 있습니다. 공부에 몰두해야 할 전두엽 활동이 주변의 시선과 말소리에 뺏겨 집중력이 흐트러지게 됩니다. 따라서 숙고형인 자녀들에게는 조용하고 독립된 공간이 절대적으로 필요하죠.

==부모님들은 자신의 학창 시절 경험을 바탕으로 자녀의 공부 공간을 결정하는 경우가 많습니다.== 예를 들어, 부모님이 학창 시절에 혼자 공부하는 것을 좋아했고 공부가 잘 되었다라고 생각하면 거실 공부법은 그렇게 선호하지 않을 수 있습니다. 그래서 활동형인 자녀가 시험 기간이 되어 친구들과 함께 스터디카페에 가서 공부하려고 하면 막으려고 할 것입니다. 정작 활동형인 아이에게는 효율적이지 못한 장소일 수 있는데도 말이죠.

활동형 자녀가 방에서 혼자 공부를 하는 경우, 한 시간 정도 지나서 확인해 보면 확연히 자세가 흐트러지고 집중력이 떨어진 모습을 볼 수 있습니다. 공부에 집중하기보다는 핸드폰을 한다든지, 친구들과 문자를 한다든지, 조는 경우가 많습니다.

자녀가 최대한 집중력을 발휘할 수 있는 최적의 공간을 찾게 해주세요. 특히 중학교 진학을 앞둔 아이를 둔 부모님에게는 주말을 활용해 자녀와 함께 도서관이나 모임 공간, 다양한 학습 공간을 경험해 보기를 권합니다. 도서관, 스터디카페, 일반 카페 등 다양한 환경에서 자녀가 얼마나 집중하는지 관찰하고 의견을 물어보세요. 더불어 아이 방을 최적의 환경으로 재배치하는 여러 시도도 해보면 좋습니다.

  책상 뒤에 바로 침대가 놓인 경우, 아이가 힘들 때마다 바로 침대에 눕는 일이 생길 수 있습니다. 공부 공간과 잠자는 공간을 따로 분리해 주세요. 만약 다른 자녀와 방을 같이 사용할 수밖에 없는 경우, 독서실을 활용하거나 공부만 할 수 있는 공간을 마련해 주는 것이 좋습니다. 아이가 책장과 책상을 정리하는 데 어려움을 느낀다면 실제로 함께 하며 아이에게 정리 방법을 하나하나 알려 주세요.

외워야 할까,
이해해야 할까?

전국 지자체에서 운영하는 대학생 멘토링 프로그램에서 가장 많은 요청을 받는 주제가 있습니다. 바로, 내신 기간 동안 효과적으로 공부하는 방법, 즉 '내신 공부법'입니다. 이는 우리 교육 현실의 모순적인 현상을 보여 줍니다. 학원, 과외, 인터넷 강의 등 다양한 학습 콘텐츠와 채널이 넘쳐나지만, 정작 학생들은 스스로 어떻게 공부해야 하는지 그 방법을 모르는 경우가 많습니다.

우리 아이들이 스스로 공부하는 방법을 익히고 실천할 기회는 점차 사라지고 있습니다. 과거 형제자매가 많았던 시절에는 어깨너머로 배울 수 있었지만, 이제는 외동이 많아져 배울 수 있는 학습 기회조차 줄어들었습니다. 여기에 자유학년제를 통한 진로 탐색, 강화된 과정 중심 평가와 수행평가 등으로 아이들의 일상은 더욱 바빠졌죠. 지필 시험뿐만 아니라 평소 관심사와 적성에 맞는 주제를 정리하고 발표하는 능력이 중요해지면서, 전통적인 의미의 내신 시험을 준비할 시간과 에너지는 더욱 부족해졌습니다.

이런 상황에서 학습 성향별로 내신 공부하는 과정과 핵심 포인트를 아는 것은 더욱 중요합니다. 같은 내용을 학습하더라도, 각자의 성향에 맞는 접근 방식은 전혀 다를 수 있습니다. 요즘처럼 유튜브와 온라인 플랫폼에 넘쳐나는 공부 콘텐츠 속에서 자신에게 맞는 방법을 찾아내는 일은 결코 쉽지 않습니다.

따라서 학습 성향별로 맞춤화된 내신 공부법을 이해하는 일은, 정말 중요합니다. 아래에 제시하는 네 가지 학습 성향별 내신 공부법을 보고, 그에 맞는 전략을 개발할 수 있을 것입니다. 각 성향별 내신 공부법의 특징과 효과적인 접근 방식을 자세히 살펴보겠습니다.

교과서를 중심으로, 원칙주의형의 공부법

원칙주의형 아이들은 지금까지 보편적으로 권장한 교과서적인 학습 순서와 루틴을 선호합니다. 교과서를 읽고 정리하기 → 개념서와 비교하며 내용 보완하기 → 기본 문제집 풀기 → 기출문제 분석하기로 이어지는 단계적 학습법은 이 유형의 학생들에게 가장 효과적인 방식입니다.

이 성향의 학생들은 시간이 다소 오래 걸리더라도 이러한 정해진 순서에 따라 공부할 때 안정감을 느끼고 학습에 대한 확신을 갖습니다. 그들의 학습 과정을 살펴보면, 먼저 교과서 내용과 교사의 설명을 노트와 프린트에 꼼꼼히 정리합니다. 그다음 자습서를 보며 노트와 비교하고, 빠진 내용이 있으면 추가하며 내용을 보완합니다.

교과서, 자습서, 수업 내용을 충분히 익히고 나서 자습서 문제와 평가문제집으로 넘어갑니다. 틀린 문제가 있으면 다시 교과서와 자습서로 돌아가 오답의 원인을 찾고, 이를 노트에 다른 색깔로 표시하며 체계적으로 기록합니다. 평가문제집을 충분히 연습했다고 판단하면, 심화 문제와 기출문제로 진행하여 유형별 또는 모의고사 형식으로 문제 해결 능력을 강화합니다.

기출문제를 풀면서는 지금까지 정리한 내용을 토대로 문제 유형을 분석하고, 필요하면 처음부터 다시 정리하는 방식으로 여러 차례 회독합니다. 이 과정에서 노트는 점점 두꺼워지지만, 원칙주의형 아이들에게 이러한 두꺼운 노트는 자신의 노력과 성취를 보여주는 뿌듯한 증거물이 됩니다.

무조건 효율적으로, 목표지향형의 공부법

목표지향형 아이들의 가장 두드러진 특징은 효율성을 추구하는 학습 방식입니다. 이들은 학습을 시작할 때 교과서 시험 범위에 해당하는 내용을 2~3회 읽으며 전체적인 이해를 합니다. 이 과정에서 특히 눈여겨볼 점은 목차를 매우 중요시한다는 것입니다. 대제목-중제목-

소제목의 구조를 통해 내용의 전체적인 틀을 파악하고 기억합니다.

교과서로 기본적인 이해를 마친 뒤에는 다른 유형의 학습자들과 달리 곧바로 기출문제를 살펴봅니다. 최근 몇 년 동안 어떤 단원에서 문제가 주로 출제되었는지, 어떤 유형으로 출제되었는지를 분석하기 위함입니다. 이러한 분석을 바탕으로 다시 교과서와 자습서로 돌아가 기출문제에서 자주 등장한 단원을 중심으로 심층 학습을 합니다. 이 단계에서는 이해를 기반으로 한 정리와 함께 본격적인 암기 작업이 이루어집니다.

주목할 점은 교과서 내용을 처음부터 끝까지 무조건 암기하지 않는다는 것입니다. 대신 대단원-중단원-소단원-소단락의 체계로 내용을 정리하며 일종의 지도 형태로 구성하고, 전체 구조가 완전히 기억될 때까지 반복합니다. 백지에 기억한 내용을 작성하거나 스스로에게 설명하는 방식으로 학습 내용을 확인하며, 회차별 공부법으로 완전히 이해할 때까지 공부합니다.

그리고 개념을 전체적으로 습득한 뒤에는 본격적으로 문제집 풀이에 돌입하죠. 이 아이들이 선호하는 방법으로는 '회독법', '백지노트법', '목차 중심의 정리'를 활용한 공부법이 있습니다. 마지막 단계에서는 기출문제를 풀며 마무리합니다.

이 유형의 특징을 한마디로 요약하자면, 전체적인 맥락을 먼저 파악하고 세부 사항으로 들어가는 접근법을 선호한다는 것입니다. 명확한 목표 설정과 확실한 결과 도출을 위해 기출문제를 전략적으로 활용하죠. 흥미로운 점은 시험 직전에 모르는 내용만 한 장으로 정리해 시험장에 가는 학습자들도 이 유형에 많다는 것입니다.

한 과목씩 집중하는, 한 우물형의 공부법

한 우물형 아이들은 학습 과정에서 뚜렷한 특징을 보입니다. 이들은 여러 과목을 동시에 계획하여 공부하기보다는 한 과목에 집중하여 완벽하게 이해하는 방식을 선호합니다. 교과서 내용을 직접 살펴보기에 앞서, 인터넷 강의로 시험 범위의 개념들을 먼저 파악하려는 경향이 있습니다.

이 유형의 아이들은 학습 과정에서 "왜 그럴까?"라는 질문을 끊임없이 던지며 근본적인 원리를 이해하고자 합니다. 시험 범위의 첫 단원부터 주요 개념에 대해 깊이 있게 탐구하면서도 구체적인 정보도 함께 살펴봅니다. 내용 전체를 충분히 이해한 뒤에야 교과서와 자습서를 검토하고, 세부적인 내용까지 숙지한 다음 문제집으로 배운 개념을 적용하는 단계로 나아갑니다.

이러한 학습 방식은 각 단계가 충실히 이루어져야 효과적이기 때문에, 이 유형의 학생들은 서두르거나 여러 과목을 동시에 진행하는 것을 불편해합니다. 학원 수업이나 시험을 앞두고 외부에서 진도를 재촉하면 제대로 내용을 소화하지 못하고 어려움을 겪을 수 있습니다. 처음에는 이러한 학습 방식이 더디게 느껴질 수 있으나, 한 번 순서를 경험하고 나면 빠르게 적응하여 점차 학습 시간을 단축할 수 있게 됩니다. 이 유형의 아이들은 자신만의 공부 루틴을 몇 차례 반복하고 나면, 완전히 자기 것으로 만든 지식을 바탕으로 뛰어난 실력을 발휘합니다.

특히 내신 기간 중에도 이 유형은 구체적인 계획표를 작성하지 않는 경향이 있습니다. 매일 분량을 미리 정하기보다는 그날그날 직관과 흥미에 따라 공부하기 때문에, 처음 보기에는 체계적이거나 계획적으로 보이지 않을 수 있습니다. 그러나 자신만의 체계와 루틴이 있기 때문에, 충분한 시간과 지원이 주어진다면 깊이 있는 이해를 바탕으로 우수한 결과를 만들어 낼 수 있습니다.

암기보단 이해를, 전체주의형의 공부법

전체주의형 아이들은 큰 그림을 먼저 이해하고, 그 안에서 핵심 원리를 파악하는 데 탁월한 능력을 보입니다. 이들에게 내신 대비는 단편적인 암기가 아닌, 전체S적인 맥락 속에서 지식을 유기적으로 연결하는 과정입니다. 이 유형의 아이들은 전체적인 구조를 이해하고 핵심 개념을 파악한 후, 이를 바탕으로 세부적인 내용을 파악하는 공부 방식을 선호합니다.

이 성향은 시험 범위 전체를 조망하며 학습을 시작합니다. 이들은 교과서나 인터넷 강의 혹은 개념서의 목차를 통해 시험 범위의 전체적인 흐름과 각 단원의 유기적인 연결 관계를 파악하는 데 집중합니다. 마치 지도를 펼쳐 놓고 목적지를 찾는 것처럼, 먼저 전체적인 지형을 이해한 후 세부 경로를 탐색하는 식입니다.

개념의 큰 틀을 잡고 나면, 곧바로 문제를 풀며 자신이 이해한 개념이 실제 문제에 어떻게 적용되는지 확인합니다. 특히 기출문제를 분석해 출제 빈도가 높은 단원이나 중요 개념을 파악하고, 이를 중심으로 다시 교과서나 참고서를 통해 심화 학습을 진행합니다.

이 유형의 아이들은 암기보다는 이해를 기반으로 한 정리를 선호합니다. 교과서나 참고서의 내용을 그대로 옮겨 적기보다는, 자신만의 방식으로 핵심 내용을 요약하고 구조화하는 데 능숙하죠. 개념을 재구성하고 더 깊게 이해합니다. 시험 직전에는 주요 개념과 원리를 한 장의 종이에 압축하여 정리해 내용을 빠르게 되짚어보고 자신감을 얻습니다.

겉으로 보기에 산만하거나 계획적이지 않다고 오해받을 수 있지만, 전체주의형 아이들은 자신만의 방식으로 효율적인 학습 전략을 구사하여 뛰어난 학업 성과를 달성합니다. 이들에게는 지식을 단순 암기하는 것을 넘어, 본질적인 이해와 전체적인 맥락 속에서 지식을 활용하는 능력이 중요합니다.

퀴드스터디 가이드 3
학습 성향별 노트 활용법

이번에는 학습 성향에 따른 노트 양식과 효과적인 필기법을 알아보겠습니다.

요즘 많은 학부모님들이 "우리 아이는 왜 필기를 전혀 하지 않을까요?"라는 고민을 자주 토로하십니다. 이것은 괜한 고민이 아닙니다. 디지털 시대에 성장한 아이들은 어릴 때부터 필기구보다 핸드폰과 각종 전자기기에 익숙해져, 필기구를 쥐는 것보다 화면을 터치하는 것이 더 자연스럽기 때문입니다.

초등학교에서는 여전히 연필을 사용한 필기를 하지만, 중학교로 진학하면서 상황이 달라집니다. 선생님들이 이미 정리된 프린트물을 나눠주는 경우가 많아져, 아이들은 수업 시간에 이를 그저 눈으로 읽기만 하는 경우가 많습니다. 어떻게 필기를 해야 하는지, 무엇을 필기해야 하는지에 대한 기본적인 이해조차 부족한 상황입니다.

교과서 내용을 자신만의 노트에 정리하거나, 개념서의 내용을 연습장에 체계적으로 구조화하는 학습 방식을 접하지 못한 아이들이 많습니다. 또한 인터넷 강의를 반복해서 시청하면 필기 없이도 내용을 충분히 이해할 수 있다고 생각하는 경우도 있습니다.

그러나 학업 성취도가 높은 아이들의 공통점 중 하나는 바로 자신만의 필기 습관이 있다는 것입니다. 아무리 잘 정리된 강의 자료가 있고, 언제든 다시 볼 수 있는 인터넷 강의가 있으며, 사진으로 쉽게 내용을 저장할 수 있는 시대라 하더라도, 자신의 손으로 직접 필기하는 과정은 학습에서 결코 생략할 수 없는 중요한 단계입니다.

뇌과학 연구에 따르면, 손으로 필기하는 행위는 단순한 기록 이상의 의미가 있습니다. 필기 과정에서 우리 뇌는 정보를 더 깊이 처리하고, 이는 이해력과 기억력 향상으로 이어집니다. 이미 여러 연구에서 입증된 사실입니다.

노트는 크게 가로 줄이 그어진 '줄 노트(대학 노트)', 제목과 소제목을 중심으로 내용을 구조화해 정리하는 데 적합한 '목차맵 노트', 페이지를 제목, 내용, 키워드, 요약 영역으로 나눠 체계적으로 정리할 수 있는 '코넬 노트', 중심 개념을 중앙에 두고 관련 내용을 가지처럼 뻗어 나가는 형태인 '마인드맵 노트'로 나뉩니다.

이러한 노트 양식은 단순한 선호도의 문제가 아닙니다. 학습 성향에 따라 특정 양식이 더 효과적일 수 있으며, 이는 학습 효율성에 직접적인 영향을 미칩니다. 이제부터 각 학습 성향별로 가장 적합한 노트 양식과 필기법에 대해 자세히 알아보겠습니다.

원칙주의형에게 추천하는 노트 양식과 필기 방법

이 성향의 선호하는 노트 양식은 우리가 많이 사용한 줄 노트입니다. 수업 내용을 구체적이고 필기하는 성향이기에, 선생님이 설명하는 내용을 빠짐없이 꼼꼼하게 적고 하나라도 놓치면 불안해합니다. 필기한 노트 내용이 교과서에 버금갈 정도입니다. 내용 역시 교과서나 개념서와 매우 유사할 정도로 정리가 잘 되어 있죠.

필기 내용이 워낙에 많아서 내용을 쉽게 구분하기 위해서 여러 색상의 펜을 사용하는 경향이 있습니다. 3~4가지 색상을 함께 쓸 수 있는 펜을 추천합니다. 일반적으로 기본 내용은 검은색, 중요한 개념이나 핵심 내용은 빨강색, 부가 설명이나 보충 자료는 파랑색으로 필기합니다. 자신이 이해하지 못한 부분, 추가 학습이 필요한 내용은 초록색과 같은 별도의 색상으로 표시합니다. 물론 이러한 색상 코드는 개인의 선호에 따라 조금씩 다를 수 있습니다. 이러한 체계적이고 상세한 필기 방식은 원칙주의형 학습자들이 정보를 단계적으로 처리하고 구조화하는 데 큰 도움을 줍니다.

하지만 이런 방식으로 계속 필기를 하다 보면 시간이 지날수록 노트가 두꺼워지는 문제가 생깁니다. 노트의 물리적 공간은 한정되어 있어 결국 새 노트를 구입해야 하는 상황이 발생하게 되고, 같은 단원의 내용이 여러 노트에 분산되는 불편함이 생기죠.

이럴 땐 태블릿을 활용한 디지털 노트필기를 추천합니다. 요즘 대학생들은 이미 종이 노트 대신 모든 교재와 필기를 PDF로 변환하여 하나의 태블릿에 담아 관리하는 추세입니다. 중·고등학생들도 이러한 디지털 필기 방식을 도입해 보는 것이 좋겠죠. '굿노트', '노터빌리티', '플렉실'과 같은 필기 애플리케이션은 비록 유료이지만, 한 번 구매하

원칙주의형 노트 필기 예시

과목명: 통합사회　　작성일: 1 / 24

IV. 사회 정의와 불평등
1. 다양한 정의관의 특징과 적용
1) 다양한 정의관의 특징

학습목표: 자유주의적 정의관과 공동체주의적 정의관의 특징을 이해할 수 있다

과목명: 통합사회　　작성일: 1 / 24

IV. 사회 정의와 불평등
1. 다양한 정의관의 특징과 적용
1) 다양한 정의관의 특징

학습목표: 자유주의적 정의관과 공동체주의적 정의관의 특징을 이해할 수 있다

(1) 자유주의적 정의관의 특징

a. 누구나 독립적인 자아로서 자유로운 선택을 할 수 있다는 자유주의 사상이 바탕

- **자유주의 사상의 특징:** ① 개인의 독립성과 자율성 우선시, ② 개인의 자유에 최고의 가치를 부여, ③ 개인이 자유롭게 이익을 추구함으로써 사회 전체의 부가 증가한다고 봄, ④ 국가는 국민의 자유와 권리를 보호하기 위해 존재한다고 주장

* 자유 지상주의: 개인의 선택권과 재산권의 보장을 중시하는 자유주의

면 오랫동안 사용할 수 있어 장기적으로 경제적입니다. 이러한 디지털 도구를 활용하면 필기 내용의 정리와 검색이 용이하고, 공간 제약 없이 학습 자료를 체계적으로 관리할 수 있어 학습 효율을 크게 높일 수 있습니다.

노트 필기 꿀팁

상단에 정리하고자 하는 과목명과 정리 일자를 적습니다. 단원명 및 주제를 작성할 때는 최대한 구체적으로, 대단원/중단원/소단원까지 적어 주세요. 단원의 학습 목표를 적는 것도 중요합니다. 어떤 공부를 할 것인지 틀을 잡는 과정이기 때문입니다.

본문을 분석해 파악한 내용을 토대로 핵심 키워드를 추출하고 서술식으로 표현한 문장을 일목요연하게 요약 정리하는 역량이 필요합니다. 중요하다고 생각되는 내용은 밑줄을 그어 강조하거나 중요한 키워드에 번호를 쓰면서 표시해 주세요.

마지막으로 추가로 이해가 필요한 부분은 보충 설명을 적고, 내용을 관통하는 핵심 키워드나 간단한 자신의 생각을 적어 보세요. 이때 본문 색이 아닌 다른 두 가지 색의 펜을 활용해 내용을 구분한다면, 시험 직전 핵심만 파악하기 좋습니다. 필기를 마무리할 때는 전체 내용을 다시 훑어보며, 특별히 중요하다고 생각되는 내용에 형광펜을 칠하거나 체크 표시를 합니다.

목표지향형에게 추천하는 노트 양식과 필기 방법

목표지향형에게 추천하고 싶은 노트 필기 방법은 한 단원을 한 장의 종이에 담는 '목차맵 노트'입니다. 전체적인 내용을 한눈에 볼 수 있게 정리하는 것을 선호하죠. 이 성향의 아이들에게 노트 필기란 학습 내용의 핵심을 간결하게 압축하여 한 페이지 내에 담아내는 작업이라 할 수 있습니다. 잘 정리된 노트는 전체 내용의 흐름을 파악하고, 세부 사항 간의 연결고리를 발견하는 데 도움이 되고, 복습할 때도 아주 효과적입니다.

목차맵 노트를 활용할 때 주의해야 할 몇 가지 사항이 있습니다. 첫째, 전체적인 내용 파악에 집중하다 보면 세부 내용을 놓치기 쉽습니다. 둘째, 단계적으로 내용을 요약하고 압축하는 과정에서 한꺼번에 너무 많은 내용을 압축해 핵심만 남기려고 하다 보면 다른 중요한 정보를 놓칠 수 있습니다. 셋째, 핵심 키워드 중심으로 필기했기 때문에 자기 자신만의 언어로 내용을 설명하는 연습이 필요합니다. 내용을 제대로 이해했는지 점검하고, 기억을 장기화하는 데에도 큰 도움이 됩니다.

결론적으로 목차맵 노트 필기법은 내용의 구조와 흐름을 직관적으로 보여 주는 장점이 있습니다. 많은 양의 정보를 한 장에 압축하여 담는 특성이 있으므로, 세부 내용을 놓치지 않도록 주의하면서 진행한다면 매우 효과적인 노트 필기 방법이 될 것입니다.

목표지향형 노트 필기 예시

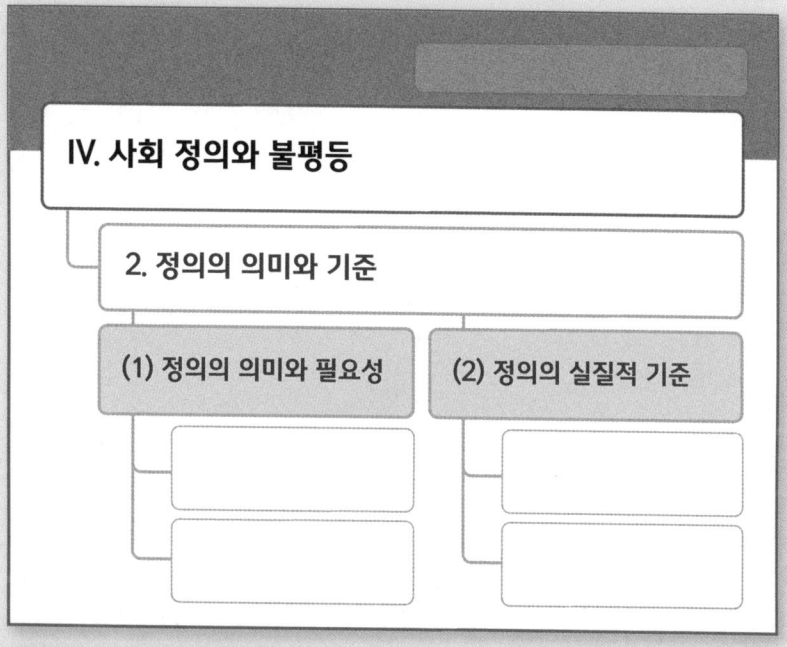

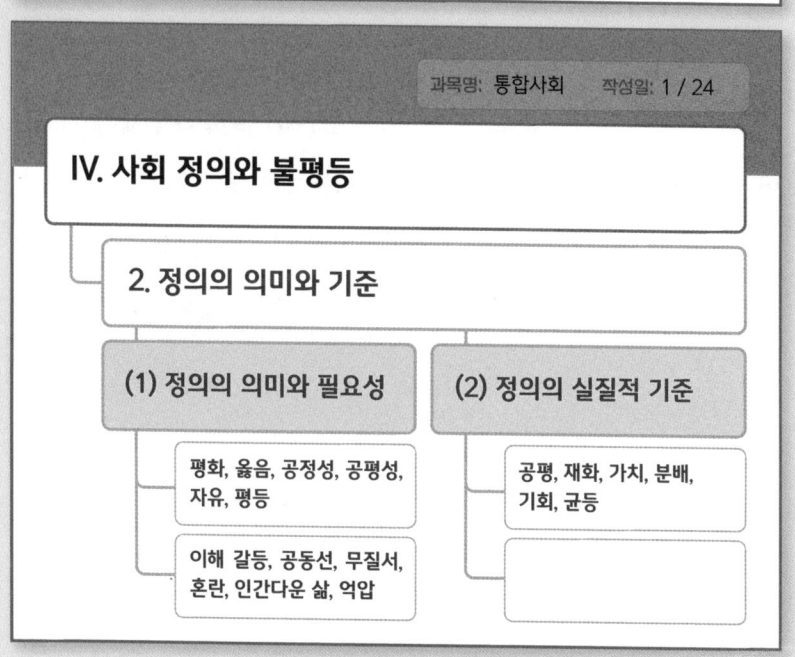

노트 필기 꿀팁

먼저 정리하고자 하는 과목명과 일자를 적고, 단원 명, 학습 목표를 차례대로 적습니다. 목차를 참고해 대단원, 중단원, 소단원이 무엇인지 적는 것이 중요하죠. 물론 이 과정은 어느 정도 교과서 내용을 익히고 나서 진행하는 편이 좋습니다.

소단원 제목을 적고 나서부터는 본격적으로 본문의 내용을 소단락별로 적는 연습을 해주세요. 앞서 파악한 소단락의 주요 키워드를 소단원 아래 적는 각각의 네모 칸에 적습니다.

단락별로 잡은 개요에 따라 관련 내용을 적절한 위치에 배치합니다. 이 과정은 내용을 그룹화, 범주화해 구조를 잡는 매우 중요한 과정입니다. 만약 적을 때 특정한 부분이 기억나지 않는다면 우선 빈칸으로 남겨도 괜찮습니다.

다음에 나오는 예시 그림으로 알 수 있듯이, 이 노트 필기는 내용을 다 채우는 것에 목적이 있지 않습니다. 모든 칸을 하나씩 채워가며 기억을 상기하고 전체 구조를 다시 떠올리는 것이 중요하죠. 노트 작성이 완료되면 내용을 반복해서 읽어가며 불필요한 부분을 걸러 내고 최대한 간결하게 압축해 보세요. 내용을 진짜 내 것으로 만드는 과정이라고 할 수 있습니다.

한 우물형에게 추천하는 노트 양식과 필기 방법

한 우물형은 핵심 키워드와 단서를 활용하여 내용을 이해하고 기억하는 것을 선호합니다. 가장 추천하는 노트 필기 방식은 코넬 노트입니다. 코넬 노트는 체계적이고 과학적인 노트 방식이죠. 이미 효과가 검증되어 많은 전문가들이 추천하는 양식입니다.

코넬 노트는 페이지를 크게 제목과 목표 칸, 단서 칸, 본문 칸, 요약 칸의 네 영역으로 구분하여 내용을 정리하는 방식으로 구성되어 있습니다. 코넬 노트 양식이 한 우물형과 잘 부합하는 면은 바로 단서 칸입니다. 이들은 바로 이 단서 칸을 시작으로 본문의 내용을 기억합니다. 본문의 세부 내용과 함께 핵심어, 질문, 요약문 등이 유기적으로 연결되어 있어, 내용의 이해와 기억에 큰 도움을 주게 되죠.

코넬 노트를 활용해서 필기를 할 때는 너무 많은 정보를 담지 않는 것이 중요합니다. 노트 필기의 목적은 방대한 내용을 모두 담아내는 것이 아닙니다. 가장 핵심이 되는 내용을 선별하여 기록하는 것이 핵심입니다. 그리고 코넬 노트 필기의 핵심인 '단서 칸'과 '요약 칸'은 꼭 활용해 주세요. 내용을 보완해 주는 이 두 영역을 적극 활용한다면 학습 효과를 크게 높일 수가 있습니다.

마지막으로 내용 간의 연결고리 만들어서 내용들 사이의 연결고리를 찾아보는 습관을 들이는 것이 좋습니다. 이 성향의 아이들은 단편적인 지식이 아닌 서로 유기적 관계를 통해 인과, 비교, 대조와 같은 순차적인 흐름을 중요시 여기기 때문입니다.

한 우물형 노트 필기 예시

| | 과목명: 통합사회　작성일: 1 / 24 |

IV. 사회 정의와 불평등
1. 다양한 정의관의 특징과 적용
1) 다양한 정의관의 특징

| | 자유주의적 정의관 :
① 자유주의 사상을 바탕으로 함
② 자유로운 경험을 통해 공정하게 취득한 이익을 보장

소유권의 보호 범위 ⟨ 자유 지상주의 : 개인의 배타적 소유권
　　　　　　　　　　롤스 : 개인의 평등과 사회적 약자 복지 |

| | 과목명: 통합사회　작성일: 1 / 24 |

IV. 사회 정의와 불평등
1. 다양한 정의관의 특징과 적용
1) 다양한 정의관의 특징

| 자유주의적 정의관, 자유주의 사상, 독립성, 자율성, 자유 지상주의, 롤스, 공동체주의, 책임, 의무 | 자유주의적 정의관 :
① 자유주의 사상을 바탕으로 함
② 자유로운 경험을 통해 공정하게 취득한 이익을 보장

소유권의 보호 범위 ⟨ 자유 지상주의 : 개인의 배타적 소유권
　　　　　　　　　　롤스 : 개인의 평등과 사회적 약자 복지 |

→ 자유주의적 정의관과 공동체주의적 정의관은 각각의 배경사상, 특징, 의의, 한계를 가지고 있다.

노트 필기 꿀팁

먼저 단원 명 및 주제를 적습니다. 이때 단원 명은 최대한 구체적으로, 대단원/중단원/소단원까지 상세하게 적어 주세요. 그리고 학습 목표를 적습니다.

강의를 듣거나 책을 읽으면서 중요하다고 생각되는 본문의 내용은 노트 오른쪽 본문 칸에 기록합니다. 이때 되도록 자신의 언어로 재구성하여 적는 것이 좋습니다. 스스로 이해하면서 적는 과정이죠. 본문을 정리할 때는 서술식으로 표현된 문장들을 간단하고 명확하게 인식할 수 있도록 해주세요.

왼쪽에는 앞서 정리한 본문의 내용에서 가장 핵심적인 키워드 또는 질문해야 하는 내용을 적습니다. 바로 이 부분이 한 우물형 학습자들에게 매우 중요한 단서 칸입니다.

노트 하단의 요약 칸에는 페이지 전체 내용을 아우르는 주제문 또는 결론을 정리합니다. 이것은 세부 내용을 관통하는 핵심 메시지를 파악하고, 내가 잘 알고 있는지를 확인할 수 있는 방법입니다. 이때 다른 단원이나 개념과 연관을 지어 생각할 수 있는 내용도 같이 적어 주시면 좋습니다.

전체주의형에게 추천하는 노트 양식과 필기 방법

이 성향의 아이들은 전체적인 맥락과 흐름을 중시하여 내용 간의 유기적 연결을 파악하는 데 탁월합니다. 개념 간의 상관관계를 연결하여 내용을 정리하는 스토리텔링 방식이죠. 노트에 내용을 기록할 때, 개별 정보를 나열하기보다는 전체 구조를 조망하는 관점에서 내용을 구성합니다. 마치 지도를 그리듯이, 중심 주제를 노트 한가운데에 배치하고 그로부터 세부 내용을 방사형으로 퍼트려 나가는 마인드맵 노트를 추천합니다.

이 아이들은 시각적 요소를 매우 중요하게 여깁니다. 단순히 글로만 정보를 나열하기보다는, 그림이나 기호, 색깔 등을 활용하여 내용의 성격을 한눈에 볼 수 있도록 합니다. 이는 직관력을 자극하고 기억을 강화하는 데 도움이 됩니다.

수업 중에는 핵심을 메모하고, 다시 복습할 때 마인드맵 노트를 작성해 보세요. 작성할 때는 유연하게 그리는 것을 추천합니다. 어떤 법칙에 입각해서 그리는 것이 아닙니다. 내용을 총체적으로 이해하는 것이기에 처음에 그렸던 구조가 조금씩 바뀔 수도 있죠. 완벽한 구조를 고집하기보다는 유연한 자세로 노트를 발전시켜 나가는 것이 중요합니다. 요즘은 좋은 디지털 도구가 있으니 종이보다는 디지털 도구를 활용하시면 더욱 좋습니다. 디지털 마인드맵 도구 예시로는 'MindMeister', 'XMind'가 있습니다.

그리고 노트를 작성할 때 세부 내용을 놓치지 않는 것이 중요합니다. 전체적인 흐름을 강조하다 보면 때로 세부 내용을 놓칠 수 있어요. 노트 필기 후에는 다시 교재를 보며 중요한 디테일을 보완하는 습관을 들이는 것이 중요합니다.

마지막으로 복습할 때는 재구성해 보는 것을 적극 추천합니다. 전체주의형 학습자의 노트는 한 번에 완성되기 어렵습니다. 복습하면서 내용을 지속해서 수정하고 재구성하는 과정이 꼭 필요합니다. 완성된 노트를 위해서가 아닙니다. 머릿속에 전체 구조를 제대로 배치시키기 위해서이니 그림을 그리듯 편하게 다시 재구성합니다. 내용에 대한 이해를 심화시키는 데에도 큰 도움이 됩니다.

노트 필기 꿀팁

정리하고자 하는 과목 명과 정리 일자를 적습니다. 마인드맵 노트 중앙에는 원을 그리고, 그 원에는 정리하고자 하는 단원 명 또는 주제를 적으면 됩니다. 이 원을 중심으로 가지를 치면서 중단원 제목을 적고, 소단원으로 점점 가지를 치며 확장해 나가는 것이 핵심입니다.

세부적인 사항은 줄글로 적기보다는 키워드로 적는 것을 추천하며, 핵심 내용을 간략하게 잘 정리해 주세요. 이때 중간중간 논리적으로 잘 연결되어 있는지 확인합니다. 이 유형의 학생들은 확인 과정이 없다면 주제와 연관 없는 내용을 쓰거나, 흐름을 잃는 등의 문제가 생길 수 있기 때문에, 꼭 이 과정을 지켜 주세요.

내용의 성격에 따라 다양한 시각적 요소를 활용해 노트를 꾸미는 것도 추천합니다. 예를 들어, 중요한 내용은 느낌표나 별표로 강조하고, 서로 연관된 내용은 화살표로 연결합니다. 이것은 정해진 방식은

전체주의형 노트 필기 예시

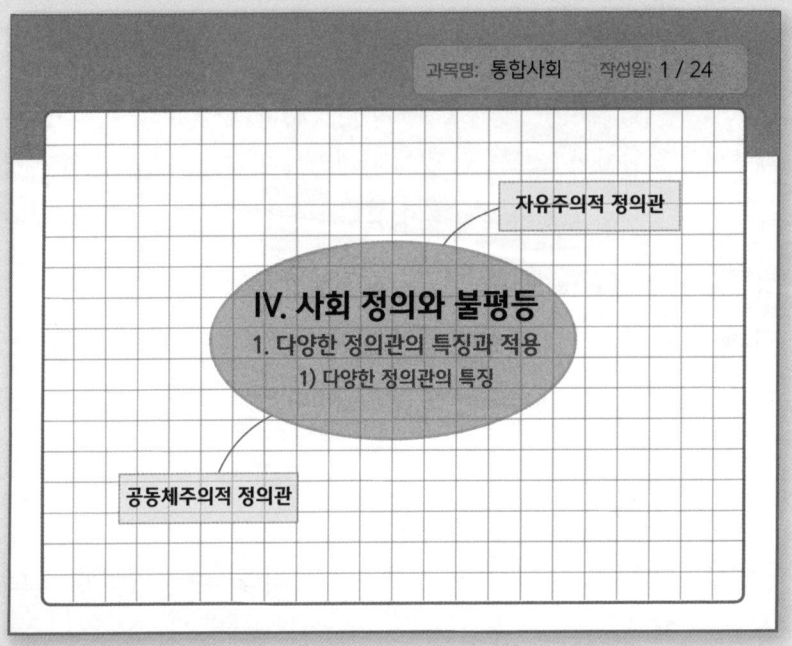

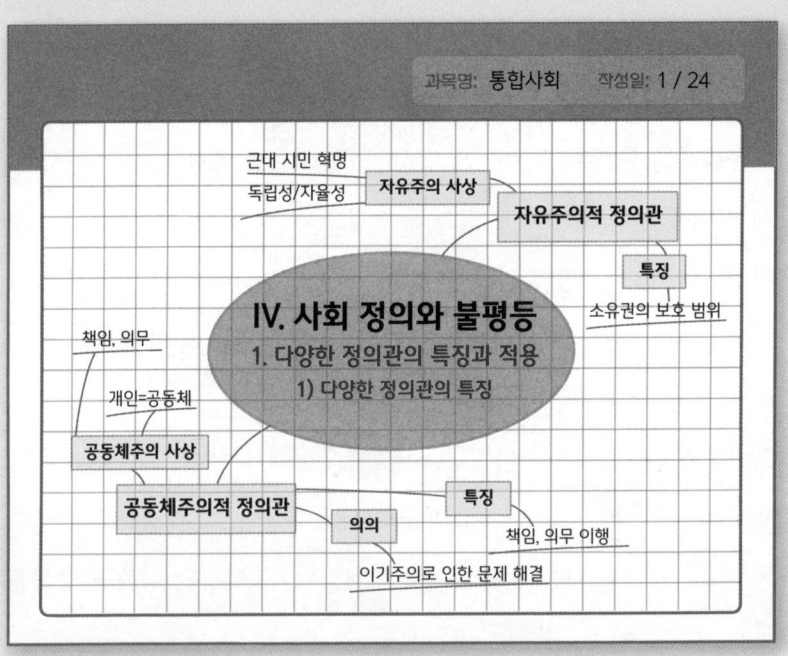

없고 개인마다 선호하고 자주 쓰는 방법으로 진행합니다. 이 유형의 학습자들은 그림처럼 보고 이해하는 것을 좋아하기 때문에, 색깔이나 기호를 많이 사용하는 것이 효과적입니다.

어느 정도 핵심 내용과 구조가 완성되면 자신만의 아이디어나 의견, 질문 등을 추가해 노트를 완성하면 됩니다. 이는 자신이 내용을 제대로 이해했는지 주체적으로 해석하고, 그것을 확장하는 과정입니다. 다른 카테고리에 있어도 연결성이 있다고 생각되는 내용은 서로 연결해 다양하게 생각해 보는 방법도 추천합니다.

4장

"
SKY 멘토들의 성공 공식
"

쿼드스터디 합격 전략

낙담의 골짜기에서 최상위권으로

정윤이는 일반고에 진학하면서 상위권 성적을 유지할 수 있다고 확신했습니다. 중학교 3년 내내 상위권을 유지했고, 회장도 맡으며 다양한 활동으로 선생님들의 칭찬을 받았으니까요. 국영수부터 예체능까지 전 과목에서 늘 상위권을 유지했기에 고등학교 성적을 전혀 의심할 여지가 없었습니다.

그런 정윤이에게 예상치 못한 낙담의 골짜기가 찾아왔습니다. 고등학교 1학기 시험에서 한 번도 생각하지 못했던 결과를 받았습니다. 정윤이의 어머니는 2학기 중간고사가 끝나고, 어떤 수단을 써서라도 방법을 찾아야겠다고 생각하고 센터를 방문했습니다.

"고등학교 1학년 여름방학부터 학원 다섯 군데를 다녔어요. 중학교 때는 많아 봐야 학원 두세 개 정도였죠. 공부를 곧잘 하는 아이였으니 무슨 걱정을 했겠어요. 그런데 지금은 하루도 빠짐없이 학원 다니느라 너무 지치고 힘들어하네요."

정윤이 어머니가 뭔가 이상하다고 감지한 순간은, 정윤이가 1학기 내신과 모의고사 두 번 모두 전 과목이 3, 4등급 이하를 받았을 때였다고 합니다. 다급해진 마음에 시험을 하나씩 치를 때마다 학원을 하나씩 추가해서 지금은 다섯 개가 된 것이죠. 문제는 학원을 더 다니면 다닐수록 성적이 점점 더 떨어지는 것이었습니다. 한 과목 점수를 올리면 학원에 다니지 않는 다른 과목 점수가 떨어지고, 또 떨어진 다른 과목을 학원을 다녀서 올리면 또 혼자 공부하는 과목이 떨어졌습니다. 그러다 보니 전 과목을 학원에 의존하게 되었다고 합니다.

시기마다 필요한 공부법은 다 다르다

어머님과 이야기를 나누다 보니 특히 눈에 띄는 점은 정윤이의 공부 방식이었습니다. 정윤이는 교과서를 꼼꼼히 읽고 개념을 먼저 확실히 정리하기보다는 문제집부터 펼쳐서 풀던 방식으로 푸는 중학교 때 공부법에 머물러 있었습니다. 틀린 문제는 답만 확인하고 왜 틀렸는지 분석하지 않았습니다. 노트 필기는 거의 하지 않았고요. 학원 프린트물과 문제집이 정윤이 책상을 잔뜩 있었지만, 정작 중요한 개념서와 정리 노트는 보이지 않았습니다.

그런데 더 심각한 문제는 정윤이가 2학기에 들어오면서 아침에 잘 일어나지 못한다는 것이었습니다. 어머니가 그렇게 깨워도 점점 힘들어하고 심하게 짜증을 냈습니다. 아침마다 실랑이로 시간을 보내다가 안 되겠다 싶어 멘토링 신청을 하게 되었다고 합니다.

"뭐가 문제일까요? 이제 고1 2학기인데 벌써부터 이러면 고2, 고3은 어떻게 보낼지 정말 걱정이 돼요."

정윤이는 당연히 학원에 다니면서 체력도 떨어지고 정신적으로도 힘들었을 것입니다. 첫 번째 보았던 모의고사와 중간고사에서 자신이 생각했던 등급을 못 받았으니 스트레스도 많이 받았겠죠.

앞에서 낙담의 골짜기를 지나며 금방 회복하는 아이와 그렇지 않은 아이의 차이는 '공부법'이라고 했습니다. ==중학교 때까지는 성취평가제로 시험을 치뤄서 아이들이 자신의 진짜 실력이 어떤지 확인할 길이 없었죠.== 대부분의 아이들이 고등학교 첫 모의고사를 보고 나면 크게 놀랍니다. 하지만, '이건 내 실력이 아니다'라고 부정합니다. 겨울방학 동안 고등학교 공부를 미리 선행하고 기출문제를 풀어 보았더라도, 막상 시험을 치르면 생각보다 수준 차이가 커서 당황합니다.

수능 모의고사는 그렇다 하더라도, 만반의 준비를 해서 시험을 봤는데도 내신 결과 또한 모의고사 등급과 크게 다르지 않습니다. 고1 신학기에 치른 시험 한 번은 그럴 수 있지만, 기말고사도 그렇고, 바쁘게 보낸 여름방학을 끝내고 치른 2학기 중간고사도 달라지지 않으면 심각해집니다. 가슴이 무너지고 눈앞이 캄캄해지죠. 학원을 다니면 중학교 때처럼 성적이 오를 줄 알았는데 고등학교에서는 오르지 않으니 얼마나 걱정이 크겠습니까? 그러니 아침에 일어나기가 무섭고 싫었을 것입니다.

정윤이는 다행히 뭔가 잘못되어 간다고 느끼고 어머니가 멘토를 만나보자고 했을 때 싫다며 고집을 부리지 않았습니다.

학원을 맹신하면 안 되는 이유

아이들이 공부법을 모르는 요인은 보통 세 가지입니다. 첫째, 일찍부터 문제풀이식 학원을 다니면서 개념 정리를 스스로 못하는 경우입니다. 정윤이도 그랬습니다. 중학교 때부터 학원에서 나눠 준 개념과 요약본으로 공부하면서 스스로 개념을 정리하는 습관이 부족했습니다. 머릿속에는 '공부=문제풀이'라는 공식이 자리 잡고 있습니다. 그러다 보니 개념의 중요성을 놓치죠.

둘째, 중학교 자유학년제로 지필 시험을 늦게 접하는 상황입니다. 정윤이 역시 중1 때 시험 경험이 부족했습니다. 그렇게 상급 학년으로 올라가게 됩니다. 마침내 중2 시험을 치르고 나면 시험을 위해 학원을 열심히 다니게 됩니다. 그렇게 학원으로 응급 처방을 하고 나면 절대적으로 학원을 맹신하기 시작합니다. 중2에서는 큰 문제가 되지 않지만, 학년이 올라갈수록 시험을 위한 학습이 이뤄지면서 기초학습 역량 부족 현상이 드러납니다. 숨은 문제가 드디어 수면으로 올라오는 것입니다.

　더욱이, 일찍부터 시작된 전자 기기 사용은 정윤이의 공부 환경을 더욱 취약하게 만들었습니다. 학습 외적인 자극에 쉽게 노출되는 환경 속에서 집중력을 유지하고 스스로 학습에 몰입하는 경험은 더욱 줄어들 수밖에 없습니다. 결국, 스스로 공부해야 하는 시기가 되었지만 온전히 공부에만 집중할 수 있는 환경조차 마련되지 않은 상태였던 것입니다.

　정윤이는 멘토링 프로그램을 받으며 자신의 공부법을 제일 먼저 살펴보았습니다. 지금까지 제대로 된 공부법을 모르고 있었다는 사실을 알게 되었죠. 8주 동안의 멘토링이 끝나고 센터에 와서 학습 관리를 받았습니다. 꼭 필요한 학원만 남기고 나머지는 스스로 해보기로 했죠.

　비슷한 시기에 센터를 찾은 민수의 이야기를 해보겠습니다. 민수는 고1 첫 학기 모의고사와 내신 성적이 하락 후에 센터에서 상담을 받고 역시 다니던 학원 세 곳 중에 두 곳을 끊고 자기주도학습으로 전환했습니다. 처음에는 혼자 공부해서 두렵고 불안하다고 했지만, "너만의 공부법을 지금 찾지 않으면 나중에 재수할 때 찾게 될 거야"라는 형의 말에 정신이 번쩍 들었다고 합니다.

　정윤이와 민수를 센터에서 같이 마주했습니다. 학습 성향 검사 결과는 정윤이는 원칙주의형, 민수는 전체주의형이었습니다. 두 학생이 완전히 다른 성향이었죠. 본격적으로 센터에서 상담이 시작되고 4개월이 지나 고2 1학기 첫 시험과 모의고사는 1학년 때와는 완전히 달라졌습니다. 기세가 완전히 바뀌어, 성적 향상을 보였습니다. 정윤이와 민수는 잘못된 공부법을 바꾸었고, 자기주도학습으로 효과를 보았습니다.

낙담이 골짜기를 맞은 정윤이와 민수가 어떻게 이 골짜기를 벗어날 수 있었을까요? 이제부터 정윤이와 민수와 같은 성향의 학생들이 어떻게 노트 필기와 개념 정리, 오답 관리를 해 공부의 주도권을 찾을 수 있는지, 책상 위에서 효과적인 공부 동선을 만드는 방법은 무엇인지 알아보겠습니다.

낙담의 골짜기는 누구에게나 찾아올 수 있고, 누구나 희망의 언덕으로 올라가는 길을 찾을 수 있습니다.

공부는 속도가 아니라 방향이다

제가 교육 현장에서 깨달은 가장 명확한 진리가 있습니다. 진정한 학업 성취는 '얼마나 빨리, 얼마나 많이'가 아니라 '어떻게' 공부하느냐에 달려 있다는 것입니다. 저와 5년 이상 공부한 아이들 중에 명문대에 진학한 아이들을 떠올려보면, 신기하게도 특별한 패턴이 보입니다.

특히, 고등학교 3학년이 되면 이 아이들에게서는 변화가 감지됩니다. 주변 사람들도 느낄 수 있는 특별한 변화인데, 평소보다 말수가 현저히 줄어들고, 불필요한 에너지를 소모하지 않으며, 한 가지에만 집중합니다. 마치 머릿속에 엄청난 교향곡 악보를 넣고 공연을 준비하는 지휘자처럼 조심조심 다니는 듯한 모습을 보입니다.

매일 새로운 정보가 들어오면 즉시 기존 지식과 연결하고 자신만의 알고리즘으로 통합합니다. 다른 것에는 신경 쓸 여력이 없죠. 항상 얼굴에는 여유로움과 긴장감, 편안함과 비장함 이런 상반된 두 개의 감정들이 항상 공존했습니다. 자신만의 공부법을 찾아가는 과정에서 자연스럽게 몰입 단계에 도달한 것이죠. 고2 여름방학부터 이러한 변화가 시작됩니다. 말투가 어른스러워지고, 눈빛이 깊어집니다. 마치 수면 위로 드러난 빙산의 일각처럼, 표면적으로 드러난 변화는 그 아래 일어난 근본적인 사고방식의 전환을 암시합니다.

반면, 초등학교 고학년부터 무리하게 속도를 낸 아이들은 고3이라는 결정적 시기에 오히려 길을 잃어버리는 경우가 많습니다. 마치 비옥한 토양 없이 강제로 키운 식물이 결정적인 순간에 시드는 것과 같습니다. 오랜 시간 억눌러온 놀고 싶은 욕구, 쉬고 싶은 마음이 중요한 순간에 폭발하는 것이죠.

실제로 한 학생은 초등학교 4학년부터 선행학습을 시작해 항상 또래보다 2~3년 앞서 나갔습니다. 부모님은 그런 아이를 자랑스러워했죠. 하지만 고2가 되면서 갑자기 흔들리기 시작했습니다. 센터에서 만난 그 아이의 말이 아직도 기억에 남습니다.

"선생님, 정말 힘들어요. 그동안 한 번도 제대로 마음껏 쉬어 본 기억이 없어요. 이제는 누구를 위해 공부하는지도 모르겠어요."

이 아이는 자신에게 맞는 공부법을 찾지 못한 채, 숨 쉴 틈 없는 선행 학습과 경쟁의 굴레 속에서 소진되고 말았습니다. 그저 더 빨리,

더 많이 공부했을 뿐, 자신만의 지식 구조화 방법을 발견하지 못했기 때문입니다. 과도한 선행 학습은 마치 땅을 고르는 작업 없이 급하게 지은 고층 건물과 같습니다. 겉보기에는 화려하고 높지만, 기초가 부실하면 결국 흔들립니다. 공부도 마찬가지입니다. 단순히 앞서 나가는 것보다 중요한 것은 자신만의 지식 체계를 단단히 구축하는 것입니다.

실패가 아닌 시행착오라고 생각할 것

공부법을 찾는 일이 중요하지만, 많은 학생들이 이 과정에서 어려움을 겪습니다. 공부의 목표를 오직 좋은 성적을 내는 것이고, 과정은 고통을 감내하는 인내의 시간이라고 생각하기 때문이죠. 진정한 공부는 결과만을 위해서라기보다는, 자신에게 꼭 맞는 방법을 찾기 위한 여정이라고 생각하면 완전히 달라집니다.

나만의 공부법을 찾아가는 여정에서는 때로는 길을 잃기도 하고, 예상치 못한 막다른 골목길로 들어서기도 합니다. 하지만, 다양한 시도를 하며 나에게 가장 잘 맞는 방식을 찾아가는 과정 자체에 몰입할 때, 비로소 공부는 지루한 숙제가 아닌 재미있고 즐거운 활동이 됩니다. 때로는 시행착오를 겪고 실패하는 것처럼 보일지라도, 그 모든 과정은 결코 헛되지 않습니다. 오히려 자신을 이해하고, 학습 능력을 향상시키는 소중한 밑거름이 됩니다.

자신에게 맞는 방법을 찾기 위해서는 충분한 시간과 에너지를 투자

해야 합니다. 마치 복잡한 미로 속에서 출구를 찾는 일과 같습니다. 처음에는 여러 번 막다른 골목에 부딪히고 되돌아와야 할 수도 있습니다. 하지만 일단 자신만의 길을 발견하면, 그 이후의 여정은 놀랍도록 순탄해집니다.

진정한 실력은 무리한 선행이 아닌, 내면에서 피어나는 호기심과 자기 이해로부터 시작됩니다. 때로는 성장이 눈에 보이지 않는 시기가 있습니다. 대나무가 땅속에서 4~5년 동안 보이지 않게 뿌리를 내리다가 어느 순간 폭발적으로 자라나듯, 학습 성장도 때로는 보이지 않는 곳에서 준비됩니다. 공부도 마찬가지입니다.

부모님의 역할은 온실 속 화초를 키우는 정원사가 아니라, 건강한 생태계를 조성하는 사람이어야 합니다. 식물의 성장 속도를 강제로 조절하는 대신 적절한 환경과 영양분을 제공하고, 자연의 리듬을 존중합니다. 기다리다 보면 아이가 "엄마, 나 이제 공부 좀 할래!"라고 말하는 순간이 반드시 옵니다. 어떤 아이는 중학교 때, 어떤 아이는 고등학교 때, 또 어떤 아이는 대학에 가서야 그 순간을 맞이하기도 합니다.

아이와 항상 같은 편이라는 마음가짐으로, 아이들이 자신만의 공부법을 찾아가는 과정을 지켜봐 주세요. 때론 실패하고, 시행착오를 겪더라도 그것이 성장의 밑거름이 됩니다. 끊임없이 공부하라고 재촉하기보다는 아이가 자신의 학습 리듬을 찾고 효과적인 공부법을 발견할 수 있도록 지원해 주세요. 아이들은 부모님이 옆에서 지켜봐 주고 도움을 준다는 사실을 알 때, 자연스럽게 자신의 속도를 찾아갑니다. 그 과정에서 진정한 자기주도적 학습 능력을 키워 갑니다.

　공부는 결코 선행 학습의 속도를 겨루는 경주가 아닙니다. 자신을 찾아가는 여정입니다. 이것은 단순하지만 강력한 진리입니다. 속도에 집착하는 학습은 일시적인 성과를 낼 수 있을지 모르지만, 진정한 학습의 기쁨과 지속적인 성장을 가져오지는 못합니다.

　자신에게 맞는 방법을 찾은 아이들은 마침내 자신을 찾고 날개를 단 듯 놀라운 속도로 성장합니다. 속도에 현혹되지 말고, 아이와 함께 공부법을 찾아가는 과정을 지켜봐 주세요. 그 과정에서 아이들은 단순한 지식 이상의 것, 바로 배움의 진정한 의미를 발견할 것입니다.

공부의 기본이 되는
필기의 기술

정윤이도 민수도 사실 고등학교에 올라와 공부법 중에 제일 어려웠던 것이 바로 '필기'였습니다. 정윤이는 모든 필기를 다 받아 적어야 하는 감각형 학생이었고, 민수는 핵심만 골라 받아 적는 직관형 학생이었죠.

정윤이는 수업 중에 선생님 설명을 노트에 옮기는 데 중학교 때처럼 여유 부릴 시간이 없어 당황했다고 합니다. 설명도 많았고, 모두 받아 적고 싶지만 도저히 따라 갈 수도 없었습니다. 민수는 선생님의 설명을 들으면서 나름 중요한 것만 적었는데, 나중에 다시 보면 어떤 내용이었는지 정확하게 기억을 못했습니다. '어떻게 필기해야 하는지'를 제대로 배우지 못했던 거죠.

이렇게 정윤이와 민수처럼 학습 성향에 따라 필기의 방법은 분명하게 차이가 드러납니다. 감각형 아이들은 모든 수업 내용을 담아내야 안심하죠. 반면 직관형 아이들은 내용을 이해하는 데 집중하느라 세부 사항보다는 핵심 개념과 아이디어를 중심으로 필기합니다. 이런 성향 차이는 각자 다른 어려움으로 이어집니다.

정윤이와 같은 감각형은 모든 내용을 받아 적느라 정작 설명을 이해할 여유가 없어 "다 적었는데 무슨 내용인지 모르겠어요"라고 말하고, 민수와 같은 직관형은 반대로 이해에 집중하다가 중요한 세부 사항을 놓쳐 "이해는 했지만 중요한 내용을 적지 않아 정확히 기억이 안 나요"라고 말합니다.

간략하게, 핵심만, 의미는 확실히

노트 필기에도 방법이 있습니다. 물론 성향별로 맞는 노트 필기 방법이 분명히 다르지만, 성향과 상관없이 모두가 알아야 하는 기본이 있죠. 필기가 완전해지려면 여러 번의 노고가 들어가야 합니다.

필기를 제대로 하기 위해 공통적으로 알아야 할 세 가지는 다음과 같습니다.

① 글로 적을 필요 없이 기호를 활용

첫 번째는 수업 들을 때나 텍스트를 읽으면서 내용을 간략하게 표시할 기호와 약어 활용입니다. 다음에 나오는 표를 참고해 주세요. 어느 정도 필기를 잘하는 성인들은 모든 설명을 글자로 적지 않습니다. 기호를 활용해 빠르게 기록합니다.

내용을 빠짐없이 기록하려는 감각형 아이들은 기호 활용법이 필수입니다. 예를 들어, 화살표(→)는 '결과적으로', '그러므로'를 대신할 수 있고, 별표(*)는 중요한 내용을, 물음표(?)는 이해되지 않을 때 사용하

기호	의미	기호	의미
=, ≠	같다, 다르다	(+), (-)	장점, 단점
≒, ≈	비슷하다, 유사하다	vs	~대 (비교,대상)versus
O, ×	맞다, 아니다	:	뜻, 정의
↑, ↓	증가, 감소	*	중요성, 강조 설명
↗, ↘	상승, 하락	( ), { }	보충설명, 추가항목
→, ⇒	인과관계(원인→결과)	[ ]	같은 항목 목록화
⇌, ↔	상호 관계, 양방향 영향	cf	비교(참조) confer
ex), 예)	예시 example	∵, ∴	왜냐하면(이유), 그러므로(결과)
Q, A	질문(Question), 대답(Answer)	☆, ★	중요도, 핵심 포인트
?, ??	잘 모르거나 확인 필요	!, ⚠	주의, 유의 사항
※	새롭게 알게 된 내용	…, etc.	기타, 등등
①,②,③	단계, 순서 구분	&, +	그리고, 또한
>, <	크다, 작다	∞	무한, 매우 많음(지속성 강조)
△, ▽	변화의 폭 (증감의 정도)		

는 등 긴 문장을 축약할 수 있습니다. 핵심 개념에는 밑줄을, 예시에는 네모 표시를, 중요한 연결 관계에는 연결선을 그리는 등의 방법으로 정보를 시각적으로 보이게 할 수도 있죠. 글을 많이 읽기 힘들어하는 아이들에게도 도움이 됩니다.

② 핵심을 정리하는 개념어 활용

두 번째는 반드시 알아야 할 중요한 요소는 내용을 핵심적으로 표하는 개념어입니다. 교과서를 요약할 때, 학생들이 '~~의 정의', '~~의 기원', '~~의 역사', '~~의 변천', '~~시대순 요약' 같은 핵심 개념어를 알지 못해 요약하는데 어려움을 겪습니다. 문장을 읽고 난 뒤 그 내용을 요약하고 정리할 때 꼭 필요한 개념을 나타내는 단어이니 반드시 기억해야 합니다. '원인', '결과', '목적', '사례', '비교', '구분', '인과', '종류', '영향', '기대', '예시', '차례', '순서', '개념' 등의 단어를 적절히 활용할 수 있어야 합니다. 다음에 나오는 표에 각각의 예시 표현을 써두었으니 참고해 주세요.

위 개념어를 사용하면 긴 문장을 단 몇 개의 단어로 표현할 수 있습니다. 교과서 문장을 하나씩 연습해 보세요. 모든 문장이 개념어가 들어간 문장으로 요약됩니다. 첫 번째 문장은 '~의 정의', 그 다음은 '~의 역할', 그 다음은 '~의 예시', 그리고 '~의 한계성', 마지막으로 '~의 극복 방안' 이런 식으로 글의 흐름을 단 몇 개의 개념어로 요약하고 나열하면 필기가 한결 수월해집니다.

교과서 예시 문항	개념어를 사용한 요약문
• 중국의 황하강 유역에서 시작된 문명은 농경을 기반으로 발전하여 은나라, 주나라 등의 초기 국가로 이어지게 되었다.	• 중국 황하강 문명의 **발생과 특징**
• 조선 시대의 신분 제도는 양반, 중인, 상민, 천민으로 구분되었으며 신분에 따라 정치 참여 및 경제 활동에 큰 차이가 있었다.	• 조선 시대의 신분 제도와 **특징**
• 재생 가능 에너지는 태양광, 풍력, 수력 등과 같이 지속적으로 사용할 수 있는 에너지를 말한다.	• 재생 가능 에너지의 **정의와 예시**
• 신라의 삼국 통일은 당나라와의 군사적 동맹을 통해 고구려와 백제를 차례로 멸망시키고 한반도 최초의 통일 국가를 이루게 되었다.	• 신라의 삼국 통일 **과정과 의의**
• 18세기 중엽 영국에서 시작된 산업혁명은 증기 기관의 발명을 계기로 기계화 생산 방식을 확산시키며 유럽 전역의 경제와 사회 구조에 큰 영향을 끼쳤다.	• 18세기 영국에서 시작된 증기 기관의 발명과 유럽 경제·사회 구조에 끼친 **영향**
• 르네상스는 14세기 이탈리아에서 시작하여 유럽 전역으로 확산되며 예술, 학문, 과학 등의 분야에서 인간 중심적 사고가 발전하는 계기가 되었다.	• 르네상스의 **기원과 발전 과정**
• 인구 증가와 도시화로 인해 발생한 환경 문제는 대기 오염과 수질 오염뿐 아니라 생태계 파괴와 같은 심각한 결과를 초래하고 있다.	• 인구 증가와 도시화로 인한 환경 문제의 **발생과 영향**

③ 문장 역할 파악하기

세 번째로는 문장의 역할입니다. 문장이 글 안에서 어떤 역할을 하는지를 알아야 합니다. 그럼 그 역할은 무한할까요? 아닙니다. 정해져 있습니다.

다음 표에 나온 문장의 역할만 알면 글의 내용과 핵심을 쉽게 알 수 있고, 내용이 명확해집니다. 예를 들어, "조선 시대의 신분 제도는 양반, 중인, 상민, 천민으로 구분되었으며 신분에 따라 정치 참여 및 경제 활동에 큰 차이가 있다"라는 문장을 어떻게 요약해야 할까요? 이 문장은 결국 조선 시대의 신분 제도가 어떻게 구성되어 있는지 알려 주는 문장이기 때문에 "조선 시대의 신분 제도와 특징"으로 정리할 수 있습니다.

이렇듯 효과적인 학습의 시작점은 손을 거쳐 필기하는 것에서 시작합니다. 직접 쓴다는 것은 생각하고 분석하고 요약하고 논리에 맞게 기록하는 연습입니다. 필기하는 과정도 반복해서 연습해야 합니다. 연습하다 보면 실력이 늘어납니다. 3장 퀴드스터디 3에 있는 성향별 노트 양식과 작성 방법을 참조해 주세요.

안타깝게도 많은 아이들이 문제 풀이 위주로 공부하다 보니 이 중요한 필기를 연습할 시간이 충분하지 않습니다. 다른 사람이 정리한 프린트나 자습서를 가지고 아무리 공부한들 고등학교 이상에서 요구하는 사고력과 비판력, 추론적 사고 능력은 기르기 어렵습니다.

유형	예시
1. **주장**하는 문장 + 2. **근거**를 드는 문장	건강을 지키고 하루를 활기차게 시작하려면 반드시 아침밥을 챙겨 먹어야 한다. 아침밥을 챙겨 먹으면 다음과 같은 좋은 점이 있다. 먼저 아침밥을 먹으면 뇌의 역할이 활발해진다.
3. **요약**하는 문장	머릿결은 우리의 일상생활과 밀접한 관련이 있다. 건강한 머릿결을 원한다면 올바른 생활 습관을 가져보자. 결국 올바른 생활 습관이 건강한 머릿결을 만든다.
4. **정의**하는 문장	유튜브란 구글이 운영하는 세계 최대의 동영상 공유 서비스 사이트이다.
5. **예시**드는 문장	사람들이 흔히 사용하는 SNS에는 트위터, 인스타그램, 페이스북, 릴스, 카카오톡, 쇼츠 등이 있다.
6. **비교**하는 문장	축구와 농구는 여럿이 팀을 이루어 공을 가지고 하는 운동경기입니다.
7. **대조**하는 문장	축구는 농구와 달리 손을 사용할 수 없습니다.
8. **분류**하는 문장	한국, 일본, 중국은 아시아 대륙의 나라이고, 칠레, 브라질, 페루는 남아메리카 대륙의 나라이다.
9. **인과**를 나타내는 문장	코로나가 계속되고 있기 때문에 예전처럼 학교를 가는 것이 쉽지 않다.
10. **분석**하는 문장	시계는 시침, 분침, 초침, 태엽으로 이루어져 있다.

가장 어렵지만 중요한 '체화하기'

정윤이와 민수가 자기주도학습을 어려워했던 이유 중 하나는 바로 내용을 '내 것'으로 만들기, 즉 '체화'가 어려웠기 때문입니다. 체화는 내용을 자기 것으로 만들어서 '장기 기억화'하는 과정이죠. 이 과정이 '진짜 공부'입니다. 필기가 정보를 담는 그릇이라면 체화는 그 정보를 자신의 지식 체계에 통합하는 과정이라고 보면 됩니다.

앞의 필기 단계를 제대로 거쳤다면, 이미 학습할 내용의 큰 틀과 목표는 어느 정도 파악했을 것입니다. 예습과 복습, 선생님의 설명에서 대략적인 윤곽이 머릿속에 그려진 상태라면 세부 내용을 익히는 일만 남은 것이죠. 필기를 수월하게 한 상태라면 체화가 더 수월해지지만, 이전 단계를 소홀히 했다면 훨씬 더 어렵고 시간이 걸릴 수 있습니다.

책을 정독하는 성향, 전체를 먼저 파악하는 성향

정윤이와 민수는 내용을 이해하고 암기하는 과정에서 완전히 다른 접근법을 보입니다. 정윤이는 한 권의 책을 처음부터 끝까지 꼼꼼히 읽고 살펴가면서 익힙니다. 첫 페이지부터 한 문장, 한 문단씩 차근차근 이해하고 암기하는 유형입니다. 마치 작은 조각들을 하나씩 모아 전체 그림을 완성해가듯 합니다. 하지만 이런 방식으로만 공부하다가는 두 가지 문제에 직면합니다. 첫째, 암기해야 할 내용이 너무 많아 부담을 느낍니다. 둘째, 진도가 더뎌서 목표 일정 전까지 모든 내용을 다 볼 수 있을지 장담을 못합니다.

그래서 정윤이와 같은 원칙주의형 학습자들에게 추천하는 방법은 처음부터 모든 사항을 꼼꼼히 챙기려 하기보다는, 앞에서부터 전체 내용을 3회 정도 빠르게 읽는 것입니다. 처음에는 많은 내용이 눈에 들어오지 않을 수 있지만, 3회 차부터는 세부 내용이 자연스럽게 눈에 들어옵니다. 그 다음 처음에 진행했던 방식으로 꼼꼼히 학습하면, 한 번에 이해하려 했을 때보다 훨씬 효율적으로 진도를 나갈 수 있습니다.

민수와 같은 학습자는 정반대의 접근 방식을 선호합니다. 먼저 전체 윤곽을 확인해야 세부 사항으로 들어가는 유형입니다. 그래서 전체 윤곽을 잡기 위해 처음 두 번 정도 빠르게 읽어 전체 흐름을 파악합니다. 특히 목차를 활용하여 읽고 나서 내용을 상기합니다. 대제목, 중제목, 소제목 구조를 파악하고 제목을 암기합니다. 전체 뼈대가 그려지면 하나씩 세부 내용으로 들어갑니다.

정윤이와 민수는 같은 단원을 공부하더라도 머릿속에는 완전히 다른 그림이 그려집니다. 정윤이는 마치 기차가 선로를 따라 한 정거장씩 차례대로 지나가듯한 순서로 내용을 습득하는 반면, 민수는 먼저 전체 지도를 펼쳐 놓고 주요 도시들의 위치를 확인하고, 각 도시의 세부 거리와 건물들을 살핍니다.

효과적인 반복 학습의 7단계

그런데 서로 다른 성향이 이렇게 다른 그림을 그리는 와중에도 둘 다 적용되는 효과적인 공부 방법이 있습니다. 그것은 체화 과정에서 '시간 간격을 두고 반복하면서 인출 연습을 하는 공부법'입니다. 거의 모든 공부법에서 강조하는 방법입니다.

단순히 여러 번 반복하는 것이 아니라, 일정한 간격을 두고 합니다. 권장하는 간격은 1일, 3일, 7일, 15일, 30일 정도입니다. 처음 학습한 내용을 하루 뒤에 다시 확인하고, 그다음에는 3일, 일주일, 보름, 한 달 후에 다시 복습하는 방식입니다. 같은 방법으로 반복하는 것이 아니라, 매 회 차마다 방법을 바꿔가며 학습하면 반복 학습의 효과를 확실히 누릴 수 있습니다.

1단계: 전체 훑어보기

먼저 내용을 가볍게 훑어보면서 전체적인 틀을 파악합니다. 총체형 학습자인 민수는 목차나 큰 제목들을 중심으로 어떤 내용이 나올지 예측하며 전체적인 지도를 그리는 데 집중하고, 순차형 학습자인 정윤이는 각 단원의 소제목과 핵심어들을 빠르게 스캔하며 내용의 흐름과 구성 방식을 미리 파악합니다.

2단계: 뼈대 구성하기

제목과 소제목을 중심으로 전체 구조의 뼈대를 암기합니다. 민수는 각 뼈대들이 서로 유기적으로 연결되는지 관계성을 파악하고 머릿속에 지식의 큰 줄기를 세웁니다. 정윤이는 각 제목 아래에 어떤 내용이 순서대로 배치될지 예상하며 논리적인 흐름에 따라 위계 구조를 명확히 정리합니다.

3단계: 살 붙이기

앞서 구성한 뼈대에 세부 내용과 핵심 개념들을 덧붙여가며 학습합니다. 민수는 전체 그림 속에서 각각의 세부 사항이 어떤 위치에 어떻게 연관되는지 집중해야 하고, 정윤이는 앞에서부터 개념의 정의, 특징, 예시 등을 꼼꼼히 채워 넣으며 뼈대에 근육을 붙이듯 지식을 확장합니다.

4단계: 정교화하기

배운 내용을 마치 누군가에게 설명하듯 소리 내어 말해보는 과정입니다. 이 단계는 '정교화'라고 불리며, 자신이 얼마나 제대로 이해하고 있는지 확인하는 매우 중요한 과정입니다. 인출 연습 단계로서 뇌과학에서도 적극적으로 추천하는 방법입니다. 자기만의 언어를 사용해서 내용을 잘 설명할 수 있다는 것은 자기 지식이 되었다는 의미이기도 하니까요.

5단계: 백지 노트법

백지에 전체 내용의 제목과 핵심 내용을 처음부터 직접 써보는 단계입니다. 이 과정에서 전체 흐름을 다시 한 번 정리할 수 있습니다. 시각형 학습자분들은 자기만의 표시로 진행하셔도 됩니다. 꼭 글자가 아니라 자기가 느낀 그림이나 문자로 표현해도 괜찮습니다.

6단계: 취약점 파악

지금까지의 반복 학습을 통해 애매하게 알고 있거나 자신이 없는 부분을 찾아내는 단계입니다. 자기 점검을 하는 단계인데요. 메타인지를 작동시켜서 자기 스스로의 맹점을 찾아내 부족한 부분을 매워주는 단계입니다. 여기까지 온 것만으로도 상당히 높은 수준의 공부법입니다.

7단계: 불확실한 내용 확인하기

마지막으로 불확실한 부분들을 집중적으로 학습하며 전체 내용을 완성합니다. 7회 차까지 왔다는 것은 아주 자연스럽게 내용이 전체적으로 기억될 것이며 자신이 생겼을 것입니다.

물론 위의 7단계를 모두 거칠 필요는 없습니다. 개인의 학습 유형과 시간에 맞게 4단계로 축소해서 진행해도 충분히 효과적입니다. 단순히 같은 내용을 똑같은 방식으로 반복하는 것이 아니라, 다양한 접근 방식으로 학습 내용을 스스로를 점검하는 과정이 중요합니다.

반복하면서 암기할 때 꼭 간과하지 말아야 할 점은 바로, 학습 내용에 '감정을 입히는 것'입니다. 우리의 뇌는 감정적으로 의미가 있거나 특별한 느낌을 주는 정보를 더 오래, 더 선명하게 기억합니다. 어렸을 때 슬프고 기뻤던 일을 시간이 흘러도 생생히 기억하는 이유가 바로 그 때문입니다.

예를 들어, 역사 과목에서 어떤 사건을 외울 때 그 당시 사람들의 감정이나 상황을 상상하거나, 수학 공식을 외울 때도 그 공식이 실생활에서 어떻게 활용되는지 연관 지어 생각하면 도움이 됩니다.

이 '감정을 입힌 암기법'은 보장된 효과적인 공부법입니다. 우리 뇌는 의미 있는 연결고리를 가진 정보를 더 쉽게 저장하고 빨리 불러올 수 있기 때문입니다. 아이들에게 교과서 한 문장 한 문장을 자세히 살펴보며 의미를 생각하고, 소단락별 핵심어와 주제, 세부 사항을 암기하는 과정을 감정을 넣어서 암기하고 이해시키기 바랍니다. '공부는 머리로 하는 것이 아니라 가슴으로 공부한다'는 의미가 이것을 뜻합니다.

공부의 완성도를 결정하는 '인출하기'

우리는 흔히 '개념을 이해했다'라고 말하지만, 그것이 과연 온전히 내 것이 되었는지 어떻게 확인할 수 있을까요? 아무리 많은 정보를 머릿속에 집어넣어도, 필요할 때 그것을 정확히 끄집어내는 '인출(Retrieval)' 연습이 없다면 그 지식은 미완성된 상태일 뿐입니다.

인간이 고안한 교육 시스템 중 '시험'이라는 제도가 경이로운 이유가 바로 여기에 있습니다. 시험은 단순한 평가 도구가 아니라, 우리가 쌓아 올린 지식을 스스로 인출하며 체화되었음을 확인하고, 부족한 부분을 역으로 찾아내는 가장 강력한 학습 과정입니다. 실제로 교육 분야에서는 중간·기말고사보다 매주 치뤄지는 퀴즈를 통해 수업했을 때 학습 효과가 30퍼센트 이상 증가한다는 연구 결과도 있습니다.

개념을 내 것으로 만드는 체화 과정으로 학습의 단단한 뿌리를 내렸다면, 이제 그 뿌리에서 피어날 지식의 열매를 맺을 차례입니다. 바로 인출 공부법의 핵심, '문제 풀이' 과정입니다. 문제 풀이는 단순히 아는 것을 확인하는 차원을 넘어, 자신이 무엇을 모르고 어떻게 사고해야 하는지 발견하는 '자기 진단'이자 '실력 강화'의 핵심 단계입니다. 그리고 채점, 나아가 오답 관리는 그 진단 결과를 토대로 빈틈없는 실력을 완성하는 과정이죠. 이 과정의 효율성은 각자의 학습 성향을 얼마나 잘 이해하고 활용하느냐에 달려 있습니다.

정윤이와 민수, 두 학생의 사례를 통해 개념 체화 이후의 문제 풀이, 채점, 오답 관리가 어떻게 실질적인 성적 향상으로 이어지는지 각자의 성향에 맞춘 전략으로 자세히 살펴보겠습니다.

무조건 성적이 오르는 공부 전략

모든 성향이 공통적으로 알아 두면 좋을 포인트가 있습니다. 그 포인트는 다음과 같습니다.

① 문제를 읽고 선지를 읽을 때

정윤이와 같은 감각형은 문제와 선지를 정확히 파악하지만 시간 소모가 크거나 막히면 정체됩니다. 정윤이는 시간 제한을 두고 빠르게 스캔하며 '넘어가는 유연성'을 길러야 합니다. 반면 민수처럼 직관형은 글을 대충 읽어 실수하기 쉽습니다. 민수는 핵심 키워드에 밑줄 긋기, 부정형 표현에 표시하기 등 자신만의 시각적 규칙을 통해 지문을 읽고 문제를 풀 때 정확도를 높여야 합니다.

② 답을 확인할 때

답을 체크하는 과정은 정확성을 스스로 확인하는 단계입니다. 정윤이는 모든 답의 근거를 풀이 과정에 간략히 기록하여 자신의 논리적 인출 과정을 명확히 해야 합니다. 직관에 의존하는 아이들은 찾은 답이라도 반드시 지문이나 개념에서 명확한 근거를 찾아 연결 짓는 연습을 통해 자신이 알고 있다는 지식의 타당성을 검증하는 연습이 필요합니다.

③ 지문이 있는 문제를 풀 때

지문과 문제가 같이 있는 문제의 풀이 순서는 인출 과정의 효율성을 결정합니다. 정윤이는 지문을 먼저 읽되, 문제 요구 사항을 빠르게 파악해 지문에서 해당 정보를 정확하게 인출하는 훈련으로 시간을 단축해야 합니다. 민수는 문제부터 읽는 방식은 유지하되, 전체적인 지문의 맥락을 놓치지 않고 모든 관련 구체적인 정보를 확인하는 연습을 통해 문제 풀이 역량을 길러야 합니다.

④ 채점할 때

채점은 학습의 성패를 가르는 중요한 과정입니다. 자신이 직접 푼 문제에 대한 지식에 어떤 오류가 있는지 스스로 발견하는 단계입니다다. 정윤이와 민수 모두 자신이 푼 문제는 반드시 본인이 직접 채점해야 합니다. 문제 풀이 당시의 사고 과정과 고민 지점을 가장 잘 아는 사람은 본인뿐이기 때문입니다. 이는 단순히 점수를 확인하는 것을 넘어, 스스로 인출 오류를 진단하고 오답 관리를 위한 필수적인 기반을 다지는 과정입니다.

⑤ 채점이 끝났을 때

채점 후부터가 비로소 '진짜 공부'의 시작입니다. 최상위권 멘토들이 입을 모아 강조하는 '오답 관리'는 인출 과정에서 드러난 빈틈을 메우는 가장 확실하고 강력한 방법입니다.

정윤이는 오답을 '유형별'로 분류하고 '왜 틀렸는지' 구체적으로 진단하여, 자신의 인출 오류 패턴을 파악하고 집중적으로 보완해야 합니다. 주기적인 오답 확인을 통해 취약점을 완전히 뿌리 뽑아야 합니다. 민수는 틀린 문제는 물론, '모르고 맞은 문제'까지도 반드시 관리해야 합니다. 확신 없는 문제는 틀린 문제와 동일하게 취급하며, 문제 옆에 '왜 이 답이 정답(혹은 오답)인지' 스스로 질문하고 개념과 연결하여 답을 찾아 기록하는 과정이 필수적입니다. 이는 불확실한 지식을 완벽하게 인출 가능한 완벽한 지식으로 바꾸는 마스터 과정입니다.

극상위권과 최상위권은 한 문제 차이입니다. 100미터 육상 단거리 세계 신기록은 0.001초로 갈립니다. 100미터 12초 대에서 11초 대로 들어오는 것은 어느 정도 훈련으로 올라오지만 9초 대에서는 이야기가 달라지죠. 공부도 역시 평균 70점 대나 80점 대 구간은 마음만 먹으면 점수를 올릴 수 있는 구간입니다. 아래의 표를 보면 알 수 있듯이 상위 1퍼센트, 즉 평균 98점에서 99점대 구간에서의 점수 상승은 단기간에 이루어지지 않습니다. 오랜 시간을 두고 집중하고 몰입하는 연습이 필요합니다.

이러한 포인트를 염두하고 공부를 한 정윤이와 민수의 성적은 크게 올랐습니다. 특히 민수가 수학에서 두드러지게 발전했습니다. 채점을 하고 나서, 맞은 문제는 뒤로 하고, 틀린 문제만 골라 관리했다고 합니다. "이 문제를 풀 때 어느 부분을 몰랐을까?" "이 문제 핵심이 뭐지?" "내가 잘 못 알고 있는 부분이 뭐지?"처럼 자신이 풀었던 풀이 노트를 보면서 끊임없이 따지고 들었다고 합니다. 500문제를 풀면 처음에는 70문제에서 100문제가 오답이었다면, 세 권째부터는 30문제 내

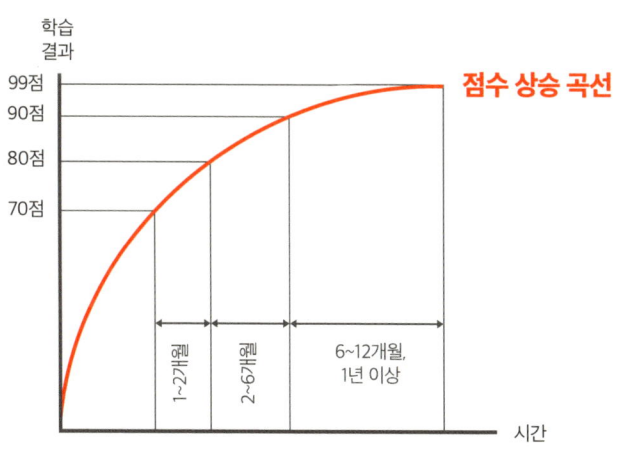

외로 오답이 줄습니다.

　민수의 한 수는 사실 오답 관리를 하는 중에 틀린 문제만을 발췌했던 것이 아니었습니다. 모르고 풀었는데 답이 맞은 문제도 반드시 관리했던 것입니다. 많은 아이들은 어렴풋한 기억으로 문제를 풀었는데 답이 맞았다면 문제를 안다고 착각하고 넘어가죠. 하지만 다음 시험에서도 정답을 맞추지 못할 확률이 높습니다. 솔직하게 오답을 표시하고 관리해 주세요.

장기 기억으로 바꾸는 '재구조화하기'

모든 것이 다를 듯한 정윤이와 민수에게도 공통점이 있었습니다. 바로 둘 다 시각형이고, 가장 어려워고 힘들어하던 과정이 '구조화'였다는 점입니다.

구조화는 학습 내용을 자신의 학습 스타일에 맞게 재구성하는 과정인데, 특히 시각형 학습자들에게는 꼭 필요한 단계입니다. 언어형 학습자들은 텍스트로만 이루어진 자료를 읽으면서 자연스럽게 글의 주제와 핵심 내용을 머릿속에서 정리합니다.

하지만 시각형 학습자들에게는 이 과정이 미리 설정이 안 되어 있습니다. 긴 글을 읽으면 길을 잃기 일쑤입니다. 그래서 시각형들은 긴 글을 읽기 싫어합니다. 시각형 아이들은 역사나 과학처럼 글과 이미지가 함께 제공되는 자료는 비교적 쉽게 이해하고, 국어나 사회 과목처럼 텍스트 중심의 내용은 어려워합니다. 이를 장기 기억으로 전환하기도 어려워합니다.

학교에서 특강을 진행해 보면, 학생들은 보통 80퍼센트가 시각형입니다. 언어형은 20퍼센트 안쪽으로 분포합니다. 특강 중에 학생들에게 어떤 내용을 나타내는 사진 장표와 글로 설명한 장표를 나란히 보여 주고 어떤 장표를 먼저 보는지 물어보면 언어형들은 100퍼센트 글을 먼저 본다고 합니다. 시각형은 사진을 먼저 봅니다. 정보를 인식하고 처리하는 첫 번째 경로가 이렇게나 다르죠.

이미지를 탐색하고 난 다음에 글을 읽는 시각형에게는 문제가 하나 있습니다. 그것은 사진이나 이미지만으로는 구체적인 정보를 파악할 수가 없다는 것입니다. 당연히 글을 읽어야 하는데, 이때 글을 체계적으로 머릿속에 정리하지 못하는 것이 시각형 학습자들입니다. 눈으로 보면서 머릿속에는 구체적인 정보를 정리하는 데 어려움을 보입니다. 시각형은 주제나 제목은 이해했지만, 세부 내용은 다르게 정리해야 하는 '재구조화' 과정이 반드시 필요합니다.

시각형 학생에게 딱 맞는 재구조화 방법

그렇다면 정윤이와 민수와 같은 시각형들에게 필요한 재구조화 방법은 어떤 것이 있을까요? 다음 세 가지로 분류할 수 있습니다.

① 주제를 중심으로 문장의 '역할'에 맞게 정리하기

글을 읽다 보면 각 단락마다 주제가 나오고, 이 주제를 뒷받침하는 다양한 문장들이 이어집니다. 예시가 제시되기도 하고, 역사적 기원이 설명되기도 하며, 다양한 영향력이 언급되기도 하죠. 이런 다양한 내용들을 효과적으로 정리하는 방법이 필요합니다.

먼저 본문을 읽으면서 중요 내용에 메모나 밑줄을 그어 표시합니다. 여러 항목이 열거된 부분에는 번호를 붙여 구분하고, 소단락별로 핵심어를 오른쪽 여백에 따로 메모해 둡니다. 그런 다음 이 내용들을 상위 개념과 하위 개념으로 분류하여 체계적으로 재구성합니다.

이렇게 하면 내용이 머릿속에 자연스럽게 정리되어 기억에 오래 남습니다. 물론 여러 번 반복해서 세부 내용까지 숙지하는 과정은 필요합니다. 시각적으로 보기 편하게 재구조화된 자료는 반복 학습에도 매우 효율적입니다. 이 과정은 우리 뇌가 정보에 친숙해지도록 돕는 자연스럽고 효과적인 방법입니다.

사실 공부란 특별히 대단한 작업이 아닙니다. 글을 읽고 이처럼 재구성해보는 과정이 바로 진정한 공부입니다.

구체적인 예시를 살펴보겠습니다. 실업을 주제로 한 본문 글 흐름을 정리할 때, 할 수 있는 방법 중 하나는 본문에 직접 표시하는 방법입니다. 핵심어에는 동그라미를, 실업의 종류에는 번호와 함께 네모 표시를 합니다. 각 실업 유형의 원인과 결과도 구분하여 표시합니다.

이를 더 체계적으로 정리한 형태가 표 구조입니다. 왼쪽에 대주제를 적고, 옆에는 중제목인 '실업의 정의와 종류'를 적습니다. 그리고 한 칸 더 오른쪽에는 각 실업 유형별 원인과 결과라는 소제목을 배치하여 정보의 계층 구조가 한눈에 들어오도록 합니다.

마지막 방법은 마인드맵 형태의 재구조화입니다. 중앙에 주제를 적고, 주요 개념인 '정의'와 '종류'를 큰 가지로 뻗어 나갑니다. 여기서 다시 세부 내용을 작은 가지로 확장해 나가는 구조입니다. 이러한 재구조화 방법들은 특히 시각형 학습자들이 텍스트 정보를 효과적으로 이해하고 기억하는 데 큰 도움이 됩니다.

직접 표시하기

사람들은 직업을 통해 안정된 삶을 꾸리고 자아를 실현하고자 한다. 그러나 일자리를 구하지 못해 고민하거나 일하던 곳에서 퇴직하게 되어 걱정하기도 한다. 일을 할 수 있는 능력이 있고 일을 하고자 하는 마음도 있지만 일자리가 없어서 일을 못하는 상태를 실업이라고 한다. — 실업의 정의

실업은 원인에 따라 다음과 같은 유형으로 나뉜다. 경제 상황이 나빠지면 기업은 신규 채용을 줄이거나 고용 인원을 줄이는데, 이때 발생하는 실업을 ①경기적 실업이라고 한다. 새로운 기술의 도입으로 산업 구조가 변화하면 기존의 기술이나 생산 방법은 밀려나게 되는데, 이에 따른 실업을 ②구조적 실업이라고 한다. 농업, 건설업, 관광업 등 계절의 영향을 많이 받는 분야에서 계절에 따라 고용 기회가 줄어들어 실업이 발생하는 것을 ③계절적 실업이라고 한다. 기존에 다니던 직장을 그만두고 더 나은 조건의 일자리를 구하기 위해 일시적으로 실업 상태가 된 것을 ④마찰적 실업이라고 한다. — 실업의 종류

표 구조

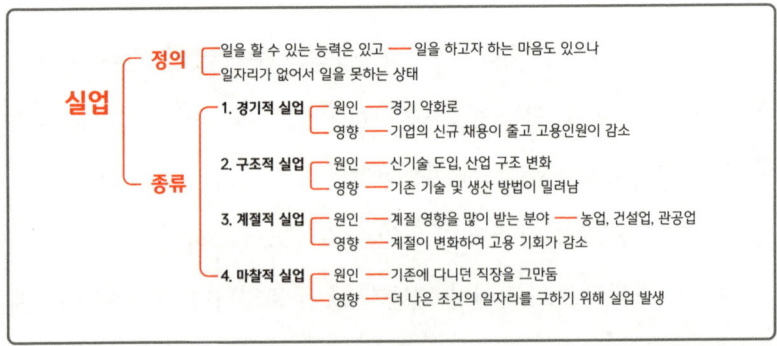

마인드맵 구조

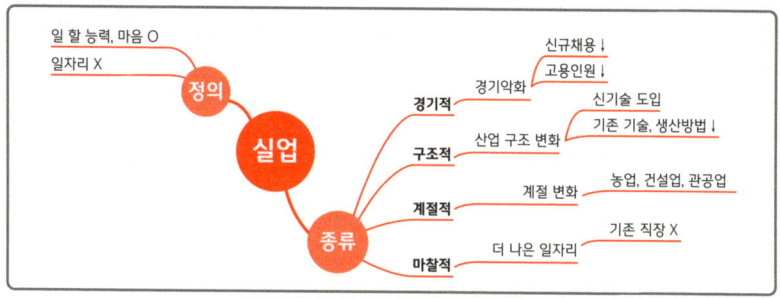

② 사물이나 현상 또는 개념을 비교하거나 대조하면서 전개하기

이런 경우에는 차트나 표를 만들어 한눈에 볼 수 있도록 정리하는 것이 효과적입니다. 공통점과 차이점을 설명하는 글도 마찬가지겠죠. 표로 만들면 구체적인 속성이 한눈에 보일 것입니다.

대부분의 자습서가 교과서의 내용을 이렇게 정리한 것입니다. 그런데 직접 본문을 분석해서 표나 차트를 그려나가면 장기 기억화하는 과정이 훨씬 수월해집니다. 또한 본문의 내용이 어떤 현상을 묘사하는 글이라면 직접 눈에 보이게 그림을 그리는 것이 좋습니다. 시각형 학습자에게는 매우 훌륭한 재구조화 공부법입니다.

③ 본문을 여러 형태로 구조화하기

세 번째 재구조화 작업은 본문을 여러 형태로 구조화하는 방법입니다. 예를 들어, 태양계 안에 존재하는 항성과 행성이라는 개념을 정의하고 특성을 단락별로 설명하는 본문이 있다고 가정해 봅시다. 전체적으로 세 개의 소단락으로 구성되었고, 첫 번째는 항성과 행성의 차이, 두 번째 소단락은 태양과 같은 항성의 특징, 세 번째 소단락에서는 구체적인 행성의 특징과 종류에 대해 설명하고 있습니다.

이런 경우 단락을 중심으로 구조화할 수 있습니다. 어떤 아이는 글의 흐름에 따른 개념도를 만들고, 또 다른 아이는 비교식으로 비교표를 만들어 구체적인 속성을 표기합니다. 또한 흐름도처럼 글의 흐름이 어떤 내용으로 이어지는지를 짧게 메모해서 한눈에 볼 수 있도록 하는 방식도 있습니다.

3단 구조

구분	내용 요약
① 서론	항성과 행성의 차이점을 질문형으로 제시
② 본론	태양(항성)의 특징과 항성의 정의, 구성
③ 결론	행성의 종류와 태양 주위를 공전하고 이루고 있는 구체적 정보와 종류

태양계 개념도

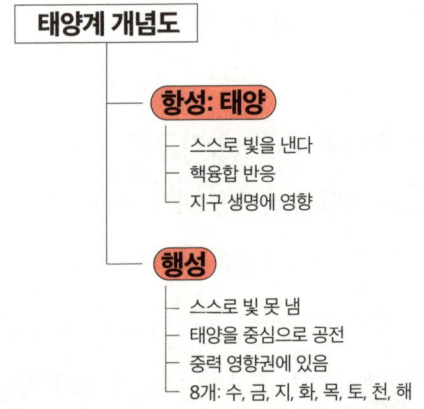

비교표

구분	항성	행성
빛	스스로 냄(핵융합)	스스로 못 냄
위치	별자리 구성	태양 주위 공전
예시	태양	지구, 화성 등
우주 내 영향	다른 별에 비해 더 큰 존재감	항성의 중력 영향권

흐름도

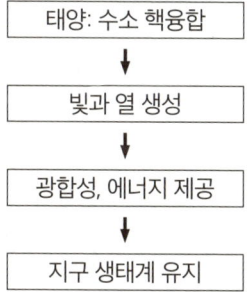

 어떤 방법이 더 좋다고 단정 지을 수는 없습니다. 중요한 것은 본인이 이해하기 쉽고 기억하기 쉬운 방법을 찾는 것입니다. 이러한 재구조화 과정을 통해 학습 내용을 자신의 것으로 만들어갈 때, 비로소 진정한 학습이 이루어지게 됩니다.

쿼드스터디 가이드 4
학습 성향별 플래너 작성법

아이들이 플래너를 작성할 때 가장 어려워하는 것은 자신에게 맞는 플래너를 찾지 못하는 데에서 시작됩니다. 한 번도 제대로 된 플래너를 작성한 경험이 없거나, 어떻게 작성해야 하는지 구체적인 방법을 배우지 못했기 때문이죠. 그래서 열정적으로 시작했다가도 '뭔가 맞지 않는 느낌'에 중도 포기하는 경우가 많습니다.

흥미로운 점은 학습 성향에 따라 선호하는 플래너 양식이 확연히 다르다는 것입니다. 디자인도 물론 영향을 미치지만, 근본적으로는 사람마다 계획을 세울 때 중요하게 생각하는 기준이 다릅니다. 어떤 사람은 시간을 중심으로 계획을 세우고, 또 어떤 사람은 우선순위와 중요도를 기준으로 플래너를 작성합니다.

특히 놀라웠던 점은 미래의 계획을 세우는 것 자체를 어려워하는 아이들이 있다는 것입니다. 이들은 'To-do 리스트'보다는 'Done 리스트', 즉 이미 완료한 일을 기록하는 방식을 선호합니다. 미래의 계획은 변동 가능성이 높고 지키지 못할 확률도 있기에, 차라리 하루를 되돌아보는 형식으로 기록하면 더 효과적이죠. 또 다른 성향의 학생들은 마감일을 중심으로 역산해서 계획을 세우는 것을 선호합니다.

주목할 점은 플래너는 꼭 한 가지만 고집할 필요 없다는 것입니다. 하나만으로는 모든 필요를 충족시키기 어렵습니다. 예를 들어, 주간 플래너로 일주일 동안 해야 할 일들을 큰 틀에서 정리하고, 일간 플래너에 하루 일정을 더 세부적으로 계획하는 방식이 있습니다.

또 다른 예로, 어떤 성향의 학생들은 월간 플래너를 중심으로 한 달 전체 스케줄을 먼저 확정합니다. 한눈에 한 달 전체 흐름을 파악하는 것이 중요하다고 느끼기 때문이죠. 월간 플래너를 책상 위에 세워두거나 벽에 부착하거나 심지어 핸드폰 배경화면으로 설정하여 수시로 전체 일정을 상기하기도 합니다. 그런 다음 어제, 오늘 그리고 내일 해야 할 일들을 유기적으로 연결하며 계획을 세워나갑니다.

플래너는 단순한 일정 관리 도구 이상의 의미가 있습니다. 자신의 생각과 행동을 이해하고 조절하는 메타인지 능력을 키우는 과정이기도 하죠. 따라서 자신에게 맞는 플래너를 찾는 것은 모든 학습의 효율성을 높이는 시작점이 됩니다. 단순히 예쁘거나 편리한 디자인이 아닌, 자신의 성향과 학습 스타일에 맞는 플래너를 활용할 때 더욱 효과적으로 목표를 달성하고, 주도적으로 공부할 수 있습니다.

지금부터 소개할 플래너는 요일별로 30분 또는 한 시간 단위로 나뉘어진 '시간 중심 주간 플래너', '할 일 목록 중심 플래너', 포스트잇 형식으로 요일만 표시된 '메모 형식 주간 플래너', 한 달 캘린더 형식의 '월간 플래너'로 나뉩니다.

원칙주의형에게 추천하는 플래너

이 아이들은 해야 할 공부나 일에 대해서 계획을 세우지 않으면 불안해합니다. 이들에게는 시간 중심의 주간 플래너를 추천합니다. 모든 계획을 시간 중심으로 생각하고 계획 세우기를 좋아합니다. 구체적으로 촘촘히 플래너를 짜고 빈틈없이 모든 칸을 채우는 것을 선호합니다. 규칙적이고 예측 가능하며, 실천 가능한 계획을 좋아합니다. 갑작스러운 변동을 싫어하는 경향이 있고, 항상 차선책을 세우면서 스케줄을 짜기 좋아합니다. 따라서 이동 시간과 틈새 시간에 하는 것도 모두 적으면 좋습니다.

주말 저녁이나 일주일 중간에 칸을 비워 두고 주중에 못다한 일을 몰아서 마무리하는 것도 방법입니다. 일요일 저녁에는 다음 주에 해야 할 일들에 대해 검토하고 실행 가능한지 살펴보세요. 만약 해야 할 일들이 더 있는데 시간이 부족하다면 기존 계획은 잠시 멈추고 중요하고 급한 일정을 우선시합니다. 다행인 점은 이 학생들은 완전하며 구체적이고 반복적인 스케줄을 작성하는 것이 목표입니다.

플래너 작성 꿀팁

플래너에는 반드시 왼쪽에 시간을 나타내는 시간 칸이 있어야 합니다. 원칙주의형 학습자들은 시간을 중심으로 모든 활동을 계획하기 때문이죠.

가장 먼저 일주일 동안에 이루어지는 고정된 시간(식사, 수면, 운동, 휴식, 학원, 야간 자율 학습 등)을 먼저 채웁니다. 규칙적으로 진행하는 모든

원칙주의형 플래너 작성 예시

	MON 8/3	TUE 8/4	WED 8/5	THU 8/6	FRI 8/7	SAT 8/8	SUN 8/9
7	기상 & 등교준비						
8	등교						
9						기상 & 준비	
10	학교 오전 수업					운동	
11							
12							
1	점심시간					점심	
2						이동	
3	학교 오후 수업						
4						국어 학원	5.5 H
5	[수I] 워크북 ~삼각함수	[영어] 인강 OOO T 어법편	[수II] 워크북 ~적분	[영어] 인강 OOO T 순서 삽입편	[미적분] 수특 ~미분		
6						귀가	
7			저녁시간			저녁	
8						[문학] 수특 고전시가 정리 ~관동별곡	
9	수학 학원	귀가	수학 학원	귀가	수학 학원		4 H
10	귀가	2.5 H	귀가	2.5 H	귀가		
11	1 H		1 H		1 H	1 H	

	MON 8/3	TUE 8/4	WED 8/5	THU 8/6	FRI 8/7	SAT 8/8	SUN 8/9
7	기상 & 등교준비						
8	등교						
9						기상 & 준비	
10	학교 오전 수업					운동	
11							
12							
1	점심시간					점심	
2						이동	[독서] 수특 경제 지문 질문 정리
3	학교 오후 수업						
4						국어 학원	
5	[수I] 워크북 ~삼각함수	[영어] 인강 OOO T 어법편	[수II] 워크북 ~적분	[영어] 인강 OOO T 순서 삽입편	[미적분] 수특 ~미분		[수행] 수학 PPT
6						귀가	
7			저녁시간			저녁	
8	수학 학원	귀가	수학 학원	귀가	수학 학원	[문학] 수특 고전시가 정리 ~관동별곡	백업타임
9							
10	귀가	[지구] 인강 OOT 복습 + 지질시대 암기	귀가	[생명] 근수축&신경계 준킬러 문제 복습	귀가	[한국사] 인강 ~ 삼국시대	
11	Word Master D42		Word Master D43		Word Master D44		

활동을 최대한 구체적으로 작성해 기본 틀을 만들어 주세요. 이 아이들은 고정된 시간이 많은 것을 선호하기 때문에 일정한 패턴으로 스케줄을 짜는 데 익숙합니다. 이동 시간이나 틈새 시간에 할 수 있는 활동까지 기록해 주세요.

고정 시간을 적고 난 뒤, 일주일 동안 스스로 공부할 수 있는 시간이 얼마나 되는지 적습니다. 만약 아이가 공부 속도를 모른다면, 평소 특정 공부 양을 완료하는 데 걸리는 시간을 기억하고 기록해 주세요. 시간만 쓰는 것이 아니라, 만약 과목이 국어라면 문학, 비문학, 문법, 언어와 매체 영역으로 나눠 작성하고, 학원, 학교, 인강 등 구분해서 적어 주세요(예: 국어 문법 개념 정리 30분, 인강 개념의 나비 효과 9강 40분).

완전하게 시간표를 채워 넣은 다음, 직접 실행하면서 시간표가 실행 가능 여부를 확인해야 합니다. 양이 많거나 횟수가 부담스러우면 자신의 물리적 시간에 맞게 줄여야 합니다. 해야 할 공부와 활동이 많은데 시간이 부족하면 틈새 공부를 하거나, 분량을 조절해 주세요.

주말 혹은 편한 날에 '백업타임'을 꼭 추가해 주세요. 만약 스케줄을 완수하지 못하더라도 우선은 넘어가고 정해 둔 백업시간에 진행하면 됩니다.

목표지향형에게 추천하는 플래너

이 성향의 학생들은 계획을 세우는 목표가 효율성과 확실한 결과를 추구하는 것입니다. 뚜렷한 목표가 있고 구체적인 계획은 확실한 결과를 이루어내는 데 더 큰 의미를 둡니다.

여러 플래너 중 '할 일 목록(To-Do LIst)' 형식의 플래너를 선택하면 가장 좋습니다. 가장 중요한 일부터 처리할 수 있기 때문에 효율적인 일 처리가 가능하죠. 이 성향의 아이들은 우선순위로 나누는 방법을 익히고 계획을 세우도록 할 수 있어야 합니다.

플래너를 단순히 기록지가 아닌 전략적인 기록지로 여기며, 목표와 성과를 이루는 과정에서 융통성 있게 바꾸고 기록하며, 언제든지 활용할 수 있는 메모지라고 생각해 보세요. 고정된 방식보다는 유연한 활용을 추천합니다.

플래너 작성 꿀팁

가장 먼저 해야 할 일들의 우선순위를 정해야 합니다. 중요도를 정해 계획표에 적을지 적지 않을지 판단합니다(❶ 중요하고 긴급한 일: 제일 우선시해야 하는 일, ❷ 긴급한 일 : 오늘이나 내일 당장 해야 하는 일, ❸ 중요한 일 : 나에게 장기적으로 볼 때 매우 중요한 일, ❹ 중요하지 않고 긴급하지 않은: 계획에 넣지 않음). 전날 작성한 할 일 목록을 되돌아보고 오늘 해야 할 것들과 함께 살펴보면서 플래너에 정리하면 됩니다.

진행한 일의 결과를 체크하고 소요된 시간을 표시합니다(○ :마무리한 일, △ :마무리하지 못한 일, × :진행하지 못한 일). 이것은 나중에 전체 항

목표지향형 플래너 작성 예시

Date **2025. 11. 28**　　D-Day
Goal **어제 미룬 계획 전부 끝내기**　　Total 　 :

☐
☐
☐
☐
☐
☐
☐

Date **2025. 11. 28**　　D-Day **D-25**
Goal **어제 미룬 계획 전부 끝내기**　　Total **4 : 45**

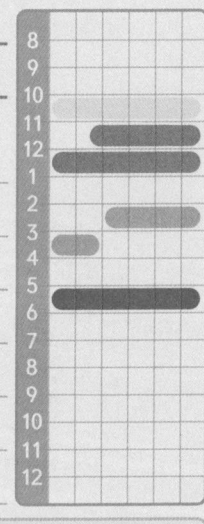

- ⭕ [수학] 교과서 3단원 대단원 평가 문제 풀기
- ❌ [수학] 학원 숙제 (문제집 112~114p 문제풀이)
- ⭕ [영어] 교과서 3단원 본문 2 복습
- ⭕ [영어] 교과서 4단원 모르는 단어 암기
- ➡️ [국어] 인강 9강 듣기
- ⭕ [국어] 2018 11월 모의고사 문학&비문학 문제풀이
- ⭕ [사회] 4단원 예습하기

오늘 저녁 먹고 월드컵 보느라 공부를 아예 못했다.
집중력은 좋았는데 허비한 시간이 많아서 아쉽다.
내일은 더 열심히 하자!

목별로 얼마의 시간이 소요되었는지 파악하는 데 좋습니다.

  마지막으로 하루를 마무리하며 감상평을 간단히 적습니다. 이는 학습에 대한 스스로 성찰할 수 있는 기회가 되고, 앞으로 해야 할 일을 생각하는 동기 부여 역할을 합니다.

한 우물형에게 추천하는 플래너

이 성향의 아이들은 사실 계획 세우는 일을 제일 어려워합니다. 내일이나 이번 주에 무엇을 할지 미리 세우는 계획은 무의미하다고 생각하는 경향이 강합니다. 이유는 예전에 세워둔 계획을 지키지 못했던 경험이 많아 계획을 세우는 것이 효과가 없다고 생각하죠. 이 성향의 아이들은 '무계획이 계획'이라는 말을 자주 합니다.

부모 입장에서는 답답할 수 있습니다만, 이 아이들은 강하게 끌림이 오는 일부터 진행합니다. 그래야 집중이 되고 시작하는 성향이죠. 부모님들께서는 한 발짝 떨어진 상태에서 기다려 주고 이해해 주길 바라겠습니다.

한 우물형 아이들에게는 메모 형식의 플래너를 추천합니다. 날짜와 키워드로 계획을 세우고, 언제든지 변경 가능한 스타일을 선호합니다. 시간과 우선순위를 고려하기보다는 직관적으로 중요하다고 생각한 것을 먼저 진행합니다. 한 번에 한 가지씩 마무리하는 것을 선호합니다.

플래너 작성 꿀팁

먼저 이번 주에 무엇을 해야 하는지에 대한 목록을 작성합니다. 플래너의 메모 칸에 키워드 중심으로 이번 주에 해야 할 일을 자유롭고 편하게 적어 보세요. 이때 완벽하게 적을 필요는 없으며, 자세한 학습 진도 상태나 문제 번호를 적는 것보다는, 해야 할 일이 기억날 정도로만 적는 것을 추천합니다.

한 우물형 플래너 작성 예시

MEMO	MON	TUE	WED
· [사회] 수행평가 제출 마감 → 수요일 · [수학] 교과서 3단원 쪽지 시험 → 금요일 · [영어] 학원 숙제 (2017. 6. 모의고사) · [과학] EBS 인강 8강			
TUR	**FRI**	**SAT**	**SUN**

MEMO	MON	TUE	WED
· [사회] 수행평가 제출 마감 → 수요일 · [수학] 교과서 3단원 쪽지 시험 → 금요일 · [영어] 학원 숙제 (2017. 6. 모의고사) · [과학] EBS 인강 8강	· [수학] 교과서 3단원 문제풀이 · [영어] 교과서 5단원 본문	· [영어] 학원 숙제 (2017. 6. 모의고사) · [사회] 수행평가 준비	· [수학] 교과서 3단원 본문 · [국어] ○○쌤 인강 11강
TUR	**FRI**	**SAT**	**SUN**
· [국어] 교과서 시험범위 1회독 · [수학] 교과서 3단원 쪽지 시험 준비	· [과학] ○○쌤 인강 8강 · [수학] 교과서 3단원 쪽지 시험 오답노트	· [영어] 교과서 4단원 단어 · [국어] 학원 숙제 (2018. 11. 모의고사)	· [국어] 학원 숙제 오답노트 · [과학] EBS 인강 8강

그리고 메모 칸에 적은 일들을 각 요일별로 배분합니다. 이 성향의 학습자들은 하루에 여러 개의 할 일을 적는 것을 부담스러워하기 때문에, 많아야 한두 개 정도만 적는 것이 좋습니다.

구체적인 단원 명이나 페이지 수, 공부 분량보다는 본인에게 의미 있고 와닿는 '미션'을 중심으로 적어 주세요. 미리 분량을 정하기보다는 미션 완료를 목표로 해주세요.

하루하루 계획을 실천했는지, 그렇지 못했는지 여부만 간단히 표기합니다. 다시 한번 강조하지만, 이 성향은 계획을 철저히 지켜나가는 것보다는 해야 할 것을 잊지 않을 정도로만 기록하는 데 의의를 둡니다. 만약 완료하지 못한 과제가 있다면, 그것은 다른 요일로 변경하여 표시합니다. 이때 중요한 것은 못한 일에는 간단하게라도 메모를 적어두는 것입니다. 잊지 않고 못한 일을 다음에 꼭 진행할 수 있도록 해주세요.

전체주의형에게 추천하는 플래너

이 성향의 아이들은 한눈에 한 달 스케줄 전체를 보는 것을 선호합니다. 전체적인 스케줄을 확인해야 계획적인 사고를 할 수 있는 성향이죠. 일일 플래너와 주간 플래너는 단지 보조적인 플래너로 활용되며, 주된 계획은 월간 단위로 세웁니다.

전체주의형 아이들에게는 달력 형식의 월간 플래너를 추천합니다. 월간 플래너를 작성할 때는 키워드나 간단한 제목으로만 스케줄을 표시하고, 일정의 완료일을 명확히 표기하는 것이 특징입니다. 이들은 스케줄이 언제든지 수정되고 바뀔 수 있음을 인정하며, 전체적인 할 일에 대한 밑그림이 그려진 후에 현재 해야 할 일들을 구체적으로 정리하는 성향을 보입니다.

한 달에 한 번만 정리하는 것이 아니라, 수시로 변동 사항을 수정해야 하는 특징이 있죠. 그렇기 때문에 탁상 위에 스탠드 월간 달력을 펼쳐 놓거나, 벽에 걸거나, 스마트폰 바탕화면에 한 달 캘린더를 띄워 놓고 수시로 활용하는 것을 추천합니다.

플래너 작성 꿀팁

가장 먼저 학교 일정이나 변동 가능성이 적은 고정 일정부터 적어 전체적인 틀을 잡습니다. 또한 해야 할 공부나 과제의 마감 기한을 정확히 파악하고 적습니다. 이 아이들은 '언제까지'라는 완료일을 기준으로 세우는 경향이 있기 때문이죠.

월간 플래너에 적은 내용을 통해 전체적으로 해야 할 일이 어떻게

전체주의형 플래너 작성 예시

	MON	TUE	WED	THU	FRI	SAT	SUN
1W			독서실 자리배정		체육 수행평가	동아리 신입생 환영회	
2W	생명 수행평가		화학 수행평가	동아리 발표	방과후 저녁약속		친구랑 배드민턴
3W	미술 입체 조형 실기		영어 본문 해석 발표	기하 수행평가	국어 작가 조사 발표		
4W			기 말 고 사			한강 피크닉	
5W		점심 도시락 싸기	음악 실기시험		생명 발표		

	MON	TUE	WED	THU	FRI	SAT	SUN
1W			독서실 자리배정		체육 수행평가	동아리 신입생 환영회	
2W	생명 수행평가		화학 수행평가	동아리 발표	방과후 저녁약속		친구랑 배드민턴
3W	미술 입체 조형 실기		영어 본문 해석 발표	기하 수행평가	국어 작가 조사 발표		
4W			기 말 고 사			한강 피크닉	
5W		점심 도시락 싸기	음악 실기시험		생명 발표		

분포되어 있는지 한눈에 확인합니다. 이 과정을 통해서 전체적인 흐름을 파악하며 공부할 준비를 한다고 생각해 주세요.

마감 기한을 중심으로 예상 소요 시간을 역산하여 시작일을 기록해 주세요. 예를 들어, 다음 주 목요일이 제출 마감일이고, 해당 과제에 이틀 정도가 소요될 것 같다면, 시작일을 화요일로 정하는 것입니다. 이는 기한이 임박해서 일을 수행하기 좋아하는 전체주의형 아이들에게 특히 중요한 과정입니다. 만약 마감일이 겹친다면 앞뒤로 순서를 조절해 유연하게 대처해 주세요.

5장

"
자주 바뀌는 입시 제도, 절대 변하지 않는 공부법
"

쿼드스터디 입시 전략

명문대 멘토의
공부 마인드셋

한번은 오프라인 센터에서 명문대에 재학 중인 여덟 명의 멘토가 모여 여러 차례 회의를 진행했던 때가 있었습니다. 주제는 바로 '학창 시절, 어떻게 공부를 시작하고 그 과정을 헤쳐나갔는지'였죠. 일반고, 자사고, 특목고 등 다양한 배경을 가진 멘토들은 몇 시간 동안 자신의 공부 경험담과 과정을 이야기했습니다.

한 멘토는 중학교 때 친한 친구에게 영향을 많이 받았다고 했습니다. 친구를 보면서 '저렇게까지 열심히 할 수 있구나! 지금까지 난 뭐 한 거지?'라는 생각이 들었던 거죠. 그 멘토는 온전히 친구로부터 공부 자극을 받아 중2 후반부터 본격적으로 공부를 시작했고, 친구를 따라 서울대에 입학했다고 합니다. 주변 친구가 자신의 은인이라고 표현했죠.

또 다른 연세대 멘토는 어머니 덕분에 공부에 대한 자신감을 얻었다고 말했습니다. 어머니가 조그만 공부방을 운영하셨는데, 다른 아이들을 돌봐주시면서 항상 멘토의 공부까지 챙겨주셨다고 합니다. 하루가 끝날 때쯤이면 그날 있었던 모든 일을 함께 이야기하고, 항상 멘토의 편을 들어주셨다고 하네요. 멘토는 부모님으로부터 받은 심리적 안정감 덕분에 입시 시기를 무사히 넘겼다고 말했습니다.

이처럼 멘토들은 오랜 시간이 흘러 자신의 합격 소감을 이야기할 때, 특정 학원이나 문제집 이야기는 늘 부차적이었습니다. 그들 ==마음 속에 늘 자리 잡고, 흔들리지 않게 지탱해 준 존재는 공부법 외에도 가족, 친구, 선배로부터 받은 위로와 안정감이었습니다.== '진짜' 공부는 바로 이러한 마음의 기반에서 시작된 것이죠.

몇 차례의 회의와 다양한 이론을 거쳐, 저희는 본격적인 공부에 앞서 반드시 갖춰야 할 단계를 정리해 보았습니다. 공부 이전의 필수 요소 5가지를 단계별로 소개합니다.

1단계: 가장 중요한 나 자신을 제대로 알고 있다

직접적으로 멘토단에게 확인한 바로는 처음부터 자신만의 공부법을 알고 실천한 학생은 거의 없었습니다. 대부분은 남들이 하는 대로, 어른들이 시키는 대로 무작정 따라 했다가 한계에 부딪히죠. 그리고

'이건 아닌데?'라는 생각이 들면서 비로소 자신을 들여다보았다고 입을 모았습니다. 자신에 대한 이해를 본격적으로 했다는 의미이기도 하죠. 그렇다면 자기 이해란 무엇일까요? 단순히 '나는 국어보다 수학을 좋아해'와 같은 피상적인 선호도를 아는 것일까요? 아닙니다. 명문대 멘토들은 자신의 학습 성향과 특성에 대해 훨씬 더 구체적으로 알고 있었습니다.

저희가 진행하는 멘토링 프로그램에서는 다음에 나오는 표 형식의 기초 학습 진단지를 가지고 멘토와 학생이 대화를 나누도록 합니다. 그런데 90퍼센트 이상의 멘티 학생들은 자신에 대해 구체적으로 알지 못합니다. 반면 성공적인 학습자들은 자신의 특성을 명확하게 인식하고 있었습니다.

제가 멘토링 프로그램에서 사용하는 기초 진단지는 이러한 자기 이해를 측정하는 도구인데, 아이와 함께 꼭 해 보기를 추천합니다. 자기 이해의 여정은 단순히 학습 성향을 파악하는 것에서 시작해 자신의 동기, 감정 패턴, 에너지 수준, 집중력 변화, 스트레스 대처 방식 등을 포괄적으로 이해하는 단계로 발전합니다. 이는 단순한 학습 전략을 넘어, 자신을 깊이 알아가는 성장의 과정이기도 합니다.

자기이해 및 점검

구분	평가 기준	장점 및 문제점
자기 이해	내가 어떤 일을 할 때 행복한지 알고 있다.	
	내가 집중하기 위해 어떤 환경이 필요한지 안다.	
	스트레스를 해소하거나 기분을 좋게 하는 나만의 취미가 있다.	
	닮고 싶은 롤모델이나 존경하는 사람이 있다.	
자기 점검	공부를 하다 멈춰 내용을 이해했는지 확인한다.	
	헷갈리게 푼 문제는 맞았더라도 다시 공부한다.	
	정해진 숙제 외에도 나에게 필요한 것을 떠올려 보고 실천한다.	
	나의 생활이나 학습에서 부족한 부분이 무엇이었는지 떠올려 보고 개선할 방법을 찾고자 노력한다.	
학습 스타일	공부한 내용을 말하듯이 정리할 때 이해가 잘 된다.	
	공부한 내용을 손으로 써보고 여러 번 읽을 때 이해가 잘 된다.	
	열린 공간에서 친구와 함께 공부할 때 집중이 잘 된다.	
	혼자서 조용한 공간에서 공부할 때 집중이 잘 된다.	
	친구들과의 경쟁이나 비교가 주는 긴장감이 때로는 나에게 도움이 되기도 한다.	
불안 요소	유난히 자신감이 없는 과목이 있는가?	
	선생님의 설명이 잘 이해되지 않거나, 선생님으로 인해 특히 어려운 과목이 있는가?	
	가족들의 공부에 대한 관심이나 기대가 부담스러운가?	
	시험 전에 유난히 긴장되고 머리가 아프거나 손이 떨리는가?	
	내가 공부하는 방법을 잘 몰라 못한다고 생각하는가?	
	내 성격이나 잘 극복되지 않는 실수들 때문에 공부를 잘 하기 어려울 것 같은가?	
	시험 성적을 받기 전까지 불안하고 몹시 걱정되는가?	

학습 기술 평가

1. 교재 목록: 학원용-자습용 교재를 구별합니다. 학년-학기를 표시합니다.

영역	국어	수학	영어	탐구	기타
개념서					
문제지					
내신					
단어					

2. 학교 / 모의고사 성적

교과 성적	1-1학기	1-2학기	2-1학기	2-2학기	3-1학기	3-2학기	평균 내신 등급	
모의고사 등급	최근 모의고사일		국어	수학	영어	탐구1	탐구2	한국사

3. 나의 목표

지금 나에게 가장 중요한 목표	
학습/진로 목표	

4. 학습 기술 체크리스트

구분	내용	O/X	장점 및 문제점
계획 관리	공부를 시작하기 전에 계획을 세운다.		
	자투리 시간을 잘 활용한다.		
공부 습관	학교 수업을 집중해서 듣고 필기한다.		
	내용이 복잡하고 어려우면 그냥 외우고 싶다.		
	학교 수업에 대해서 예습이나 복습을 한다.		
공부 방법	공부한 내용을 정리하는 방법이 있다.		
	틀린 문제를 시간을 들여 꼼꼼히 고친다.		
	시험 범위와 시간표를 인지하고 시작한다.		

학습 환경과 동기 파악

1. 나의 공부를 주로 도와주는 사람은 누구인가요?

☐ 어머니	☐ 아버지	☐ 학교 선생님	☐ 학원	☐ 과외	☐ 기타:

2. 내가 가장 좋아하는 과목은 무엇인가요?

과목	이유 1.
	이유 2.

3. 내가 가장 취약한 과목은 무엇인가요?

과목	이유 1.
	이유 2.

4. 내가 요즘 가장 관심을 두고 있는 것 3가지는 무엇인가요?

1.	2.	3.

5. 공부할 때 '이것만 있으면 공부를 잘할 수 있어요'라고 생각하는 것이 있나요?

1.	2.	3.

6. 현재 '이것만 해결되면 공부를 잘할 수 있을 텐데'라고 생각하는 것이 있나요?

1.	2.	3.

7. 다른 지역에서의 전학이나 이사, 외국 거주, 유학 경험 등이 있나요?

8. 내가 가진 장점 또는 강점은 무엇이라고 생각하나요?

1.	2.	3.

9. 내가 가진 약점 또는 단점은 무엇이라고 생각하나요?

1.	2.	3.

2단계: 모든 것을 망치지 않도록 불안을 다스린다

많은 학생들이 '나는 안 될 것 같아'라는 생각에 시달립니다. 하지만 명문대 멘토들은 이런 부정적인 자기 대화를 긍정적인 것으로 바꾸는 능력이 뛰어났습니다.

"저는 매일 아침 일기장에 '나는 잘 될 거야'라고 쓰면서 하루를 시작했어요. 처음엔 형식적이었지만, 점차 진심으로 믿게 되더라고요."

이러한 긍정적 자기 대화는 불안 관리에 큰 도움이 됩니다. 또한 멘토들은 미래에 대한 막연한 불안보다 '오늘 할 일'에 집중하는 전략을 자주 활용했습니다. 자신에 대한 불안 외에도 아이들을 불안에 빠뜨리는 원인은 다음과 같습니다.

① 인간관계에서 오는 불안

친구관계, 부모님과의 관계에서 오는 불안도 학습을 방해하는 주요 요소였다고 합니다.

"고등학교 때 친구들과 약간의 갈등이 있었어요. 처음엔 그것 때문에 공부에 집중이 안 됐죠. 하지만 '모든 사람이 나를 좋아할 수는 없다'는 것을 받아들이니 마음이 편해졌어요. 완벽한 인간관계는 없다는 사실을 인정하는 것이 중요했습니다."

이처럼 멘토들은 인간관계에서 완벽함을 추구하지 않았습니다. 대신 건강한 관계의 경계를 정하고, 자신의 학습에 집중할 시간과 여유를 확보했습니다. 특히 주목할 점은 많은 멘토들이 부모님과의 관계를 불안 관리의 중요한 자원으로 활용했다는 것입니다. 부모님과 자주 대화하면서 지지와 격려를 받았다는 멘토들이 많았습니다.

② 평가에 대한 불안

시험이나 성적에 대한 불안은 대부분의 아이들이 경험하는 공통적인 문제입니다.

"저는 시험 전날이면 머리가 아프고 눈이 깜빡거리는 틱 증상이 있었어요. 그런데 '최악의 상황이 와도 내 인생은 계속된다'라는 부모님의 말을 듣고, 마음을 내려놓았더니 한결 마음이 가벼워지더라고요. 그리고 결과보다는 하루하루 제 스케줄에 충실하다 보니 실제 시험에서는 오히려 더 침착할 수 있었습니다."

이처럼 시험을 '인생의 전부'가 아닌 '하나의 과정'으로 바라보며 불안을 관리했던 멘토도 있었습니다. 충분한 준비를 통해 자신감을 키우는 전략도 자주 활용했습니다.

③ 디지털 기기와 미디어의 유혹

지금 아이들에게 가장 큰 공부 방해 요소는 단연 스마트폰입니다.

명문대 멘토들은 이 문제를 어떻게 다뤘을까요?

"처음엔 의지력으로 참으려고 했는데, 그건 통하지 않더라고요. 결국 공부 시간에는 사용을 제한하는 앱을 활용해 강제로 막았고, 주말에는 부모님께 맡겼습니다. 정말 방해가 되어서 그렇게 했습니다."

멘토들은 디지털 기기 사용에 '적당한 자제력'만으로는 부족하다는 것을 알고 있었습니다. 물리적인 환경 조성(스마트폰을 다른 방에 두기, 앱 삭제하기, 사용 시간 제한 설정하기 등)으로 유혹 자체를 차단하는 전략을 선택했습니다.

④ **특정 과목에 대한 불안**
많은 학생들이 특정 과목(주로 수학, 영어)에 대한 불안을 경험합니다.

"저는 수학이 정말 어려웠습니다. 그런데 아버지께서 '수학을 100점 목표로 하지 말고, 지금보다 5점씩 올리는 것을 목표'로 하라고 조언해 주셨죠. 그렇게 작은 목표를 세우니 부담이 줄고 점차 자신감이 생겼습니다."

이처럼 멘토들은 어려운 과목을 회피하기보다는, 현실적인 목표 설정과 작은 성취를 쌓아 자신감을 키워나갔습니다. 불안 요소를 회피한다든지 부정하지는 않았습니다. 불안을 완전히 없애려 하기보다,

그것을 인정하고 오히려 제어하는 법을 배웠습니다. 명문대 멘토들이 보여준 공통적인 불안 관리 전략을 정리하자면 다음과 같습니다.

- 불안의 원인을 명확히 파악하기
- 완벽함을 추구하지 않고 '충분히 괜찮음'을 받아들이기
- 부정적 생각을 긍정적 자기 대화로 바꾸기
- 지지적인 관계(부모님, 선생님, 친구들)를 활용하기
- 디지털 기기와 같은 방해 요소는 물리적으로 차단하기
- 현실적인 목표 설정으로 성취감을 자주 경험하기
- 불안 요소와 만족도를 1~5로 수치화하여 자신의 상태를 파악하기

이러한 불안 관리 전략은 제가 봐도 배울 점이 많았습니다. 부모님도 아이와 이 부분에 대해서 깊이 이야기를 나눌 때가 올 것입니다.

3단계: 나에게 맞는 목표를 설정한다

설정하는 목표도 성향에 따라 달라집니다. 목표를 설정하는 것이 중요한 성향도 있고, 크게 의미 없는 성향도 있죠. 성향별로 목표와 계획 수립에 대한 예는 다음과 같습니다.

① 원칙주의형

원칙주의형은 아주 구체적이고 실행 가능한 목표를 잡아야 합니다.

구체적이라고 말한 이유는 숫자로 표시하기 때문입니다. '두루뭉술한 목표와 계획'은 이 성향에게서 전혀 찾아볼 수 없는 표현입니다. 그래서 원칙주의형 아이들은 허용된 시간 안에서 공부 양이 어느 정도인지를 확실히 알아야 합니다.

② **목표지향형**

목표 중심적이고 결과 지향적 성격이라고 할 수 있습니다. 목표를 이루기 위해 계획을 세우고 실행하기 때문에, 이 과정이 빠져 있으면 의미를 못 찾습니다.

③ **한 우물형**

목표 설정과 구체적인 계획을 세우기 어려워하는 성향입니다. 절대 못한다고 생각하지 말고 아이를 비난하거나 야단치면 안 됩니다. 이 성향은 그때그때 자신이 원하는 것이 분명히 있습니다. 이 성향은 자신이 느끼는 목표와 방향을 직관적으로 가지고 있으니, 구체적으로 명시하지 못하더라도 그대로 인정하면서 기다리면 좋을 것입니다.

④ **전체주의형**

오랫동안 기다려 주어야 하는 성향입니다. 목표보다는 해야 할 것들을 몰아서 하고, 미뤄서 하는 편입니다. 미리미리 하지 않아 오히려 부모가 불안해할 수 있지만, 나중에 보면 다 해놓는 성향이죠.

게을러 보일 수 있으나, 조금만 더 여유를 가지고 기다려 주세요.

4단계: 스스로 할 수 있다고 믿는다

"아무리 좋은 계획도 실행하지 않으면 무용지물이잖아요. 결국 가장 중요한 건 책상 앞에 앉아 공부하는 실행력인 것 같아요."

네 번째 루틴은 바로 '능동적 실행'입니다. 명문대 학생들은 확실히 적극적으로 공부했습니다.

여기서 한 가지 더 주목할 점은 멘토들은 공부하는 과정에서 부모님이 심하게 참견이나 간섭을 하지 않았다는 점입니다. 그만큼 부모님이 믿고 기다리고, 존중해 주었다는 이야기를 많이 합니다. 그런 존중받는 느낌이 없었다면 마음속 깊이 동기부여가 생기지 않아 능동적으로 실행하지 않았을 것입니다.

활동형과 숙고형의 실행성 차이, 직관형 아이들의 빨리빨리 하지 않고 뜸을 들이는 듯한 모습, 순차형의 때로는 답답해 보일 정도로 융통성이 없어 보이는 모습, 총체형의 순서 없이 하고 싶은 대로 하는 행동 패턴 등을 이해할 필요가 있습니다. 부모님의 성향과 자녀의 성향이 다르면 이해하기 어려울 수 있습니다.

아이들이 수동적으로 억지로 공부할 때와 능동적이고 적극적으로 할 때의 모습은 정말 천지차이입니다. 우리 아이의 행동 버튼이 눌러지면 정말 놀라운 에너지와 속도로 공부합니다. 비결은 아이들이 가진 내면의 욕구에 있습니다. 겉으로 드러나지는 않지만, 인정받고 싶은 욕구, 칭찬받고 싶은 욕구, 똑똑하다는 이야기를 듣고 싶은 욕구, 성취 욕구, 소유 욕구, 권력 욕구 등이 있습니다. 이러한 욕구를 만족시켜 주면 행동 버튼이 눌립니다. 그것은 부모님의 끊임없는 관심과 사랑으로 찾아낼 수 있습니다.

5단계: 자기 점검을 빼먹지 않는다

멘토단들이 이야기하는 마지막 마인드셋은 바로 '점검'입니다. 멘토들은 피드백을 받을 때 질문을 적극적으로 했고, 문제를 풀고 나면 채점하고 틀린 것에 대해 질문하면서 선생님으로부터 피드백을 잘 받았습니다.

시험을 끝내고 나면 자신의 시험지 채점을 철저히 하고 틀린 이유를 확실히 챙깁니다. 또한 무언가 실행하고 나면 제대로 했는지 중간중간 확인을 받습니다. 이러한 태도가 어떻게 형성되는지 살펴보면, 가정에서의 부모님 교육이 결정적인 역할을 합니다. 예를 들어, 시험을 보고 나서 결과만을 중요시하는 분위기에서는 아이들이 질문을 하지 않습니다. 부모가 자녀와 평소에 시험에 대해 어떤 대화를 나누는지가 여기서 드러납니다.

성적과 실력을 가장 확실히 올리는 방법 중 하나로 앞에서 오답 관리에 대해 이야기했습니다. 이것도 일종의 피드백 관리인데, 모르는 것을 솔직하게 인정하고, 알 때까지 지속적으로 관리한다는 것은 부지런함뿐만 아니라 배움에 대한 기본적인 자세와 진지함이 묻어나는 행동입니다.

  지금까지 멘토단들이 공통적으로 학습을 실행하는데 가졌던 다섯 가지 마인드셋에 대해서 알아보았습니다. 이것은 학습 성향과는 관계없이 공통적으로 이루어진다는 사실을 유념해 주세요.

고교학점제를 이해하고
대비하는 방법

 이번에는 입시와 교육을 제도적인 측면에서 자녀 교육의 변화를 의미 있게 다룰 것입니다. 특히 2025년부터 전면 시행된 고교학점제는 우리나라 고등학교 교육의 패러다임을 근본적으로 바꾼 핵심 제도입니다. 더 이상 획일적인 교육이 아닌, 대학처럼 학생들이 자신의 진로와 적성에 맞춰 과목을 선택하고 학점을 이수하는 방식이죠.
 중요한 것은 이러한 제도가 단순한 시스템 변화에 그치지 않고, 지금까지 탐구했던 아이의 성향과 긴밀하게 연결된다는 점입니다. 아이의 강점과 흥미를 정확히 아는 부모만이 고교학점제라는 환경 속에서 아이가 스스로 길을 찾고, 잠재력을 최대한 발휘하며, 진정한 의미의 자기주도학습을 완성할 수 있도록 도울 수 있습니다.

고교학점제의 주요 특징을 살펴보면 다음과 같습니다.

첫째, 학생들에게 과목 선택권이 주어집니다

학생들은 자신의 흥미, 적성, 진로 계획에 따라 다양한 과목을 직접 선택하여 수강할 수 있습니다. 기존에는 주어진 과목과 시간표에 따라 수동적으로 수업을 들었던 반면, 이제는 스스로 배우고 싶은 내용을 결정하고 학습 계획을 세워야 합니다. 자기 이해와 자기주도학습, 자신의 학습 성향에 대한 이해가 그 어느 때보다 중요해졌음을 의미합니다.

둘째, 학점 이수와 누적 시스템이 도입되었습니다

대학처럼 일정 학점을 이수해야 졸업이 가능한 체제로 바뀌었습니다. 이전에는 출석 일수만 채우면 졸업할 수 있었습니다. 하지만 이제는 수업 출석률과 학업 성취도를 모두 충족해야 과목 학점을 획득할 수 있습니다. 만족도 있는 학업 성취도를 이루려면 역시 자신에게 맞는 공부법을 알아야 합니다. 그러기에 성향별 공부법은 더욱 의미가 있을 것입니다.

셋째, 다양한 과목 개설이 이루어집니다

학생들의 미래 진로와 연결된 다양한 과목이 개설됩니다. 소수 선택 과목이나 심화 과목의 경우에는 온·오프라인 공동 교육과정이나 다른 학교와의 연계 수업 등을 통해서도 이수가 가능합니다. 선택 과목이 많아질수록 우리 아이의 성향 파악이 그만큼 선수적으로 이루어져야 함을 의미합니다.

넷째, 성취평가제가 확대되고 내신 등급 구간이 바뀌었습니다

기존에는 상대평가가 중심이었습니다. 이제는 성취평가제(절대평가)가 확대 적용됩니다. 등급 구간을 넓게 가져 학생들 간의 경쟁보다는 개인의 학업 성취 수준에 집중하도록 합니다. 이는 과목 자체를 깊이 있게 학습하도록 유도하기 위함입니다. .

고교학점제 도입의 배경에는 4차 산업혁명 시대에 필요한 자기주도성, 창의성, 문제 해결 능력을 갖춘 인재 양성이라는 목표가 있습니다. 빠르게 변화하는 미래 사회에 유연하게 대처할 수 있는 역량을 키우는 데 초점을 두고 있죠. 학생이 자신의 진로를 탐색하고 관련 과목을 깊이 있게 학습하며 미래를 구체적으로 설계할 수 있도록 하는 것이 핵심입니다. 개인별 맞춤형 학습을 통해 학습 흥미와 동기가 높아지면서 자연스럽게 자기주도학습으로 이어지죠. 그렇기에 아이들이 자신의 학습 성향을 아는 것은 고교학점제의 핵심 요소라고 할 수 있습니다.

고교학점제, 왜 필요할까?

고교학점제의 취지와 근간은 학생 개개인의 진로와 연결된 맞춤형 학습에 있습니다. 이는 단순한 학업을 넘어, 진로, 적성, 학업, 입시 전형과 학과가 모두 하나의 큰 흐름 속에서 유기적으로 이루어져야 한다는 것을 의미합니다. 과거에는 학생들이 진로 고민을 해결했다 하더라도 학업을 수행하기 위한 실질적인 가이드 없이 무작정 공부해야 했고, 많은 시행착오를 거칠 수밖에 없었습니다. 하지만 이제는 달라졌습니다. 고교학점제는 바로 이러한 개별화 교육의 핵심이자 본격적인 시작이라고 할 수 있습니다.

고교학점제 시대에서는 학생들의 자기주도학습 역량이 그 어느 때보다 중요합니다. 그리고 이 자기주도학습의 시작은 바로 자신의 학습 성향을 이해하고 그에 맞는 학업 계획을 세우는 것에서부터 출발합니다. 쿼드스터디에서 다루고 있는 아이의 개별적인 성향별 공부법 파악과 적용은 이러한 큰 그림의 필수적인 단계입니다.

이 과정은 다음 다섯 단계로 구성됩니다.

1단계: 관심사와 적성에 맞는 진로 및 직업군을 탐색합니다

이 단계에서는 구체적인 직업보다 자신이 흥미를 느끼는 분야를 폭넓게 살펴보는 것이 중요합니다.

2단계: 필요한 대학 계열 및 전공을 조사합니다

여기서는 단순히 인기 학과를 선택하기보다 자신의 진로 목표에 부합하는 학문 분야를 탐구합니다.

3단계: 대학 전공과 연계된 고등학교 선택 과목을 알아봅니다

이 과정에서 학생들은 자신의 진로 목표와 연결된 기초 지식과 과목들을 파악하게 됩니다.

4단계: 구체적인 학업계획서를 작성합니다

이 계획서는 고등학교 3년 동안 어떤 과목을 언제 수강할지, 어떤 비교과 활동을 할지 등을 담은 개인 맞춤형 로드맵이 됩니다. 학년별 수강 과목 계획, 목표 성적, 관련 비교과 활동 그리고 자신의 학습 성향에 맞는 공부 방법까지 포함되어야 합니다.

5단계: 학습 성향을 파악하고 자기주도학습 전략을 수립합니다

학생들은 자신이 어떤 방식으로 정보를 습득하고 처리하는지 이해함으로써 더 효율적인 학습 방법을 개발하고, 이를 통해 구체적인 학업 목표 달성을 위한 실천 계획을 세웁니다.

이러한 체계적인 접근을 통해 학생들은 단순히 교과목을 이수하는 것을 넘어, 자신의 미래를 주도적으로 설계하고 그에 필요한 역량을 갖추어 나가는 의미 있는 고등학교 생활을 경험할 수 있습니다.

결과보단 과정에 집중하는 평가

여기서 주목할 또 다른 변화는 평가 방식입니다. 지필 시험과 과정 중심 평가(수행평가)가 1대 1 비율로 변화하고 있습니다. 이제 내신 점수는 중간·기말 시험 결과만으로 결정되지 않고, 평소 과목별 수행평가 활동도 더 큰 비중으로 확대되고 있습니다. 또한 내신 등급이 9등급에서 5등급으로 변경되면서 변별력이 약화됨에 따라, 대학 입시에서 수능 최저 학력 기준이 더욱 강화될 것으로 예상됩니다. 이러한 변화 속에서 학생들의 학업 역량 강화는 필수입니다.

목표를 향한 학습 활동은 각 학생의 성향에 맞춰 설계되어야 합니다. 무조건 공부의 양을 늘리기보다는 자신에게 맞는 효율적인 공부 방법을 찾는 것이 중요합니다. 이것이 바로 고교학점제 시대에 성공적인 학습의 출발점입니다.

자기주도학습 능력이 뒷받침되지 않으면 학업계획표 작성과 실행이 어려워집니다. 일주일 동안 수행해야 할 교과·비교과 활동을 자신의 진로에 맞춰 계획하고 실천할 수 있어야 합니다. 자신의 학습 성향을 제대로 파악하지 못한 채 시행착오를 거듭하다 보면 귀중한 시간을 허비할 수 있습니다.

2022년 교육과정 개편에서 강조된 자기주도성, 창의성, 문제 해결 역량은 학교 교육에만 국한되지 않습니다. 대기업을 비롯한 글로벌 시장에서도 이러한 역량을 갖춘 인재를 적극적으로 찾고 있습니다. 전 세계가 복잡하게 얽혀 있고 어떤 분야도 독립적으로 움직이지 않는 현대 사회에서는, 서로 맞물려 돌아가는 다양한 문제들을 정확히 파악하고 근본 원인을 찾아 해결할 수 있는 인재가 절실히 필요합니다. 교과목별 창의적 체험활동과 지필 시험 대비, 수행평가 준비, 다양한 교내 활동까지 이 모든 학습 활동의 기반은 자신의 학습 성향을 정확히 이해하는 것에서 출발합니다.

결론적으로, 고교학점제의 성공적인 적응과 효과적인 학업 성취를 위해서는 자기주도적인 학습 태도가 필수불가결합니다. 이러한 자기주도학습의 첫걸음은 바로 자신의 학습 성향을 파악하고 그에 맞는 공부법을 적용하는 것입니다. 이것이 바로 변화하는 교육 환경 속에서 학생들이 자신의 미래를 주도적으로 설계하고 실현해 나갈 수 있는 가장 효과적인 방법입니다.

맞춤 입시 전략으로
단숨에 합격하기

대학 입시 전형이 지금처럼 다양해진 이유는 무엇일까요? 과거에는 획일적인 기준으로 학생을 선발했지만, 이는 학생들의 다양한 적성과 성향을 제대로 반영하지 못하는 한계를 드러냈습니다. 적성에 맞지 않아 중도에 학업을 포기하는 사례가 늘어나면서, 대학 역시 학생 개개인의 특성을 존중하고 그에 따라 합격 기준과 조건을 달리해야 할 필요성을 깨달은 것입니다. 결국, 입시 전형의 다양화는 각기 다른 빛깔을 가진 아이들을 선발하기 위한 노력이라고 볼 수 있습니다.

그렇다면 이러한 시대에 우리 아이의 입시를 성공적으로 이끌기 위해 가장 중요한 것은 무엇일까요? 바로 아이의 특성을 정확하게 파악하는 것입니다. 아이의 성향과 강점을 이해하는 것이야말로 수많은 입시 전형 속에서 우리 아이에게 가장 적합한 길을 찾아낼 수 있는 첫 걸음입니다. 이제 단순히 입시 전형의 특징만을 아는 것을 넘어, 우리 아이의 학습 성향과 입시 전형의 특성을 연결 지어 살펴보는 것이 중요해졌습니다. 이번 장에서는 이러한 관점에서 우리 아이에게 최적화된 입시 전략을 함께 모색해 보겠습니다.

수시, 내신 성적으로 정해야 할까?

대한민국 대학 입시는 크게 수시 모집과 정시 모집으로 나뉩니다. 그 중 수시 모집은 9월에 원서를 접수하며, 고등학교 3년 동안의 학생부(교과 성적, 동아리, 봉사, 진로 활동 등)를 중심으로 평가합니다. 2025학년도부터는 자기소개서가 폐지되면서 학생부가 더 중요해졌죠. 수시에는 학생부교과전형, 학생부종합전형, 논술전형, 실기전형 네 가지가 있는데, 각 전형은 학습 성향에 따라 준비 방식이 달라집니다. 그 중 가장 큰 비중을 차지하는 것은 학생부 위주 전형입니다. 학생부 위주 전형 안에는 두 가지가 있습니다. 학생부교과전형과 학생부종합전형이죠.

① 원칙주의형, 목표지향형에게 유리한 '학생부교과전형'

학생부교과전형은 학생부의 교과 성적(내신)을 숫자로 정량 평가하는 전형입니다. 주로 교과 성적의 석차등급이나 성취도가 중요하게 반영되며, 일부 대학에서는 면접이나 수능 최저학력기준을 함께 적용하기도 합니다.

이 전형은 원칙주의형 학습자에게 특히 유리합니다. 이 성향의 아이들은 꼼꼼하고 체계적인 학습을 선호하며, 주어진 과제를 성실하게 수행하는 데 탁월해서 학교 수업에 충실하게 참여하고 교과서와 문제집을 반복적으로 학습합니다. 내신 관리에 효과적인 방법이죠. 계획적인 학습 일정으로 꾸준히 높은 내신 성적을 유지할 수 있는 강점이 있습니다. 또한 목표지향형 아이들에게도 유리합니다. 이 유형은 시험에서 필요한 핵심 내용을 빠르게 파악해 효율적으로 성적을 관리하기 때문입니다.

반면, 전체주의형 아이들에게 내신 관리는 어려운 방법일 수 있습니다. 이 아이들은 세부 사항보다 큰 그림을 보는 것을 선호하므로, 내신 교과서의 사소한 내용까지 꼼꼼하게 챙겨야 하는 내신 관리보단 다른 전형을 추천합니다.

② 전체주의형, 목표지향형에게 유리한 '학생부종합전형'

수시 모집의 다른 전형인 학생부종합전형은 단순히 교과 성적만이 아니라 비교과 활동(창의적 체험활동, 진로 활동 등), 세부 능력 및 특기 사항 등을 종합적으로 정성평가하는 전형입니다. 학생의 학업 역량, 전공 적합성, 인성, 발전 가능성을 다각적으로 살펴봅니다. 2025학년도 대입부터는 자기소개서가 폐지되어 학생부의 중요성이 더욱 커졌습니다.

이 전형은 전체주의형 학습자들이 강점을 발휘할 수 있는 분야입니다. 이 성향의 아이들은 창의적이고 통합적인 사고를 하며, 다양한 관심사를 연결하는 능력이 뛰어납니다. 학생부종합전형에서 중요시되는 자기주도적 학습 경험, 지식의 융합적 적용, 창의적 문해결력 등을 보여주는 데 유리합니다.

또한 목표지향형 학습자들도 학생부 관리를 잘 해낼 수 있습니다. 이들은 실질적인 문제 해결과 결과 도출을 잘하기 때문에, 다양한 교내 활동에서 성과를 내고 이를 학생부에 효과적으로 담아낼 수 있습니다.

반면, 원칙주의형 학습자들은 때로는 융합적 사고나 창의적 접근보다는 명확한 지침과 단계적 학습을 선호합니다. 초기에는 다양한 요소를 연결해 보여 줘야 하는 학생부종학전형을 부담스러워할 수 있습니다. 하지만 자신의 성실함과 체계적인 접근을 바탕으로 꾸준히 학생부를 관리한다면 충분히 좋은 결과를 얻을 수 있을 것입니다.

③ 한 우물형에게 유리한 '논술위주전형'

수시 전형 중에 세 번째인 논술위주전형은 대학별로 실시하는 논술고사 성적을 중심으로 선발하는 전형입니다. 인문계 논술은 깊이 있는 사고와 글쓰기를, 자연계 논술은 논리적 문제 해결을 요구합니다. 논술 전형에는 학생부 성적을 일부 반영하기도 하고 수능 최저 기준을 적용하기도 합니다.

이 전형은 추상적 개념을 논리적으로 풀어내는 데 강점이 있는 한 우물형에게 유리합니다. 예를 들어, 인문계 논술에서는 사회 문제를 분석해 설득력 있는 글을 써야 하고, 자연계 논술에서 수학 문제를 단계별로 설명하며 원리와 이론적인 측면을 깊게 다루며 답을 도출하기 좋아하기 때문입니다. 다양한 관점을 연결해서 창의적인 답변하기 좋아하는 전체주의형도 도전해 볼 만합니다. 인문계 논술에서 윤리 문제를 다룰 때 여러 철학적 관점을 통합해 독창적인 글을 써내는 것은 강점이 될 수 있습니다.

반면 시각형 학생들에게는 긴 텍스트를 분석하고 논리적 글을 쓰는 과정이 부담스러울 수 있습니다. 특히 인문계 논술의 추상적 질문이 어렵게 느껴질 수 있죠.

수능형 인재가 따로 있을까?

다음은 정시 전형에 대해서 알아보겠습니다. 정시 모집은 수능 이후인 12월 즈음에 원서를 접수하며, 주로 수능 성적을 중심으로 학생을 선발합니다. 대학에 따라 학생부 성적을 일부 반영하기도 하지만, 수능의 비중이 압도적으로 높습니다.

성향별로 어떻게 정시를 준비하면 좋을지 알아보겠습니다.

① 원칙주의형

구체적이고 실제적인 정보를 선호하는 경향이 있어, 추상적인 개념이 많이 등장하는 수능 문제에 어려움을 느낄 수 있습니다만 체계적인 학습과 충분한 반복으로 이러한 약점을 극복할 수 있습니다. 이 성향은 반복 학습에 강점이 있기 때문에 충분히 좋은 성과를 이룰 수 있습니다.

② 목표지향형

멘토단 중에서 수능 입시 실적이 가장 좋은 유형에 속합니다. 그 이유는 체계적이고 결과 중심적이고 목표 중심적인 학습 성향이기 때문에 그렇습니다. 목표 중심적 접근으로 수시와 정시 모두에서 효율적으로 성과를 낼 가능성이 높습니다. 목표를 명확히 세우고, 핵심 과목에 집중하니 좋은 성과를 냅니다.

③ 한 우물형

이들은 개념을 깊이 이해하고 논리적으로 문제를 해결하는 능력이 뛰어나므로, 특히 수학이나 과학과 같은 논리적 사고력이 필요한 과목에서 좋은 성과를 거둘 수 있습니다. 논술위주전형과 정시에서 논리적 사고를 바탕으로 강점을 발휘할 수 있습니다. 기출 논술과 수능 문제를 논리적으로 분석하며 준비하기를 바랍니다.

④ 전체주의형

수능의 통합적 문제 해결 능력을 요구하는 측면에서 강점을 발휘할 수 있습니다. 특히 국어 영역의 독서나 문학과 같이 여러 개념을 연결하고 통합적으로 이해해야 하는 부분에서 좋은 성과를 냅니다. 탐구 과목에서도 종합적으로 분석하는 데 강점이 있습니다.

이렇듯 학습 성향에 맞는 입시 전략을 수립하면 우리 아이들 각자의 학습 성향에 따라 유리한 전형을 선택할 수도 있습니다. 하지만 이는 절대적인 기준이 아닙니다. 중요한 것은 학습 성향이 가능성을 열어주는 도구일 뿐이라는 점입니다.

예를 들어, 원칙주의형 아이가 학생부종합전형에 도전하고 싶다면, 체계적인 계획을 세워 활동과 학업을 연결하면 충분히 경쟁력 있는 학생부를 만들 수 있습니다. 마찬가지로, 전체주의형 아이가 내신 관리를 잘하고 싶다면, 세부 내용을 마인드맵으로 정리하며 꼼꼼함을 키우면 됩니다. 자신의 학습 성향을 이해하고, 그에 맞는 전형과 학습 전략을 선택하는 것이 핵심입니다.

생활기록부가 알려 주는 공부 강점

"대체 우리 아이 생활기록부는 어떻게 채워야 할까요?"

아마 고등학생 자녀를 둔 부모님이라면 누구나 한 번쯤 해봤을 고민일 것입니다. 단순히 활동 목록을 나열하거나 의무적으로 채워 넣는 생기부가 아니라, 우리 아이만의 색깔과 잠재력이 고스란히 담긴 '진짜' 생활기록부를 만들고 싶을 테니까요.

아이들의 학습 성향은 단순히 공부 방식에만 영향을 미치는 것이 아니라, 생활기록부에 기록되는 내용의 유형과 표현 방식에도 뚜렷한 패턴이 나뉘어집니다. 생활기록부는 담임선생님과 과목별 선생님들이 학생들이 제출한 과제와 보고서 각종 자료를 기반으로 작성했기에 아이들의 학습 성향이 담겨 있을 수밖에 없습니다. 이제 쿼드스터디의 네 가지 통합 유형을 바탕으로 각 유형별 생활기록부의 특징을 상세히 살펴보도록 하겠습니다.

"구체적으로, 체계적으로, 단계적으로"

원칙주의형 아이들은 구체적인 사실과 정보를 선호하며, 단계적이고 체계적인 접근 방식을 취합니다. 제가 만났던 학생들의 생활기록부에는 다음과 같은 표현이 자주 보였습니다.

"구체적인 데이터를 활용하여 분석했다."
"실험 과정을 정확하게 수행하고 결과를 체계적으로 기록했다."
"교과서 내용을 바탕으로 단계적으로 지식을 확장했다."

원칙주의형 아이들의 보고서는 구체적인 사실과 데이터가 풍부하며, 논리적인 순서로 정보가 정리되어 있습니다. "첫째, 둘째, 셋째…"와 같이 내용을 명확하게 구분하고, 결론에 도달하기까지의 과정이 단계적으로 제시됩니다. 이들의 진로 탐색 활동에서도 "관심 직업에 대한 구체적인 정보(급여, 근무 환경, 필요한 자격증 등)를 체계적으로 조사하여 진로 계획을 수립했다"와 같이 현실적이고 실용적인 접근이 두드러집니다.

어쩜 그렇게 성향이 똑같이 보고서를 작성하고 학습 활동을 하는지 아주 깜짝 놀랐습니다. 담당 선생님들의 눈에도 특징이 확연히 보였나 봅니다. 제가 직접 살펴본 원칙주의형 학생들의 생활기록부 내용은 다음과 같았습니다.

나영이의 생활기록부 일부

진로 캠프 참여를 통해 관심 직업군의 실무 과정을 단계별 흐름도로 시각화하고, 각 직무별 요구 역량을 구체적인 사례와 함께 순차적으로 분석함. 전문가와의 질의응답을 통해 확인한 실무 정보를 구조화된 진로 탐색 보고서로 작성하여, 자신의 적성과 직업 특성의 일치점을 객관적으로 평가함.

지현이의 생활기록부 일부

과학 실험 동아리에서 실험 절차를 명확한 언어로 정의하고, 각 단계별 결과를 구체적으로 기록하여 정밀한 실험 보고서를 작성함. 실험 과정에서 발생한 변수를 체계적으로 분석하고 과학적 원리를 순차적으로 설명함으로써, 교내 과학 경진대회에서 정확성과 논리성을 인정받아 우수한 성적을 거둠.

두희의 생활기록부 일부

생물 수업에서 세포 구조를 정밀하게 관찰하고, 세포 소기관의 구성 요소를 계층적으로 시각화한 생물학 연구 보고서를 작성함. 미시적 관찰 데이터를 단계적으로 정리하고, 생물학적 시스템의 구조를 시각적으로 체계화하는 분석적 접근을 통해 생명 현상에 대한 깊은 이해를 보여 줌.

"종합하고, 연결하고, 알아내는"

목표지향형 학생들은 목표를 설정한 뒤 그에 걸맞는 구체적인 방향과 계획을 설정한 뒤 관련 있는 활동을 하고 기록합니다. 생활기록부에는 다음과 같은 표현이 자주 보입니다.

"여러 사례를 종합하여 전체적인 패턴을 발견했다."
"실제 문제 상황에서 다양한 해결 방법을 모색했다."
"서로 다른 영역의 지식을 연결하여 문제를 해결했다."

이들은 구체적인 사실을 중시하면서도 그것들 사이의 연결성을 고려해 교과 활동과 비교과 활동을 합니다. 이들의 생활기록부 특징 중 하나는 "실질적이고 현실적인 방안을 다각도로 모색하며, 다양한 요소를 종합적으로 고려한 해결책을 제시했다"와 같이 현실적이면서도 포괄적인 접근이 강조됩니다. 동아리 활동에서도 "구체적인 활동 계획을 세우고 다양한 구성원의 역할을 효과적으로 조율하여 팀 전체의 성과를 극대화했다"처럼 전체를 아우르는 리더십이 드러나기도 했습니다.

확실히 이 아이들은 어떤 목표를 가지고 있는지에 따라 활동을 달리하는 성향입니다. 제가 살펴본 목표지향형 아이들의 생활기록부 내용은 다음과 같았습니다.

정은이의 생활기록부 일부

환경 동아리 활동에서 학교와 지역 환경 문제를 직접 조사하고, 이를 종합적인 환경 영향 다이어그램으로 표현함. 개별 오염원과 전체 생태계 영향을 연계한 통찰을 바탕으로, 학교 내 실천 가능한 환경 보호 캠페인을 기획하고 실행함.

현경이의 생활기록부 일부

역사 동아리 활동에서 지역 역사 유적지를 직접 방문하고, 다양한 사료와 증언을 종합하여 역사적 사건의 다양한 측면을 언어적으로 상세히 분석한 종합 보고서를 작성함. 개별 사건들의 인과관계와 시대적 흐름을 통합적으로 해석하여 지역사의 입체적 이해를 제시하고, 이를 바탕으로 지역 역사 가이드 활동에 참여함.

희찬이의 생활기록부 일부

진로 멘토링 프로그램에 참여하여 다양한 직업인의 경험담을 직접 청취하고, 직업 세계의 현실과 이상을 종합적으로 분석한 진로 성찰 에세이를 작성함. 개별 직업의 구체적 특성과 사회적 의미를 언어적으로 풍부하게 연결지어, 자신의 가치관과 적성에 부합하는 진로 방향을 통합적 관점에서 설정하고 이를 위한 구체적 실천 계획을 수립함.

"추상적 개념을 논리적으로"

한 우물형 학생들은 특히 추상적인 개념과 이론에 관심이 많으며, 이것을 논리적이고 체계적으로 분석하는 성향을 가지고 있습니다. 생활기록부에는 다음과 같은 표현이 자주 등장합니다.

"개념의 본질적 의미를 탐구했다."
"이론적 원리를 단계적으로 분석했다."
"추상적 개념을 논리적 순서로 정리했다."

특히 연구 활동을 하거나 보고서를 작성할 때 주제를 깊이 이해하고 그에 따라 체계적으로 내용을 전개했다는 특징을 발견할 수 있죠. 이 유형의 학생들은 추상적인 개념을 체계적으로 정리하는 능력이 뛰어납니다. 생활기록부에도 원리와 근본적인 이해를 위한 접근 방식을 취하는 태도가 잘 드러나 있었습니다.

제가 살펴본 한 우물형 학생들의 생활기록부 내용은 다음과 같았습니다.

기수의 생활기록부 일부

경제 수업의 모의 창업 게임에 참여하여 혁신적인 비즈니스 모델을 직접 시뮬레이션하고, 전략 수립의 논리적 과정을 단계별로 분석한 사례 연구 보고서를 작성함. 추상적인 경영 이론을 실제 비즈니스 상황에 적용하여 순차적으로 검증하는 과정을 체계적 언어로 설명하여 경제 교과에서 높은 평가를 받음.

희주의 생활기록부 일부

수학 교과의 증명 과정을 심층적으로 탐구하고, 추상적인 수학 개념을 단계별 시각적 표현으로 변환한 수학 연구 보고서를 작성함. 복잡한 수학적 구조를 직관적인 시각 자료로 표현하고 논리적 순서로 전개함으로써, 동료 학생들이 이해하기 어려운 수학적 개념을 명확하게 설명하는 능력을 발휘함.

송현이의 생활기록부 일부

과학 교과의 현대 물리학 탐구 활동에서 양자 현상을 심층적으로 연구하고, 비직관적인 양자 개념을 단계별 시각적 표현으로 설명한 물리학 학습 노트를 작성함. 추상적인 양자역학 이론을 이해하기 쉬운 시각 모델로 변환하여 논리적 순서로 전개함으로써, 복잡한 과학적 개념을 명료하게 설명하는 능력을 인정받음.

"통합하며 혁신적으로"

전체주의형 학생들은 추상적인 개념과 이론을 전체적인 관점에서 통합하는 성향이 있습니다. 이들의 생활기록부에는 다음과 같은 표현이 자주 등장합니다.

"다양한 이론을 융합하여 새로운 관점을 제시했다."
"복잡한 문제를 직관적으로 파악하고 창의적인 해결책을 제시했다."
"서로 다른 분야의 개념을 연결하여 통합적인 이해를 도모했다."

전체주의형 학생들은 창의적인 활동을 할 때 기존의 틀을 벗어난 혁신적인 아이디어를 제시하고, 다양한 요소를 통합하여 독창적인 결과물을 만들어 냅니다. 그 독특함을 잘 살리면 엄청난 강점이 됩니다.
제가 살펴본 전체주의형 학생들의 생활기록부 내용은 다음과 같았습니다.

진경이의 생활기록부 일부

과학·환경 동아리 활동에서 자연 시스템을 직접 관찰하고, 생태계의 순환 원리를 응용한 지속가능한 학교 환경 디자인을 종합적인 비주얼 스토리보드로 제작함. 자연의 패턴과 학교 활동의 연결성을 시각적으로 표현하여, 실현 가능한 생태 중심적 학교 환경 개선 방안을 제안함.

대진이의 생활기록부 일부

국어 교과의 문화 비평 활동에서 다양한 대중문화 현상을 직접 체험하고, 문화적 의미의 복합적 층위를 언어적으로 정교하게 해석한 비평 에세이를 작성함. 개별 문화 콘텐츠와 사회적 맥락의 상호작용을 통합적 관점에서 분석하여, 청소년 문화에 대한 창의적 통찰을 제시하는 글쓰기 능력을 인정받음.

주환이의 생활기록부 일부

역사 교과의 문명사 탐구에서 다양한 문명의 발전 패턴을 정밀하게 분석하고, 문명 간 상호작용과 변화의 동력을 종합적인 문명 진화 모델로 시각화한 비교 문화 연구 보고서를 작성함. 개별 문명의 특수성과 문명 발전의 보편적 패턴을 연결 짓는 통합적 접근을 통해, 현대 글로벌 사회의 다문화적 특성을 심도 있게 해석함.

학생들의 학습 성향은 생활기록부에 자연스럽게 반영됩니다. 중요한 것은 다른 유형의 활동 방식을 무리하게 따르기보다는, 자신의 학습 유형에 맞는 방식으로 활동하고 표현하는 것입니다. 학생부종합전형에서 자신의 진정한 모습과 강점을 효과적으로 보여줄 수 있을 뿐만 아니라, 학교생활 자체도 더욱 의미 있고 즐겁게 할 수 있습니다.

수능도 결국
전략 싸움이다

대한민국 대학수학능력시험(수능)은 학생들이 대학 교육을 받는 데 필요한 학업 능력을 평가하기 위한 시험입니다. 수능에서 평가하고자 하는 주요 학습 역량은 단순히 지식을 암기하는지 확인하는 것을 넘어섭니다. 습득한 지식과 정보를 바탕으로 다양하게 사고하고 문제 해결에 적용하는 능력에 초점을 맞추고 있습니다. 일반적으로 수능에서 중요하게 평가하는 학습 역량은 네 가지로 요약됩니다. 이 내용을 직접 확인하고 싶다면 한국교육과정평가원 홈페이지(https://www.suneung.re.kr/sub/info.do?m=0401&s=suneung)의 자료마당 수험자료실을 방문하기 바랍니다.

이 자료에는 수능이 어떤 목적으로 만들어졌고, 어떤 유형으로 문제를 평가하는지 지침이 상세히 나와 있습니다. 입시 전문가들도 자주 참고하는 중요한 자료이기도 합니다.

강점은 살리고 약점은 보완하는 과목별 전략

수능의 핵심은 사실적 이해 능력, 비판적 사고 능력, 추론 능력, 창의적 사고력 이 네 가지 학습 역량을 복합적으로 평가합니다. 그런데 여기서 중요한 사실이 하나 있습니다. 같은 역량이라도 학습자의 성향에 따라 접근하는 방식이 달라야 한다는 것입니다. 자신의 강점은 극대화하고 약점은 효과적으로 보완하는 구체적인 실천 방안이 필요합니다.

① 추론형 질문에 약한 원칙주의형

세부 정보를 정확히 찾아내거나 공식을 단계별로 적용하는 '사실적 이해' 능력은 타의 추종을 불허합니다. 하지만 지문의 숨겨진 의미를 파악하거나 여러 가능성을 열어두고 생각해야 하는 '추론적 사고'에 어려움을 느낄 수 있습니다. 꼼꼼함이라는 강점을 살리되, 사고의 유연성을 기르는 전략이 필요합니다.

이들에게 추천하는 과목별 효과적인 공부법은 다음과 같습니다.

국어

비문학 지문을 읽을 때 핵심 문장과 세부 정보를 색연필로 표시하면서 읽어 보세요. 예를 들어, '환경 오염'이 주제라면, 환경 오염이 어떤 영향을 미치는지 주제를 찾고, 그에 맞는 근거를 구분해 표시하는 방법입니다. 문법 공부를 할 때는 교과서의 기본 규칙은 물론이고, 기출문제에서 발견한 모든 예외 조항까지 꼼꼼하게 정리해 주세요. EBS 연계 교재를 활용해 지문을 단락별로 요약해 흐름을 파악하는 연습도 중요합니다. 추론형 질문에 답하기 어렵다면 거꾸로 기출 문제를 풀고 왜 이 답이 맞는지를 단계별로 분석합니다.

수학

풀이 과정을 단계별로 상세히 적는 연습을 꾸준히 합니다. 계산 실수나 논리의 비약이 어느 지점에서 발생하는지 스스로 진단하고 교정할 수 있습니다. 틀린 문제 유형을 모아 '오답 유형 노트'를 만드세요. '개념 적용 오류', '계산 실수', '조건 누락' 등으로 분류해 정리하면 취약점을 체계적으로 공략할 수 있습니다.

영어

단어-숙어-구문-문법-문단 독해 순서로 올라가는 '상향식(Bottom-up) 학습'이 효과적입니다. 매일 정해진 개수의 단어를 암기하고, 문법 규칙을 완벽히 익힌 뒤 독해로 넘어갑니다. 문제 유형 중 추론 문제를 위한 집중 연습이 필요합니다. 문장의 논리적 관계(인과, 대조, 예시)와 글의 전개에서 내포하는 맥락 파악하는 훈련에 집중하세요. 답의 근거가 되는 부분을 지문에서 찾아 연결하는 연습이 필요합니다.

탐구

탐구 과목은 사실적 정보를 바탕으로 추론하고 분석하는 능력이 특히 중요한 영역입니다. 사고력을 기르기 위해서는 체계적인 정리와 시각적 이해가 필수입니다. 역사에서는 상세한 '연표'로 시대적 흐름을 파악하고, 지리에서는 '도표'로 정리해 복잡한 정보를 시각화합니다. 화학이나 물리의 계산 문제는 공식 노트를 통한 유형별 풀이법을 체계화하고, 생명과학이나 지구과학에서는 교과서의 그림과 그래프가 담고 있는 의미를 완벽하게 숙지합니다. 단순 암기를 넘어 사실과 원리를 연결하여 추론할 수 있는 능력을 기르는 연습이 반드시 필요합니다.

② 비판적 사고 문제를 어려워하는 목표지향형

이 성향의 아이들은 결론을 먼저 내리는 강력한 추진력을 가지고 있습니다. 목표지향적인 성향 때문에 빠르게 답을 찾으려다 보니, 차분히 과정을 따져보거나 비판적으로 사고하는 단계를 쉽게 건너뛸 수 있습니다. 때로는 속도를 조금 늦춰 신중하게 접근하는 것이 필요합니다.

국어

최근 3개년 기출문제를 먼저 분석해 가장 자주 출제되는 제재(예: 과학, 경제)와 문제 유형을 파악하고, 그 부분부터 집중 공략하는 전략을 활용합니다. 비문학 지문을 읽고 주제를 파악한 뒤, 의도적으로 필자의 주장에 반박하는 근거를 대는 연습을 해보기 바랍니다. 필자의 주장의 타당성을 다각도로 검토하는 능력을 키워주는 방법으로 비판적 사고를 키울 수 있습니다.

수학

문제가 제시하는 조건과 최종 목포를 검토해 풀이 접근법을 결정합니다. 문제 풀이에 대한 정석적인 방법에 대해 완벽히 이해하면, 자신이 찾은 효율적인 풀이법 외에, 다른 풀이법이나 또 다른 정석 풀이법도 의도적으로 학습합니다. "조건 중 하나를 바꾼다면, 이 풀이법이 왜 통하지 않게 될까?"라는 질문을 스스로에게 던지면서 수학적 사고의 폭을 넓힙니다.

영어

주제문이나 핵심 문장을 먼저 찾고 글의 전체적인 내용을 추론한 뒤, 세부적인 내용을 확인하는 '하향식(Top-down) 학습'이 효과적입니다. 모든 문장을 완벽하게 해석하기보다는 핵심 키워드를 연결해 의미를 파악하는 연습을 집중적으로 합니다.

탐구

방대한 개념을 모두 공부하기보다, 기출문제를 분석하며 '선택과 집중'을 하는 것이 중요합니다. 빈출 개념을 중심으로 자신만의 '핵심 요약 노트'를 만드세요. 자료 해석 문제의 경우, 결론부터 확인하고 그 결론을 뒷받침하는 데이터가 표나 그래프에 있는지 거꾸로 찾아보는 연습을 하면 효과적입니다. 답을 선택한 뒤에는 근거를 재확인하는 습관을 들입니다.

③ **세부 정보를 놓치는 경우가 많은 한 우물형**

이 성향의 아이들은 추론형 질문이나 추상적 개념을 이해하고 적용하는 문제에는 강하지만, 깊이 파고드는 성향 때문에 숫자, 연도, 고유명사 같은 세부 정보를 놓치기 쉽습니다. 또한 정해진 시간 안에 제한된 문제를 모두 푸는 데 어려움을 겪을 수 있습니다.

국어

비문학은 글을 서론-본론-결론 구조 분석하거나, 지문의 논리 구조(전체 → 근거 → 결론)를 분석하며 읽습니다. 주장이 어떤 근거들을 통해 전개되는지 논리적 흐름을 따라가는 '구조 분석 독해'가 효과적입니다. 문학은 작가와 작품의 배경을 깊이 있게 탐구하여 작품 전체를 관통하는 주체 의식을 잘 이해하도록 합니다.

수학

공식을 단순히 암기하지 말고, '왜 이런 공식이 나왔는지' 유도 과정을 반드시 직접 증명해 보세요. 원리를 이해하면 어떤 응용 문제가 나와도 흔들리지 않습니다. 하나의 문제를 풀더라도 다양한 접근법을 고민해 보세요. 자신만의 독창적인 풀이법을 찾아내는 과정에서 수학적 사고력이 크게 향상됩니다. 문제를 푸는 속도에도 유념해 연습해야 합니다.

영어

지문을 읽을 때 글의 목적과 주제를 파악하는 데 집중하면, 글의 맥락과 전개 방식까지 이해할 수 있습니다. 흥미를 느끼는 분야의 영문 칼럼이나 원서를 읽으며 자연스럽게 어휘력과 독해력을 키웁니다. 지문의 논리 전개를 분석하며 읽고, 유형별 연습을 통해 속도감을 높입니다.

탐구

하나의 개념을 배울 때, 그 개념이 등장하게 된 '역사적 맥락'이나 '철학적 배경'까지 파고들어 보세요. 지식이 파편화되지 않고 유기적으로 연결됩니다. 교과서 내용을 바탕으로 스스로 예상 질문을 만들고 그 답을 찾아가는 과정 중심의 학습이 효과적입니다. 답을 선택한 뒤 세부 근거를 확인해 실수를 줄입니다.

④ 정확한 계산을 힘들어하는 전체주의형

여러 분야의 지식을 넘나들며 연결하고, 복잡한 문제 상황에서 핵심을 직관적으로 파악하는 창의적 문제 해결 능력이 뛰어납니다. 하지만 꼼꼼하게 조건을 따지고 정확하게 계산하는 것을 힘들어하기 때문에 단순 문제에서 실수가 잦을 수 있습니다.

국어

'융합형 지문' 같은 여러 제재가 결합된 문제에 강합니다. 다양한 분야의 글을 읽으며 배경지식을 넓히는 것이 중요합니다. 문제를 풀고 난 뒤, 맞혔더라도 '왜 다른 선지는 답이 될 수 없는지'를 분석하는 과정을 통해 논리의 허점을 보완하고 꼼꼼함을 길러야 합니다.

수학

계산 실수가 잦다면, 검산을 반드시 해야 합니다. 예를 들어 '마지막 10분은 무조건 검산 시간'으로 정해두는 것이 좋습니다. 복잡한 문제는 직관으로 방향을 잡되, 풀이 과정은 논리적으로 점검합니다. 문제를 풀 때는 도형과 함수를 그려 '시각화'하는 과정을 활용합니다.

영어

다양한 배경 소재의 글을 읽으면서 배경지식을 넓히면 더 깊이 는 독해가 가능합니다. 단어를 암기하더라도 다의어와 관용 표현 등 폭 넓게 공부합니다. 문장 해석을 정확하게 연습하는 구문 훈련은 필수입니다.

탐구

사회탐구의 여러 과목을 통합해 주제 중심으로 공부합니다. 과학탐구 역시 특정 현상을 물리, 화학, 생명과학적 관점에서 다각도로 분석하는 연습을 하면 통합적 사고력을 기를 수 있습니다.

쿼드스터디 가이드 5
학습 성향별 예·복습 전략

학습은 '연결'이라고 합니다. 새로운 지식을 기존의 지식과 연결하는 활동이죠. 우리 뇌는 새로운 정보를 받아들일 때 혼자서는 기억하지 못합니다. 반드시 이미 알고 있던 지식과 연결고리를 만들어야 비로소 그 정보를 내 것으로 만들 수 있습니다. 배경 지식이 풍부한 사람일수록 새로운 것을 더 쉽게, 많이 흡수할 수 있습니다. 반대로 기초가 부족하면 아무리 좋은 내용을 들어도 그냥 지나가는 바람처럼 사라져버리고 맙니다.

예습과 복습의 의미는 명확합니다. 예습은 배울 내용이 내 머릿속 어디쯤에 자리 잡을지 미리 살펴보는 것이고, 복습은 수업 시간에 만들어진 소중한 연결고리들이 끊어지지 않도록 단단히 묶어 주는 작업입니다. 하지만 여기서 중요한 것이 있습니다. 같은 선생님에게 같은 내용을 배워도 아이들마다 다르게 이해할 때가 많죠. 기존 지식이 다르고 연결 방식이 다르기 때문입니다. 그렇기 때문에 예습과 복습의 방법도 각자의 성향에 맞게 달라야 합니다.

지금부터 쿼드스터디의 네 가지 성향에 따른 최적화된 예·복습 방법을 살펴보겠습니다.

차곡 차곡 쌓아 나가야 하는 원칙주의형

원칙주의형 학습자는 예측 가능하고 질서 있는 환경에서 학습 안정감을 느낍니다. 이 성향에게는 예·복습은 예측 가능한 수업 환경을 만드는 것입니다. 새롭게 배우는 정보를 사전에 준비하고 배운 내용을 체계적으로 정리함으로써 완전한 이해에 도달하는 것이죠. 이들에게 예·복습의 핵심은 '불확실성을 통제'하는 데 있습니다.

① 예습 전략

원칙주의형에게 예습은 수업 내용을 미리 파악하여 학습의 안정성을 확보하는 과정입니다. 배울 단원의 학습 목표와 목차를 확인하여 수업의 범위와 구조를 파악합니다.

지난 시간에 배운 내용의 마지막 부분을 다시 읽어, 수업에서 배울 내용과 어떻게 자연스럽게 연결되는지 확인하며 학습의 연속성을 확보합니다. 본문을 훑어보며 낯설거나 중요하다고 생각되는 핵심 용어들을 형광펜으로 표시합니다. 핵심 용어들을 정리하는 '용어 정리' 섹션에 미리 옮겨 적고, 교과서나 사전을 찾아 정확한 정의를 메모하고 기억합니다.

논리적으로 이해가 되지 않는 부분들, 예를 들어 'A에서 왜 B라는 결론이 나오는걸까?'와 같은 구체적인 의문점들을 미리 질문 목록으로 작성해 둡니다. 이 질문 목록은 수업 시간 동안 내가 반드시 해결해야 할 '미션 목록'이 되어, 능동적인 수업 참여를 이끌어 냅니다. 이 때 준비하는 시간이 너무 길지 않게 주의해 주세요.

② **복습 전략**

이 성향에게 복습은 그날 배운 지식을 자신만의 견고한 지식 체계 안에 정확하고 논리적인 순서로 재배치하는 과정입니다. 마치 건축가가 설계도에 따라 건물을 차근차근 쌓아 올리듯, 꼼꼼한 복습을 통해 배운 지식의 구조를 단단하게 만드는 것이죠.

무엇보다 중요한 것은 '노트 재구성'입니다. 수업 시간에 급하게 적었던 필기나 다소 어수선했던 내용들을 반드시 시간을 내 처음부터 끝까지 논리적 순서에 맞게 다시 정리해 보세요. 이 과정에서 흩어져 있던 정보들이 하나의 완결된 이야기로 연결되며, 우리 뇌는 이를 장기 기억으로 저장할 준비를 합니다.

각 소주제가 끝날 때마다 내용을 1~2문장으로 요약하는 연습도 효과적입니다. 정리한 요약문이 교과서의 설명과 일치하는지 확인해보세요. 교과서 내용과 프린트 자료 그리고 수업 시간에 필기한 내용들이 서로 잘 연결되는지 꼼꼼히 살펴보는 것도 중요합니다. 마지막으로 수업 시간에 생겼던 궁금증이나 의문점들이 모두 해결되었는지 점검해보는 것으로 마무리합니다.

목차를 중심으로 연결해 나가는 목표지향형

목표와 결과 중심으로 효율을 높이는 목표지향형 학습자는 시간과 노력을 낭비하는 것을 비효율적이라 생각합니다. 항상 목표를 달성하기 위한 가장 효과적인 방법을 찾으려고 합니다. 그러기에 예습과 복습만 한 효과적인 방법은 없습니다.

① **예습 전략**

목표지향형에게 예습은 학습할 내용 전체를 조망하며 핵심과 비핵심을 구분하고, 전체적인 틀과 연결성을 찾는 과정입니다. 이전 시간의 배운 내용을 통해서 이번 시간에 배우는 단원의 목차와 연결합니다.

그리고 교과서 본문을 펴는 대신, 단원 마지막의 '단원 평가 문제'나 관련 '기출문제'부터 훑어봅니다. '아, 이 단원에서는 이런 형태의 문제를 풀 수 있어야 하는구나'라는 최종 목표를 인지하는 것이 시작입니다. 제목과 소제목을 보며, 각 제목을 '무엇을?', '왜?', '어떻게?'라는 질문으로 바꿔 봅니다(예: 조선 시대의 신분제도 → 조선 시대 신분제도의 특징은 무엇인가?).

이 질문에 대한 답이 되는 핵심 키워드, 굵은 글씨, 요약문 위주로 빠르게 훑으며 학습의 뼈대를 세웁니다. 배우게 될 수업의 핵심 키워드와 개념만 기억합니다.

② **복습 전략**

이 성향에게 복습은 방대한 학습 내용을 핵심만 남기고 압축하여, 언제든 빠르게 인출할 수 있는 실용적인 지식으로 만드는 과정입니다. 배운 내용 중 시험에 나올 확률이 높은 핵심 내용(A급)과 그렇지 않은 내용(B, C급)을 구분하여, A급 내용 중심으로 '단 한 장의 요약본'을 만듭니다. 모든 것을 다 아는 것이 아니라, 꼭 필요한 것만 아는 것이 이 성향의 복습 전략입니다.

　이론을 다시 보는 데 시간을 쓰기보다, 곧바로 실전 문제 풀이에 풀어봅니다. 문제를 풀다가 막히는 부분이 생기면, 그때 해당 부분의 이론을 찾아보는 '역산 공부법'을 사용합니다. 이는 가장 효율적으로 약점을 보완하는 방법입니다.

　복습을 마친 후, '오늘 계획한 분량을 몇 퍼센트 달성했는지', '투입 시간 대비 학습 효율은 어땠는지'를 스스로 평가하고 기록합니다. 이 데이터는 다음 학습 전략을 수정하는 데 중요한 기준이 됩니다. 오늘 배운 내용의 목차를 기억하면서 마무리합니다.

추상적인 개념에서 뻗어 나가는 한 우물형

　한 우물형 학습자에게 예습과 복습은 단순한 내용 확인이 아닌 완결된 지적 탐사 과정입니다. 예습을 통해 "왜 이런 개념이 필요할까?"라는 질문을 던지며 호기심을 자극하여 능동적 탐구의 토대를 마련합니다. 복습에서는 그 '왜'에 대한 해답을 찾아 배운 내용의 논리적 구조와 핵심 원리를 파악합니다.

① 예습 전략

　한 우물형 학습자에게 예습은 지적 호기심을 자극하는 것부터 시작됩니다. 배울 개념에 대해 스스로 질문을 던져보세요. "왜 이 개념이 등장하는 걸까?" "이 원리는 지금까지 배운 다른 원리들과 어떤 관계일까?"라는 질문들이 바로 탐구의 출발점이 됩니다. 교과서나 참고서를 훑어보면서도 단순히 읽기만 하지 마세요. 질문을 던지며 개념들 사이의 논리적 흐름과 인과관계를 찾아보는 것이 중요합니다. 마치 퍼즐 조각들이 어떻게 맞춰지는지 탐색하는 것처럼 말이죠.

무엇보다 한 우물형 학습자에게는 흥미가 학습의 원동력입니다. 처음부터 모든 세부 내용을 완벽하게 이해하려고 부담 갖지 마세요. 대신 호기심을 자극하는 핵심 키워드들을 중심으로 전체적인 그림을 그려보며 수업을 준비하기 바랍니다.

예습 과정에서 이해되지 않는 부분이나 더 깊이 알고 싶은 개념이 나오면 메모합니다. 수업 시간에 선생님께 의미 있는 질문을 던질 수 있는 준비물이기도 하고, 나중에 복습할 때 그 궁금증을 해결했는지 확인하는 척도가 됩니다.

② 복습 전략

한 우물형에게 복습은 겉으로 드러난 지식을 넘어, 그 안에 숨겨진 논리적 구조와 핵심 원리를 완전히 자신의 언어로 체화하는 과정입니다. '파인만 기법'을 활용하여, 수업 시간에 배운 핵심 원리를 어린 아이도 이해할 수 있도록 비유와 예시를 들어 설명합니다. 복잡한 용어를 사용하지 않고 쉽게 원리를 설명할 수 있을 때, 비로소 진정한 이해가 이루어진 것입니다.

배운 내용의 핵심 전제로부터 최종 결론에 이르기까지의 단계별 과정을 '논리적 순서도'나 '개념 지도'로 그려봅니다. 각 개념들이 어떻게 인과관계로 연결되었는지 시각적으로 확인하며, 배운 내용을 완성합니다. 또한 이해한 원리를 다른 과목이나 실생활 문제에 적용해 보는 연결을 합니다. 오늘 배운 "한계효용 체감의 법칙을 내 공부 방식에 어떻게 적용해볼까?"와 같은 질문으로 책 속 지식을 내 생활에 쓸 수 있는 실용적 지식으로 전환하며 마무리합니다.

그림을 그리듯 공부하는 전체주의형

이 성향의 아이들은 분절된 지식을 지루하게 느끼며, 서로 관련 없어 보이는 정보들을 연결하여 새로운 패턴과 의미를 발견할 때 가장 왕성하게 학습합니다. 이들에게 예습과 복습은 새로운 지식이 들어올 공간, 즉 거대한 '배경(Context)'을 미리 만드는 과정이고, 배운 내용을 토대로 새로운 연결을 통해 창의적인 시도를 하는 과정입니다.

① 예습 전략

전체주의형은 예습을 딱딱하다고 생각할 수 있습니다. 교과서를 바로 펴는 대신, 배울 주제와 관련된 강연과 관련 자료 등을 먼저 봅니다. 감성적이고 시각적인 자극을 통해 전체적인 이야기와 맥락을 먼저 흡수하면, 세부 지식을 받아들일 준비가 끝납니다.

"오늘 배울 내용이 지난주에 배웠던 소설의 주제와 어떻게 연결될까?", "이 과학 기술이 미술사에는 어떤 영향을 미쳤을까?"처럼 의식적으로 '전혀 다른 분야와 연결'하는 질문도 던져 보세요. 이 과정에서

이들만의 독창적인 관점이 형성됩니다.

단원의 핵심 주제를 중심에 놓고, 관련해서 떠오르는 모든 생각, 이미지, 질문, 단어들을 자유롭게 기록합니다. 정답을 찾는 과정이 아니라, 생각의 그물을 넓게 펼치는 과정 그 자체를 즐기며 예습을 하기 바랍니다.

② **복습 전략**

전체주의형의 복습은 수업 시간에 배운 개별적인 내용들을 기억하려는 노력이 아니라, 그것들을 연결하여 자신만의 '큰 그림'으로 재창조하는 방식입니다.

수업 시간에 얻은 핵심 키워드들을 재료 삼아, '한 편의 스토리'로 엮습니다. 인과관계를 설명하는 대신, "옛날 옛적에 관계대명사라는 개념이 살았는데…"와 같이 의인화하거나, 흥미진진한 사건처럼 재구성하면 기억에 훨씬 오래 남습니다.

배운 내용을 한 장의 '비주얼 노트'로 만들어 보는 것도 추천합니다. 글자뿐만 아니라 그림, 아이콘, 색깔 등을 개인의 취향에 맞게 사용하여, 정보 간의 관계와 중요도를 한눈에 파악할 수 있도록 표현하는 것이죠. 시각화로 만들어진 결과물이 이들에게는 최고의 요약 노트입니다.

마지막으로 이 유형은 자신의 독창적인 해석과 연결고리를 다른 사람들과 '대화하며 공유하는' 것이 중요합니다. 친구나 가족들에게 "나는 이 부분을 이렇게 이해했는데, 어떻게 생각해?"라고 물으며 자신의 생각을 발전시키고, 다른 사람의 관점을 흡수하며 더 큰 그림을 완성해 나갑니다. 그렇게 장기기억화하는 복습 방법으로 마무리합니다.

6장

"스스로 배우고
성장하는 아이들"

자기주도학습, 쿼드스터디의 최종 목표

공부의 흐름을 깨는
시기가 따로 있다

12월이 되면 거의 모든 중학교 3학년 교실에는 행사처럼 벌어지는 장면들이 있습니다. 11월 말 2학기 기말고사가 끝나고 나면 갈 곳 잃은 양처럼 긴장감도 목표 의식도 없는 얼굴들이 보입니다. 모든 중학교 시험이 끝난 상태이고, 바빠진 학사 행정 마무리로 정규 수업도 제대로 이루어지지 않는 상황이 벌어집니다. 아이들은 이미 고등학교 진학이 확정된 상태이고요. 다 같이 열심히 해보자고 하기에는 시간도 그렇고 심리적으로도 애매한 상황입니다.

온라인 상담을 진행하고 있는 소정이 얼굴에는 '어떻게 이럴 수가 있지?' 하는 당혹감이 써 있었습니다.

"선생님, 저 요즘 학교 가기 정말 싫어요. 갈 이유가 없는 것 같아요."
"무슨 일이 있었니? 자세히 얘기 좀 해줄래?"
"시험도 다 끝났고, 성적도 이미 다 나왔어요. 학교에서는 아무것도 안 해요. 선생님들도 다들 내년 준비한다고 바쁘시대요. 어제는 영화 보다가 오늘은 역할극 활동을 하고… 의미 없는 시간만 보내고 있어요. 그냥 집에서 제가 하고 싶은 공부라도 하는 게 나을 것 같아요."

소정이의 이야기가 이해 안 가는 것은 아닙니다. 매년 벌어지는 상황이었으니까요. 하지만 이는 학교별로 조금씩 차이가 있습니다. 어제 같은 학년인 다희와 나눈 대화가 떠올랐습니다. 다희 역시 중학교 3학년이지만, 상황은 많이 달랐습니다.

"선생님, 요즘 너무 바빠요! 고등학교 가기 전에 수능 영어 다지는 프로그램이랑 수학 심화반 시작해서 좀 바빠졌어요. 학교에서도 진로 체험 프로그램이랑 대학교 입시 전형에 대해서 알아보느라 쉴 틈이 없네요."

학사 일정은 공부의 흐름이다

두 학생의 차이는 단지 개인적인 성향의 문제가 아니었습니다. 같은 중학교 3학년이지만, 학교의 학사 일정 관리 방식이 크게 달랐던 것입니다. 소정이의 학교는 11월 말에 모든 주요 일정을 마무리하고 나서 남은 기간에 대한 계획이 부실했습니다. 반면, 다희의 학교는 학년 말까지 체계적인 프로그램을 운영하며 학생들의 학습 흐름을 유지하고 있었습니다.

이 두 학생의 사례는 학사 일정 관리가 얼마나 중요한지를 잘 보여줍니다. 소정이처럼 갑자기 학습 리듬이 깨진 학생들은 의욕 저하와 함께 공부 습관이 흐트러지기 쉽습니다. 이렇게 한번 무너진 학습 패턴은 쉽게 회복되지 않고, 겨울방학을 거쳐 고등학교에 진학할 때까지 영향을 미칠 수 있습니다.

비단 중학교 3학년만의 이야기가 아닙니다. ==중학교와 고등학교의 학사 일정 속에는 일정상 자연스럽게 생겨나는 '흘려지는 시간들'이 항상 존재합니다.== 그렇기 때문에 매년 반복되는 우리 아이들의 학교 학사 일정을 부모님들이 제대로 파악하는 것은 생각보다 중요합니다.

왜 그럴까요? 학사 일정을 잘 알면 중요한 행사나 고정 일정들 사이에 흐트러지기 쉬운 아이의 공부 습관을 제대로 잡아줄 수 있기 때문입니다. 아이가 언제 공부에 집중할 수 있고, 언제 공부 패턴이 흐트러질 수 있는지 미리 파악한다면, 부모로서 적절한 시점에 도움을 줄 수 있습니다. 이는 마치 일 년 농사를 지을 때 24절기를 알고 때에 맞게 미리미리 준비하는 농부와 같습니다.

조심해야 하는 5월, 12월, 방학 전후

1년 중 아이들은 신체적으로나 정신적으로 성장하는 시기가 있고,

시험 기간을 전후로 공부 습관이 잡히는 기간도 있습니다. 반면, 여러 행사로 인해 공부 습관이 흐트러지기 쉬운 시기도 존재합니다. 경험상 다음 세 시기가 가장 중요합니다.

첫째, 5월과 12월은 행사 집중 기간입니다. 5월은 '가정의 달'로, 어린이날, 어버이날, 스승의 날 등의 행사와 더불어 석가탄신일, 학교 수련회, 체육대회, 다양한 진로 체험 활동 등이 연이어 열립니다. 또한 대부분의 학교에서 중간고사를 막 치른 시기이기도 합니다. 시험 부담에서 벗어난 아이들은 일시적으로 심리적 해방감을 느끼며 공부에 대한 긴장감을 놓치기 쉽습니다. 5월이 지나 6월이 되면 다시 원래의 생활로 돌아와야 하는데, 아이들의 성향에 따라 빠르게 적응하는 경우와 그렇지 않은 경우로 나뉩니다.

12월도 5월과 비슷한 양상을 보입니다. 첫눈이 내리고 크리스마스와 연말연시 분위기가 무르익으면서 아이들의 마음은 자연스럽게 들뜹니다. 기말고사가 끝난 후의 해방감에 더해 한 해를 마무리하는 감성적인 분위기는 공부보다는 즐거움과 휴식에 초점을 맞추게 만듭니다. 학교에서 적절한 프로그램을 운영하지 않으면 이 기간은 완전히 의미 없이 흘러갈 수 있습니다.

둘째, 방학 시작 전 2주간입니다. 기말고사가 끝나고 여름방학이나 겨울방학이 시작되기 전까지의 약 2주간은 학생들에게 정말 소중한 시간이 될 수 있지만, 안타깝게도 대부분 의미 없이 흘려보내는 경우가 많습니다. 이 기간은 시험을 마무리하고 자신을 돌아보거나, 다가올 방학을 위해 계획을 세우는 데 활용해야 합니다. 이 시기를 학교와 가정에서 어떻게 관리하느냐에 따라 큰 차이가 발생합니다. 어떤 학교는 이 기간을 사실상 공백으로 두는 반면, 다른 학교는 평소 학사 일정과 다름없이 알차게 채우기도 합니다. 이 시기는 특히 가정에서 관심을 많이 가져야 합니다. 부모님이 아이를 살펴보고 학습 습관이 흐트러지지 않도록 챙겨주는 것이 중요합니다.

셋째, 방학 시작 후 첫 주간은 학기 중에 형성된 생활 리듬이 완전히 깨지기 쉬운 때입니다. 하루 늦잠이 이틀, 사흘로 이어지면서 생체 리듬이 완전히 바뀌고, 결국 방학 내내 늦게 일어나는 패턴이 고착화될 수 있습니다. 늦잠 습관은 애초에 세웠던 방학 계획과는 전혀 다른 방향으로 흘러가게 만들기 쉽습니다. 방학을 이용해 다양한 활동을 계획했더라도, 늦게 일어나는 습관이 형성되면 결국 방학 동안 무의미하게 시간을 보내게 됩니다.

이렇게 살펴보면 1년 중 아이들의 집중력이 약화되고 공부 긴장감이 떨어지면서 학습 패턴과 습관이 무너질 수 있는 기간은 5월과 12월, 기말고사 끝나고 방학이 시작되기까지 2주, 방학 첫 주간 1주씩, 합쳐서 무려 12주, 거의 3개월에 달합니다. 1년 동안 내내 긴장감을 가지고 살 수는 없습니다만, 그동안 만난 아이들 중 큰 기복 없이 일정한 루틴으로 생활하는 아이들이 상위권을 유지하는 경우가 많았습니다.

그렇다면 이 시기를 어떻게 이겨낼 수 있을까요? 원칙주의형과 목표주의형들의 학생들은 시험 이전의 생활이나 원래 하기로 했던 시간표대로 다시 회복하는 성향이 강합니다.

하지만, 한 우물형과 전체주의형 학생들, 즉 직관형 특성이 있는 학생들은 새롭게 변화된 환경에 적응하고 변화된 생활로 지내는 습성이 강합니다. 그래서 이 성향의 학생들에게는 부모님의 관심과 격려가 필요합니다. 평상시 생활 속에서 잘했던 부분을 상기시켜 주거나 이전 생활 시간표를 확인하도록 해 주세요. 그리고 목표와 계획했던 부분들을 다시 한 번 상기시켜 줌으로써 조금 흐트러져 있던 부분이 다시 제자리를 잡을 수 있도록 도와주시면 좋겠습니다. 흘려지는 시간을 의미 있는 시간으로 보낼 수 있을 것입니다.

최적의
공부 궁합 찾기

많은 사람들이 사용하는 유명한 공부법은 쿼드스터디의 각 성향별 공부법 특징들과 겹치는 부분이 많습니다. 유튜브나 블로그, 유명한 '공부의 신'이 나와서 이야기하는 성공적인 공부법은 쿼드스터디 네 가지 성향별 공부법 중 하나에 속합니다. 이 지점에서 중요한 사실은 아무리 최고의 공부법이라도 성향이 맞지 않은 다른 사람에게는 그저 하나의 공부법일 뿐이라는 사실입니다. 성공하기 위해서는 '자신의 성향에 맞는' 공부법을 찾아야 하죠.

이제부터 세상에 알려진 다양한 공부법들이 쿼드스터디의 어떤 성향과 연결되는지, 어느 성향에 더욱 적합한지를 알아보겠습니다. 여러분의 아이가 어떤 공부법을 시도하면 좋을지 한번 확인해 보기 바랍니다.

원칙주의형에게 추천하는 공부법

원칙주의형 아이들은 구체적인 사실과 정보를 단계적으로 처리하는 것을 선호합니다. 이들에게 적합한 공부법은 체계적이고 구조화된 접근법입니다.

① 단권화 공부

하나의 노트에 모든 정보를 순차적이고 체계적으로 정리하는 공부법입니다. 빼곡하게 공부한 내용을 노트에 기입하며 완벽하게 자신의 것으로 만들려는 의지가 강합니다. 모든 필요한 내용이 한 곳에 정리되어 공부하는 데 자극이 되기도 합니다. 체계적인 복습이 가능하다고 생각하고 정리하려고 합니다.

② 플래시카드 학습법

구체적인 사실과 정보를 카드에 정리하고 반복 학습하는 공부법입니다. 이들은 카드를 주제별, 난이도별로 분류하고 순서대로 학습하는 경향이 있습니다. 즉각적인 피드백으로 자신의 학습 상태를 명확하게 파악하면 이 성향에게 도움이 됩니다.

③ 포모도로 학습법

25분 집중, 5분 휴식의 주기로 진행되는 포모도로 학습법은 시간을 체계적으로 관리하기 좋은 공부법입니다. 정확한 시간 단위로 학습 계획을 세우고, 각 시간마다 특정 학습 목표를 할당하는 방식으로 효율적인 시간 관리를 실현합니다.

④ 요약 노트법

핵심 내용을 조직화하여 간결하게 요약하는 노트법을 추천합니다. 원칙주의형 학습자들은 정보를 카테고리별로 분류하고, 중요도에 따라 체계적으로 정리하는 과정에서 높은 학습 효과를 볼 수 있습니다.

목표지향형에게 추천하는 공부법

목표지향형 학습자는 구체적인 정보를 중시하면서도 내용의 핵심과 목적에 관심이 많습니다. 이들에게는 실제적인 사례와 전체적인 구조를 함께 제시하는 학습법이 효과적입니다.

① 목차 중심 학습법

목표지향형 학습자들은 목차를 읽고 전체 그림을 파악해, 각 장별로 중요한 내용과 세부적인 내용을 모두 정리하는 방식을 선호합니다. 이 방법으로 전체 구조 속에서 각 부분의 위치와 역할을 이해하면서도 구체적인 세부 사항에 관심을 두고 학습합니다.

② **백지 노트법**

백지에 학습한 내용을 처음부터 재구성하면서 자신의 이해도를 점검하는 노트법이 효과적입니다. 완벽하게 전체 내용을 이해했는지를 확인하는 방법으로, 많은 명문대 학생들이 이 방법을 사용했습니다. 전체적인 구조와 구체적인 세부 사항을 모두 기억해야 하므로, 목표 지향형 아이들에게 매우 적합한 방법입니다.

③ **5회독 공부법**

공부한 내용을 완전하게 기억하기 위해 순차적으로 공부의 강도를 높여가면서 여러 번 반복하는 회독 공부법입니다. 글을 전반적으로 읽고 이해하며, 전체 목차를 기억하고, 세부 내용을 기억하면서 공부합니다. 전체 구조를 한눈에 파악할 수 있을 때까지 회수를 채웁니다. 이 방법으로 구체적인 내용들이 어떻게 전체 주제와 연결되는지 완전히 이해할 수 있습다.

④ **사례 중심 학습법**

이 아이들은 실제 사례와 구체적인 예시로 개념을 이해하려고 합니다. 이론뿐만 아니라 실생활 관련 예시나 사례 연구를 함께 학습할 때 더 효과적으로 내용을 받아들이고 기억합니다. 특히 시각적인 자료를 첨부하여 이론과 실제 사례를 함께 기억하기를 좋아합니다.

한 우물형에게 추천하는 공부법

한 우물형 학습자는 추상적인 개념과 원리를 논리적 순서로 이해하는 것을 선호합니다. 이들에게는 개념 간의 논리적 연결성을 강조하는 학습법이 효과적입니다.

① 코넬 노트법

페이지를 주요 내용, 핵심 개념, 요약 영역으로 나누어 체계적으로 정리하는 방식입니다. 한 우물형 학습자들은 이 방법으로 추상적인 개념과 원리를 논리적 구조로 정리하고, 개념 간의 연결성을 명확히 파악합니다. 특히 오른쪽에는 주요 내용을, 왼쪽에는 핵심 키워드를 적는 단서 칸을 만들어 세부 내용을 상기하도록 하는데 활용합니다. 하단에 요약과 질문을 배치하는 구조는 이들의 순차적이고 논리적인 사고방식과 잘 맞습니다.

② 개념 지도 작성법

개념과 원리를 중심으로 체계적인 지도를 작성하는 방법입니다. 이 아이들은 추상적인 개념들 사이의 논리적 연결성을 파악하고, 이를 체계적으로 정리하는 과정에서 높은 학습 효과를 경험합니다.

③ 파인만 학습법

물리학자 리처드 파인만이 고안한 이 학습법은 개념을 완전히 이해하기 위해 그것을 다른 사람에게 가르치듯 설명하는 방법입니다. 다른 성향의 아이들에게도 적극적으로 권유하는 방법이지만, 특히 한 우물형 학습자들은 이 방법으로 추상적인 개념의 본질을 명확히 이해하고, 논리적 순서로 설명함으로써 깊이 있는 학습을 달성할 수 있습니다. 명시적으로 보여 줄 수 있는 스케치나 나름의 논리적 흐름을 보여 줄 수 있는 방법도 있으면 좋습니다.

④ SQ3R 독서법

조사(Survey), 질문(Question), 읽기(Read), 암송(Recite), 복습(Review)의 5단계로 구성된 SQ3R 독서법은 특히 한 우물형 아이들에게 효과적입니다. 이들은 텍스트의 구조를 파악하고, 주요 개념과 원리를 중심으로 체계적으로 접근하는 이 방법을 통해 깊이 있는 이해를 형성합니다.

전체주의형에게 추천하는 공부법

전체주의형 아이들은 패턴과 연결성을 중시하며, 전체적인 맥락에서 개념을 이해하는 것을 선호합니다. 이들에게는 창의적이고 통합적인 접근법이 효과적입니다.

① 장소기억법

익숙한 장소를 떠올리며 각 장소에 암기할 내용을 연결시키는 기법입니다. 전체주의형 학습자들은 이 방법으로 추상적인 개념과 이미지를 연결하고, 전체적인 맥락 속에서 지식을 구조화합니다. 머릿속에서 장소를 이동하면서 주제와 내용을 회상하는 과정은 이들의 패턴 인식 능력과 시각적 상상력을 활용하므로 매우 효과적입니다.

② 마인드맵 스토리텔링 학습법

이들은 개념들 사이의 연결성과 패턴을 시각적으로 표현하고, 이를 하나의 스토리로 재구성하면서 통합적인 이해하는 것을 좋아합니다. 마인드맵의 비선형적 구조는 전체주의형의 창의적인 사고방식과 잘 어울립니다.

③ 유추 학습법

전체주의형 학습자들은 새로운 개념을 이미 알고 있는 것과 연결하여 유추하는 학습법을 효과적으로 활용합니다. 이들은 서로 다른 분야의 개념들 사이에서 패턴과 유사성을 발견하는 데 뛰어나며, 이를 통해 통합적인 이해를 형성합니다. 유추를 통한 학습은 이들의 창의적 사고력과 통찰력을 강화합니다.

④ 프로젝트 기반 학습법

전체주의형 학습자들은 여러 개념과 원리를 통합적으로 적용할 수 있는 프로젝트 기반 학습에서 큰 효과를 볼 수 있습니다. 이들은 자유롭게 주제를 탐구하고, 다양한 관점에서 문제에 접근하며, 창의적인 해결책을 개발하는 과정에서 깊은 학습을 경험합니다.

지금까지 설명한 공부법은 모든 공부법 도서나 자료에서 실전에 활용되어 입증된 추천 공부법들입니다. 이제는 무조건적인 막무가내 암기 공부법이 아니라, 이해와 추론을 통해 학습 효율성을 높여야 하는 시대입니다. 자신의 학습 성향에 맞는 학습 방법을 선택함으로써, 같은 시간과 노력으로도 더 큰 학습 효과를 높일 수 있기를 바랍니다.

공부로 허기진 마음을 채울 수 있다

아이들에게 맞는 공부법을 찾게 하려면 당연히 실행이 중요합니다. 시행착오도 겪고, 수정도 하고, 하나씩 해 봐야 나만의 공부법을 찾을 수 있습니다. 그러는 과정에서 아이들과 공부에 관해 대화를 나누다 보면 답답함을 느낄 때가 생길 것입니다. '왜 공부를 해야 하는지 알면서도 책상에 앉지 않는 걸까?', '왜 이렇게 특정 과목만 좋아하고 다른 건 손도 대지 않는 걸까?' 하는 의문이 들죠.

아이들은 공부로 무엇을 얻고 싶을까?

수많은 아이들과 대화하면서 알게 된 점이 하나 있습니다. 부모님들도 공감하실 터입니다. 그것은 바로 아이들 마음속에는 공부보다 더 근본적으로 충족되길 원하는 '심리적인 욕구'가 있다는 사실입니다. 과연 아이들은 공부를 할 때 무슨 마음일까요? 크게 네 가지 행동 패턴을 보입니다.

① 명확하고 안정적인 것을 원하는 아이

"우리 반이 너무 시끄러워서 집중이 안 돼요."
"이 선생님은 설명이 두루뭉술해서 이해하기 어려워요."
"시험 범위가 정확히 어디까지인지 알고 싶어요."

이런 말들을 자주 듣는다면, 여러분의 아이는 안정과 명확함을 추구하는 유형일 가능성이 큽니다. 멘토링 프로그램 멘토였던 수현이가 그랬습니다. 대학교 4학년인 수현이는 멘토로 활동하면서도 자신만의 뚜렷한 원칙이 있었죠. 활동 시작 전에 멘티와의 약속 시간을 정확히 정하고, 활동 계획서를 꼼꼼히 작성했으며, 모든 활동 자료는 분류별로 정리된 폴더에 보관했습니다.

흥미로운 점은 수현이가 멘티들에게도 같은 방식을 적용했다는 것입니다. "이번 주에는 이 단원을 끝내고, 다음 주에는 실전 문제를 풀어 보자"라는 식으로 명확한 계획을 세웠고, 그 결과 멘티들의 학습 효과가 눈에 띄게 향상되었습니다.

이런 유형들은 체계적이고 단계적인 학습법을 선호합니다. 이런 유형의 아이에게는 안정된 학습 환경과 명확한 기준, 체계적인 계획이 매우 중요합니다. 이들에게는 시간표를 작성하고, 목표를 명확히 설정하며, 단계별로 학습 과정을 안내하는 접근법이 효과적입니다.

② 자율성과 적극적인 참여를 원하는 아이

"왜 꼭 이렇게 해야 하는지 모르겠어요."
"선생님이 계속 이야기만 하시니까 지루해요."
"제가 직접 해봐도 될까요?"

이런 말들을 종종 듣는다면, 여러분의 아이는 자율성과 참여를 추구하는 유형일 수 있습니다. 멘토링 프로그램에서 만난 지훈이는 항상 새로운 방식으로 멘티들을 가르치려 했습니다. 그는 교과서 중심의 방식보다는 실생활 사례를 활용한 프로젝트 학습을 선호했죠. 예를 들어, 수학을 가르칠 때도 단순히 공식을 암기하게 하기보다는 학교 축제 예산 계획이나 여행 경로 최적화 같은 실제 문제에 적용하도록 했습니다.

지훈이는 "아이들이 왜 이것을 배워야 하는지 이해해야 진짜 배움이 일어난다"라고 자주 말했습니다. 이 유형의 아이들에게는 왜 배우는지를 설명하고, 스스로 탐구하고 발견할 수 있는 기회를 주는 것이 중요합니다. 일방적인 지시보다는 선택권을 주고, 창의적으로 접근할 수 있는 여지를 남겨두세요.

③ 관계성이 가장 중요한 아이

"친구가 수학을 어려워해서 같이 공부하느라 내 공부를 못했어요."
"반 친구들이 모두 잘 됐으면 좋겠어요."
"나중에 사람들을 도울 수 있는 일을 하고 싶어요."

이런 말들이 익숙하다면, 여러분의 아이는 관계성을 중시하는 유형일 것입니다. 멘토링 프로그램에서 가장 인기 있는 멘토 중 한 명이었던 민지는 이런 성향이 강했습니다. 그녀는 교육학을 전공하지 않았음에도 교육 분야의 멘토링에 지원했습니다. 이유를 물었을 때 그녀는 이렇게 대답했죠.

"어렸을 때부터 선생님이 되고 싶었어요. 아이들이 성장하는 모습을 보는 것만큼 보람찬 일이 없다고 생각해요. 제가 가진 지식으로 누군가에게 도움을 줄 수 있다는 사실이 저를 행복하게 합니다."

민지의 멘토링 세션은 항상 따뜻하고 포용적인 분위기였습니다. 그녀는 멘티들 사이의 관계를 중요시했으며, 모든 아이들이 참여할 수 있는 협력적인 학습 활동을 자주 기획했습니다. 공부의 사회적 가치를 강조하는 것이죠. "이 지식으로 어떻게 다른 사람들에게 도움을 줄 수 있을까?"라는 관점에서 학습 동기를 찾을 수 있도록 도와주세요. 또한 스터디 그룹이나 협력 학습 기회를 제공하는 것도 좋은 방법입니다.

④ 지적 인정과 전문성을 원하는 아이

"이 주제에 대해 더 깊이 알고 싶어요."

"선생님, 제가 찾은 내용이 책에 나온 것과 좀 달라요."

"저는 나중에 이 분야의 최고 전문가가 될 거예요."

이런 이야기를 자주 듣는다면, 여러분의 아이는 '지적 인정'을 추구하는 유형일 가능성이 높습니다. 멘토링 프로그램에서 활동했던 준호는 물리학을 전공하는 학생이었습니다. 그는 항상 호기심 많고 탐구적인 태도로 멘티들에게 영감을 주었습니다. 준호가 물리 개념을 설명할 때면, 그의 눈은 반짝였고 목소리는 열정으로 가득 찼습니다.

"저는 멘티들에게 단순히 공식을 암기하게 하는 것이 아니라, 왜 그런 현상이 일어나는지 근본적인 원리를 이해시키고 싶어요. 그래야 진짜 과학적 사고를 할 수 있다고 생각합니다."

준호는 멘티들에게 항상 더 깊은 질문을 던지도록 격려했고, 스스로 생각하고 탐구하는 습관을 기르도록 도왔습니다. 이 유형의 아이들에게는 깊이 있는 탐구 기회를 제공하고, 지적 성취를 진심으로 인정해 주는 것이 중요합니다. "와, 정말 대단한데! 어떻게 그걸 알게 됐어?"라는 반응은 이 아이들에게 큰 동기부여가 됩니다.

이러한 연결성을 이해하면, 아이의 행동과 학습 선호도를 더 깊이 이해할 수 있습니다. 예를 들어, 항상 방을 깨끗하게 정리하고 모든 것을 순서대로 하려는 아이는 단순히 '강박적'인 것이 아니라, 명확함과 안정감을 추구하는 욕구를 가지고 있을 가능성이 높습니다. 이런 아이에게 갑작스러운 변화나 불확실한 상황은 큰 스트레스입니다. 따라서 학습 환경을 조성할 때는 체계적이고 예측 가능한 구조를 제공하는 것이 효과적입니다. 정리된 책상, 명확한 학습 계획, 단계별 접근법 등이 이 아이에게는 큰 도움이 됩니다.

멘토링 프로그램에서 가장 큰 성과를 거둔 멘토들의 공통점은 바로, 멘티들의 욕구와 학습 성향을 깊이 이해하고, 그에 맞는 접근법을 취했다는 점입니다. 예를 들어, 한 멘토는 관계성을 중시하는 멘티에게 '이 수학 개념을 배우면, 나중에 환경 문제 해결에 어떻게 기여할 수 있는지' 설명해 주면서 동기를 부여했습니다. 또 다른 멘토는 명확함을 추구하는 멘티에게 체계적인 학습 플래너를 만들어 주고, 매주 달성해야 할 목표를 명확히 설정해 주었습니다.

==이처럼 아이의 근본적인 욕구와 학습 성향을 이해하고 존중할 때, 공부는 더 이상 외부에서 강요되는 의무가 아닌, 내면의 욕구가 자연스럽게 발현되는 과정이 됩니다.== 아이가 진정으로 배우고 싶어 하는 마음이 일어날 때, 비로소 진정한 자기주도학습의 여정이 시작되는 것입니다.

아이의 욕구를 이해하는 것은 단순히 공부 방법을 알려 주는 것 이상의 의미가 있습니다. 그것은 아이의 본질적인 성향과 가치관을 존중하는 것이며, 가정 내 갈등을 줄이고 건강한 학습 문화를 형성하는 기반이 됩니다.

　우리 모두가 아이들의 고유한 욕구와 학습 성향을 존중하고, 그에 맞는 지원을 제공할 때, 아이들은 자신감과 열정을 가지고 자신만의 학습 여정을 펼쳐나갈 수 있을 것입니다. 그것이 바로 진정한 의미의 공부 그리고 진정한 의미의 교육이 아닐까요?

씨앗부터 열매까지, 변화의 7단계

학습 성향을 이해하고 나의 특성을 파악한 학생들이 자신만의 공부법을 찾아가는 과정을 지켜보면, 그 성장 단계는 마치 식물이 자라나는 것처럼 일정한 패턴을 보입니다. 자신과 성향이 맞는 멘토를 만나 적합한 공부법을 발견한 학생들은 서서히 놀라운 변화를 경험합니다.

이 변화는 하루아침에 이루어지지 않습니다. 천천히, 그러나 분명하게 진행되는 이 변화의 과정에서 학생들의 마인드, 눈빛, 말투, 행동이 이전과는 확연히 달라집니다. 본인은 그 변화를 크게 인식하지 못할 수 있지만, 오랜 시간 학생들을 지켜본 저로서는 그 전후의 모습이 마치 다른 사람을 보는 듯합니다.

공부 자존감이 낮은 수빈이의 성적 변화

이 '자발적 실행 시기'가 모든 학생에게 동일한 효과를 가져오지는 않습니다. 학생의 이전 학습 경험과 공부에 대한 자존감이 이 여정의 성패를 크게 좌우합니다. 특히 학생 자신의 공부 자존감이 낮거나, 어렸을 때 너무 급하게 진행된 선행 학습으로 인해 학습 무기력이 형성된 경우에는 이 과정이 순탄치 않을 수 있습니다. 반면에, 충분히 놀다가 스스로 '이제 공부 좀 해보겠다'라고 결심한 학생들은 회복탄력성이 높고 공부에 대한 부정적 기억이 적어, 이 시기가 왔을 때 훨씬 더 대담하고 적극적인 모습을 보입니다.

다음은 제가 관찰한 학생들의 성장 7단계를 설명한 것입니다. 이 과정은 특히 저희 센터에서 2년 동안 함께한 수빈이의 사례에서 잘 드러납니다. 예비 고1 때 처음 찾아온 수빈이가 고등학교 2학년이 되면서 보여 준 변화의 여정을 함께 살펴보겠습니다.

1단계: 희망의 씨앗이 싹트는 단계

첫 번째 단계는 희망의 싹이 트는 시기입니다. 학생들은 이전까지 여러 번의 실패를 겪어 또다시 시도하는 것에 두려움이 가득한 상태입니다. 그러나 이 시기에 작은 변화가 시작됩니다.

'이제 공부를 해도 할 만하겠다'라는 생각이 마음 한구석에 자리 잡기 시작합니다. 다른 학생들도 자신과 같은 어려움과 고민을 안고 있음을 알게 되면서, 스스로를 향한 측은한 마음과 동시에 작은 도전 의식이 생겨납니다. 이 단계에서 중요한 것은 학생의 이전 학습 경험입니다. 수빈이의 경우는 초등학교 시절부터 과도한 선행학습으로 인해 상당한 학습 무기력을 경험했던 케이스였습니다. 처음 센터에 왔을 때 그녀는 "저는 초등학교 때부터 학원을 너무 많이 다녀서 공부만 생각하면 답답해요"라고 말했습니다. 눈을 마주치지 못할 정도로 자신감이 없었고, "저는 아무리 해도 안 될 것 같아요"라며 시작부터 포기하려는 모습이었습니다.

반면, 같은 시기에 만난 지훈이는 매우 다른 출발점을 보여 주었습니다. 중학교 3년 내내 축구와 게임에 푹 빠져 있다가 고등학교에 들어와서야 '이제 좀 공부할까?'라는 생각으로 찾아온 사례였습니다. 지훈이는 공부에 대한 부정적인 기억이 거의 없었기에, 첫 단계에서부터 훨씬 더 적극적이고 열린 태도를 보였습니다. 이처럼 같은 첫 단계에 있더라도, 이전의 학습 경험과 공부에 대한 자존감에 따라 그 시작점은 매우 다를 수 있습니다.

하지만 다행히도 수빈이도 몇 번의 상담을 받고 자신과 비슷한 상황에서 변화한 다른 학생들의 이야기를 들으면서 조금씩 '나도 할 수 있어'라고 생각했습니다. 이 단계에서는 아직 구체적인 행동의 변화보다는 마음가짐의 작은 변화가 중요합니다. 희망의 씨앗이 마음속에 심어지는 순간입니다.

2단계: 목표 설정과 실천 의지가 생기는 단계

두 번째 단계에서는 구체적인 목표 설정이 이루어집니다. 아이들은 가까운 시일 내 내신 시험부터 장기적으로는 대학 입학까지, 자신만의 목표를 하나씩 세우고 이를 향해 나아가려는 의지를 다지기 시작합니다. 이 시기에 아이들은 자신에게 영감과 자극을 준 멘토의 말이나 특정 문구를 계속해서 되새깁니다. 그것을 잊지 않기 위해 휴대폰 배경화면으로 설정하거나 책상 위에 적는 등 자신을 독려하는 방법을 찾습니다.

수빈이는 이 단계에서 "한 번에 한 걸음씩"이라는 문구를 자신의 다이어리 첫 페이지에 크게 적었습니다. 첫 목표로 다가오는 중간고사에서 수학 점수를 10점 올리는 것을 정했고, 이를 위해 매일 수학 문제를 다섯 개씩 풀기로 결심했습니다. 작지만 구체적인 목표가 생기자, 수빈이의 눈빛에 조금씩 변화가 생기기 시작했습니다. 이 단계에서는 아직 실천보다는 계획과 다짐이 중심이 됩니다. 하지만 이 시기의 분명한 목표 설정은 다음 단계로 나아가는 데 중요한 디딤돌이 됩니다.

3단계: 실천과 루틴이 형성되는 단계

세 번째 단계는 실제 행동으로 옮기는 시기입니다. 아이들은 자신이 세운 작은 목표부터 하나씩 실천하며, 일상 속에서 공부 루틴을 만들어 갑니다. 이전에는 매일 해야겠다고 다짐해도 금세 잊어버리곤 했지만, 이제는 특정 시간이 되면 자연스럽게 책을 펴고 공부하는 습관이 형성됩니다. '나도 할 수 있다'라는 생각이 머릿속을 맴돌며, 혹시라도 하루를 놓치면 큰일 날 것 같은 마음에 꾸준히 반복합니다. 이런 자신의 모습에 스스로 놀라기도 합니다.

수빈이는 매일 저녁 8시부터 9시까지를 '수학 시간'으로 정했습니다. 처음에는 억지로 시작했지만, 2주가 지나자 그 시간이 되면 자연스럽게 수학 책을 펴는 자신을 발견했습니다. '내가 언제 이렇게 변했지?'라며 스스로에게 놀라워하던 모습이 아직도 기억에 선명합니다. 특히 인상적이었던 것은, 이 시기에 수빈이가 하루 저녁 가족 모임으로 공부를 못 하게 되자 오히려 불안해하며 다음 날 아침 일찍 일어나 못한 공부를 보충했다는 점입니다. 이전의 수빈이라면 상상할 수 없었던 모습이었습니다. 이 단계에서는 작은 실천과 성공 경험이 쌓이면서 아이들의 자신감도 함께 성장합니다. 루틴이 형성되는 것은 다음 단계로 나아가는 중요한 토대가 됩니다.

4단계: 집중력과 자기 관리능력이 향상되는 단계

네 번째 단계에서는 시험이 다가오면서 학생들의 집중력과 자기 관리 능력이 한층 더 발전합니다. 이전과 달리 시험을 기다리는 마음이 생기고, 향상된 성적을 위해 공부 양을 늘리며 더욱 세심하게 준비합니다.

이 시기에는 다른 친구들의 공부법에도 관심을 가지지만, 결국에는 자신에게 맞는 방법을 찾아 집중합니다. 온전히 자신이 정한 목표와 계획에 따라 하루하루를 충실히 보내려고 노력합니다.

주목할 변화로는 컨디션 관리에 신경 쓰기 시작하고, 스마트폰 사용이 현저히 줄어들며, 아침 공부의 효율성을 깨닫고 일찍 등교하는 습관이 생긴다는 점입니다. 수빈이는 특히 이 단계에서 놀라운 변화를 보였습니다. 이전에는 항상 늦잠을 자던 아이였는데, 어느 날부터 자발적으로 30분 일찍 일어나 등교 전 자습을 했습니다. "최근에 휴대폰 본 지가 언제인지 모르겠어요"라고 말하며 저를 깜짝 놀라게 했습니다.

가장 인상적이었던 것은 수빈이가 자신의 컨디션을 관리하기 위해 취침 시간을 일정하게 유지하고, 주말에도 규칙적인 생활 패턴을 유지하려고 노력하는 모습이었습니다. 이는 단순한 공부 습관을 넘어, 자신의 삶을 주도적으로 관리하는 능력이 발달했음을 보여 주는 증거였습니다. 이 단계에서는 공부 계획을 세우고 실천하는 것에 그치지 않고, 계획을 점검하고 조정하는 메타인지 능력도 발달합니다.

5단계: 자신감과 균형감이 생기는 단계

다섯 번째 단계는 시험 기간 중에 두드러지게 나타납니다. 학생들은 시험에 최선을 다하면서도, 이전과는 달리 과도한 불안이나 압박감 없이 균형 잡힌 태도를 유지합니다. 시험을 본 과목에 대한 자체 평가에서 완벽하지는 않지만 이전보다 향상된 자신의 실력을 객관적으로 인식하며, 노력한 만큼 결과가 따른다는 경험적 믿음이 생깁니다. '공부가 정직하다'라는 깨달음과 함께 '뿌린 대로 거둔다'라는 신조가 마음에 자리 잡습니다.

이 시기에 학생들은 신체적, 정신적 피로를 효과적으로 관리하는 법을 배웁니다. 시험 준비 기간을 더 길게 가지려는 생각이 들 정도로, 준비 과정 자체에서 만족감과 재미를 느낍니다.

수빈이는 중간고사 시험 기간 중에 특히 달라진 모습을 보였습니다. 이전 시험 때는 극도의 불안감으로 시험 전날 제대로 잠을 이루지 못했는데, 이번에는 "내가 할 수 있는 최선을 다했으니, 결과는 받아들이자"라는 여유로운 모습을 보였습니다.

시험이 진행되는 동안에도 매일 저녁 다음 날 시험 과목에 대한 계획을 차분히 정리하고, 컨디션 관리에 신경 썼습니다. 부모님도 "시험 잘 봐야 해"라는 말을 더 이상 하지 않게 되었다고 합니다. 수빈이의 변화된 모습을 보고 신뢰가 쌓인 것이죠. 공부가 의무가 아닌 즐거움이 될 수 있음을 경험한 것입니다.

이 단계에서는 결과에 대한 집착보다는 과정의 충실함에 가치를 두는 건강한 마인드셋이 형성됩니다. 학생들은 시험 결과에 일희일비하기보다는 자신의 성장 과정에 의미를 두게 됩니다.

6단계: 자기 성찰과 피드백 체계가 확립되는 단계

여섯 번째 단계는 시험이 끝나고 행동 변화에서 뚜렷하게 나타납니다. 이전에는 시험이 끝나면 바로 해방감을 느끼며 친구들과 놀러 다녔지만, 이제는 자기 성찰과 피드백의 시간을 갖습니다. 학생들은 시험지를 분석하고, 자신이 준비한 내용과 실제 시험 문제 사이의 간극을 평가합니다. 이를 통해 다음 시험을 위한 'To Do 리스트'를 작성하고, 자신만의 공부 일기장에 기록합니다. 이 공부 일기장은 공부에 관한 좋은 방법, 자신에게 효과적인 학습 포인트를 정리한 개인 맞춤형 노트입니다. 스스로 피드백을 하는 이 과정을 거치며 아이들은 더 큰 자신감과 확신을 갖게 됩니다.

수빈이는 이전까지 시험이 끝나면 친구들과 함께 마라탕을 먹고 노래방에서 놀던 패턴을 완전히 바꿨습니다. 기말고사가 끝난 날, 수빈이는 곧장 집으로 돌아가 시험지를 꺼내 멘토링에서 받은 평가 체크리스트를 작성했습니다.

이 단계에서는 학생들이 단순히 공부하는 방법뿐만 아니라, 자신의 학습 과정을 객관적으로 평가하고 개선하는 메타학습 능력을 갖추게 됩니다. 이는 앞으로의 모든 학습에 가장 중요한 토대가 됩니다.

7단계: 통합적 학습자로 성장하는 단계

마지막 일곱 번째 단계에서 학생들을 '통합적인 학습자'로 성장합니다. 시험이 끝난 뒤에도 학업에 대한 관심이 지속되며, 교과 공부뿐만 아니라 수행평가와 비교과 활동도 균형 있게 챙깁니다. 자신이 원하는 대학과 학과에 대한 비전이 구체화되면서, 생활기록부에 기재될 내용을 교과목과 연계하여 체계적으로 준비합니다. 친구들과 함께하는 그룹 활동, 동아리 활동, 주말 독서 활동 등을 하며 학습의 영역을 확장해 나갑니다. 학생들은 단순히 성적을 위한 공부를 넘어, 자신의 진로와 관심사에 맞는 통합적인 학습을 추구합니다. 공부가 삶의 일부로 자연스럽게 녹아들어, 특별한 노력이나 의지 없이도 꾸준히 학습하는 습관이 완성됩니다.

수빈이는 2학년 첫 학기를 마치며 이 단계에 도달했습니다. 여름방학을 맞아 그저 쉬는 것이 아니라, 자신이 관심 있는 생명과학 분야의 독서와 함께 관련 동아리 활동을 계획했습니다. 특히 주목할 만한 점은 수빈이가 자발적으로 친구들과 생명과학 주제의 스터디 그룹을 만들어, 매주 토요일 오전에 모여 관련 주제를 토론하고 발표하는 활동을 시작했다는 것입니다.

2년 동안 수빈이의 변화 과정을 지켜보면서, 진정한 자기주도학습이란 무엇인지에 대한 깊은 통찰을 얻었습니다. 그것은 단순히 스스로 계획을 세우고 공부하는 기술적인 측면을 넘어, 학습에 대한 근본적인 태도와 마인드셋의 변화를 포함합니다. 자기주도학습이 완성된 학생들에게서 가장 두드러지게 나타나는 특징은 바로 '안정감'과 '편안함'입니다. 이들은 더 이상 성적이나 입시에 과도한 불안과 조급함에 시달리지 않습니다. 대신, 자신의 학습 과정에 대한 신뢰와 자신감을 바탕으로 차분하게 한 걸음씩 나아갑니다.

다시 한 번 강조하고 싶은 점은, 이러한 자기주도학습의 여정이 학생의 이전 학습 경험과 자존감에 크게 영향을 받는다는 것입니다. 센터의 경험에 따르면, 어린 시절부터 과도한 선행학습이나 지나친 학업 스트레스를 경험한 학생들은 이 여정이 더 길고 험난할 수 있습니다. 그들은 종종 학습에 대한 심리적 방어막을 쌓았기 때문에, 그것을 허물고 새로운 관점으로 공부를 바라보기까지 더 많은 시간과 인내가 필요합니다.

신기하게도 충분히 놀고 자유롭게 성장한 뒤에 스스로 공부의 필요성을 느끼고 찾아온 학생들은 이 과정이 훨씬 더 자연스럽고 빠르게 진행되는 경향이 있습니다. 그들은 공부에 대한 부정적인 선입견이 적고 호기심과 도전 정신이 살아 있어, 새로운 학습 방식을 더 열린 마음으로 받아들입니다. 이것은 부모님들에게 드리고 싶은 중요한 메시지이기도 합니다. 아이들이 어릴 때부터 지나치게 학업에만 집중하기보다는, 충분한 놀이와 다양하게 경험해 자연스럽게 호기심과 학습 동기를 키울 수 있도록 환경을 조성하는 것이 장기적으로는 더 효과적입니다.

부모님들에게 아이들의 작은 변화와 성장을 알아차리고 격려해 주기를 부탁합니다. 때로는 눈에 보이지 않는 내면의 변화가 가장 중요한 발전일 수 있습니다. 그 변화의 속도를 존중하며, 아이만의 고유한 학습 여정을 지지해 주는 것이 무엇보다 중요합니다. 수빈이처럼, 모든 학생들이 자신만의 공부법을 찾아 안정감과 편안함 속에서 학습의 즐거움을 발견할 수 있기를 진심으로 바랍니다. 그것이 바로 우리가 진정으로 추구해야 할 교육의 모습이 아닐까요?

우리는
평생 배워야 한다

저는 2년에 한 번씩 건강검진을 받으러 건강검진센터를 방문합니다. 상담실 맞은 편 벽면에는 이런 문구가 써 있습니다.

"100세까지 여러분의 건강을 저희가 책임지겠습니다."

재미있는 점은 2년마다 나이 숫자가 조금씩 늘어나더니, 작년에는 120세까지 늘어났습니다. 이 숫자는 단순한 숫자가 아니죠. 불과 10년 전만 해도 60세 전에 은퇴하고 바로 노후 생활로 접어드는 것이 일반적이었지만, 지금은 '60세면 여전히 젊다'라고 생각합니다. 20대에 대학을 졸업하고, 30여 년 넘게 직장생활을 하고, 60세에 은퇴하여 노년기로 접어드는 인생이 이제는 바뀌기 시작했습니다.

의료기술의 발달로 기대수명은 120세에 이르렀고, 60세 전후로 하는 은퇴는 첫 번째 은퇴일 뿐입니다. 이후의 삶을 어떻게 채울지가 현대인에게 주어진 새로운 과제입니다.

20년마다 새로 배워야 하는 시대

우리가 사는 세상은 그 어느 때보다 빠르게 변하고 있습니다. 5년 전만 해도 먼 미래의 이야기였던 인공지능이 이미 우리 일상에 깊숙이 들어왔고, 로봇 기술의 발전으로 많은 일자리가 대체될 예정입니다. 자율주행 자동차, 드론 배송, 메타버스 등 새로운 기술과 서비스가 사회 전반의 패러다임을 급격히 변화시킵니다. 이런 상황에서 그간 배운 지식과 기술만으로 평생을 살아가기는 불가능해졌습니다. 대학과 대학원에서 전공한 분야일지라도, 5~10년 뒤에는 그 지식의 상당 부분이 쓸모없어질 수 있습니다. 세계경제포럼은 현재 30, 40대 이상 성인의 50퍼센트 이상이 변화하는 세상의 패러다임에 맞추기 위해 재교육을 받아야 한다고 발표했습니다.

이러한 상황에서 '공부법'은 단순히 시험에서 좋은 점수를 받기 위한 전략이 아니라, 평생 동안 새로운 지식과 기술을 효과적으로 습득하고 적용할 수 있는 개인화된 시스템을 의미합니다.

공부법은 자신의 뇌에 가장 친화적인 인지 방법을 찾아가는 과정입니다. 사람마다 정보를 인지하고 처리하는 방식과 순서가 다르기 때문에, 어느 한 가지 방법만으로는 충분하지 않습니다. 효과적인 공부법은 개인의 특성에 맞게 계속해서 변화하고, 성장하며, 보완됩니다. 이제는 단순히 학위나 졸업장, 일정한 스펙만으로는 10년 이상 직업 세계에서 경쟁력을 유지하기 어려운 시대가 되었습니다. 더 중요한 것은 끊임없이 변화하는 세상의 흐름을 따라잡을 수 있는 진정한 공부의 즐거움과 효과적인 공부법을 익히는 것입니다.

미래학자들은 현재 초등학생들이 평생 동안 평균 5~7개의 서로 다른 직업을 가질 것이라고 예측합니다. 이는 한 번 선택한 직업이 평생 직업이 되는 시대가 끝났음을 의미합니다.

평생 학습의 시대를 맞아, 자기에게 적합한 공부법을 찾아 지속적으로 해야 할 자기 개발은 선택이 아닌 필수가 되었습니다. 120세까지 살아갈 수 있는 현대 사회에서, 제2의, 나아가 제3의 경제 활동을 위한 준비는 지금부터 시작되어야 합니다. 효과적인 공부법으로 새롭게 등장하는 지식과 기술을 끊임없이 학습하고 익히는 것만이 변화하는 세상 속에서 경쟁력을 유지합니다. 무엇보다 자신이 좋아하는 분야에서 의미 있는 활동을 지속하며 행복한 삶을 영위할 수 있는 길입니다.

우리 자녀들의 미래 교육도 중요하지만, 부모 세대 역시 이러한 평생 학습의 패러다임을 받아들이고 준비해야 합니다. 자녀가 대학에 진학하고 결혼하는 것으로 부모의 역할이 끝나는 것이 아니라, 그 이후에도 자신만의 성장과 발전을 위한 여정이 계속됩니다.

진정한 교육의 목적은 단순히 좋은 대학, 안정적인 직장을 얻는 것을 넘어, 자신만의 공부법을 통해 평생 학습하며 성장하고, 자신이 좋아하는 일로 경제적, 정신적으로 풍요로운 삶을 영위하는 것입니다. 나만의 공부법을 찾아야 하는 이유가 바로 여기에 있습니다.

쿼드스터디 가이드 6
명문대 학생들의 쿼드스터디 후기

쿼드스터디는 공부 성향을 네 개로 나누어 플래너와 노트 필기, 공부 공간, 예습과 복습 방법, 시험 공부법을 설명합니다. 그동안 자기주도학습법이나 학습 스타일 관련 검사 결과에 따른 해석은 많았지만, 이것을 기반으로 어떻게 공부하면 좋은지 구체적인 공부법은 없었습니다. 쿼드스터디는 이것을 멘토링과 일대일 학습 관리 코칭 프로그램에 적용하면서 그 효과와 만족도를 점점 높여가고 있습니다. 제가 지금까지 만난 명문대 멘토들의 쿼드스터디 후기는 다음과 같습니다.

원칙주의형 멘토단의 후기

한 멘토링 프로그램에서 만난 멘티가 저와 같은 '원칙주의형' 학습자였습니다. 저는 쿼드스터디를 활용하여 멘티에게 가장 적합한 학습법을 소개하고 약 1년간 멘토링을 진행한 결과, 놀라울 정도의 성적 향상을 보였습니다. 이를 보며 공부에 투입되는 절대량만큼이나 자신에게 적합한 공부법이 중요하다는 사실을 다시 한 번 실감했습니다. 공부를 잘하고, 원하는 목표를 성취하기 위한 첫 걸음은 스스로에 대한 인식, 즉 '메타인지'라고 생각합니다. 퀴드스터디는 자신이 어떤 유형의 사람인지, 어떤 학습법이 좋을지에 대한 여러분의 고민을 덜어줄 것입니다.

- 성균관대 사회학과 홍○○ 멘토

대학 입시를 준비하면서 가장 많이 들었던 말들 중 하나가 '나만의 공부 방식을 찾아야 한다'였습니다. 하지만, 어떻게 찾아야 하는지에 대해서는 구체적인 설명이 없어서 어려움을 겪었던 기억이 납니다.

그러다 우연히 중랑구 디딤돌 멘토링을 하면서 퀴드스터디를 처음 접하게 되었는데요. 정말 신선한 충격이었습니다. 여러 번의 시행착오를 최소화하고 나에게 맞는 학습 스타일과 공부 방법을 추천받을 수 있다는 것은 굉장히 큰 장점이라고 생각합니다. 제가 실제로 사용하고 있는 공부 방법이 이 책에 나와 있는 원칙주의형 공부 방법과 일치해서 신기했습니다.

- 한양대 화학과 김○○ 멘토

저는 어릴 적에 EBS에서 방영됐던 '공부의 왕도'라는 프로그램을 정말 인상 깊게 봤던 기억이 있습니다. 그 당시 저는 공부를 늦게 시작한 편이었습니다. 프로그램에서 소개된 공부법들은 굉장히 체계적이고 좋아 보였지만, 막상 제가 직접 따라 하니까 저한테는 잘 맞지 않는 부분이 많았습니다. 그 공부법들이 제 학습 스타일과 잘 맞지 않았기 때문이었던 것 같아요. 저는 '원칙주의형' 성향을 가지고 있습니다, 어떤 문제든 체계적으로 계획하고 순서를 정해서 해결해 나갈 때 학습이 잘 되고 성취감을 느낍니다. 물론 쿼드스터디 공부법들이 모든 사람에게 100퍼센트 딱 맞을 수는 없겠죠. 하지만 이 공부법을 참고해서 자기 성향에 맞게 조금만 방향을 바꾸고 채우면, 누구나 자신만의 효율적인 공부법을 만들 수 있다고 생각합니다.

- 한국외대 영어교육과 최OO 멘토

공부는 끝없는 미로 같았습니다. 고등학교 시절, 갑자기 늘어난 학습량에 압도되어 방향을 잡지 못했죠. 그러다 친구와 선생님들의 도움으로 다양한 학습법을 접했고, 많은 시행착오 끝에 제게 맞는 공부법을 찾았습니다. 저는 특히 자투리 시간을 효율적으로 활용하기 위해 '시간표형 계획 세우기'를 자주 사용했습니다. 알고 보니 제가 사용한 방법이 '원칙주의형'의 공부 방법에 해당했습니다.

멘토링을 하며 많은 학생들이 자신의 공부법을 찾는 데 어려움을 겪는 모습을 보았습니다. 주변에서 많은 공부법들을 추천하지만, 남들에게 효과적인 방법이 나에게도 똑같이 적용되지는 않으니까요. 다양한 시도를 하며 자신을 객관적으로 파악하고, 전략을 세워 꾸준히 실천하는 경험이 가장 중요한 것 같습니다. 공부는 단순한 지식 습득을 넘어, 자신을 이해하고 성장하는 여정입니다.

-성신여대 유아교육과 홍OO 멘토

목표지향형 멘토단의 후기

저는 일반 고등학교에서 수시 학생부 종합 전형으로 대학에 입학했습니다. 고등학교 1학년, 첫 모의고사 성적은 참 처참했어요. 그때 저는 스스로에게 "왜 이렇게 노력해도 성적이 오르지 않는 걸까?"라고 질문했습니다. 공부법도 이것저것 시도했지만 저한테 맞지 않아서 방황의 연속이었어요. 이걸 계기로 저 자신을 더 깊이 이해해 보기로 했습니다. 그러다 저는 공부에서 중요한 건 단순히 '많이 외우는 것'이 아니라 '내가 어떤 방식으로 공부할 때 가장 몰입되고 성과가 나는가'를 찾는 것이라는 것을 깨달았습니다. 모든 학생에게 딱 맞는 공부법은 없지만 다양한 성향에 맞는 공부법을 시도하고 그 속에서 자기 스타일을 찾는다면, 누구나 자기만의 공부 흐름을 만들 수 있습니다.

- 연세대학교 통계학과 이○○ 멘토

저는 학창 시절에 제가 목표지향형 공부 성향을 지닌 학생인지도 모른 채 저에게 맞는 공부법을 찾기 위해 정말 많은 시간을 들였습니다. 쿼드스터디를 알고 가장 놀라웠던 점은 긴 시간을 들여 제가 발견한 공부법이 그대로 잘 설명되어 있다는 것입니다. 스포츠처럼 공부도 자기 능력을 최대한 발휘할 수 있는 방법을 찾는 것이 가장 중요합니다. 쿼드스터디는 학생들이 긴 시간을 들일 필요 없이 자신에게 가장 효율적인 공부법을 찾을 수 있도록 돕는 훌륭한 방법입니다.

-성균관대 인문과학계열 최○○ 멘토

저는 다른 친구들에 비해 수업을 따라가는 속도가 다소 느렸습니다. 1학년 때부터 전체 진도를 잘 따라가지 못해 진도에서 밀린 적도 있었고, 내용이 이해되지 않으니 복습은커녕 예습조차 힘들었습니다. 자연스럽게 공부에 대한 부담감도 커졌죠. 너무 힘들어서 혼자 책상 앞에 앉아 문제집 전체를 펼쳐놓고 울었던 적도 많습니다. 그러던 중 제가 목표지향형 성향을 갖고 있다는 사실을 알게 되었습니다. 제 학습 스타일에 맞는 플래너를 쓰는 공부법을 시작하게 됐습니다. 처음에는 친구들과 다르게 전체 계획을 짜서 어색하고 어렵게 느껴졌지만, 점차 제 속도에 맞춰 계획을 짜고, 제가 정리한 내용을 토대로 학습하다 보니 마음의 부담도 줄어들고 공부가 한결 편안하게 느껴지기 시작했습니다.

본인의 공부 방식이 정해지지 않으면, 아무리 공부를 해도 효과를 느끼기 어렵고, 결국 '나는 공부에 소질이 없다'는 오해를 하게 될 수도 있습니다. 하지만 자신의 성향을 먼저 파악하고, 그에 맞는 공부법을 찾는다면 누구든지 공부를 더 잘할 수 있습니다.

-한양대 정책학과 이O 멘토

저는 고등학교에 진학하기 전까지 '시험만 잘 보면 된다'고 생각해서 중학교 때까지는 그냥 열심히 외우고 푸는 식으로 공부를 했던 것 같아요. 하지만 고등학교에 올라가면서 한계에 부딪혔고, 이대로는 안 되겠다 싶어서 저만의 공부법을 찾기 시작했죠.

누군가는 듣고 정리하는 게 잘 맞고, 또 누군가는 시각적으로 정리하는 게 더 효과적이잖아요. 저도 여러 방법을 시도하며 유튜브의 다양한 학습법 영상이나 스터디 플래너도 참고했고, 그걸 제 성향에 맞춰 조금씩 바꾸고 채워가며 꾸준히 적용하다 보니 조금씩 결과가 따라왔어요. 대학교에 진학하고 나서도 마찬가지였습니다.

-고려대학교 사회학과 이○○ 멘토

  저는 학창 시절 저에게 맞는 공부법을 찾는 데 정말 오랜 시간이 걸렸습니다. 성향별 공부법 가이드를 처음 접했을 때 가장 놀라웠던 점은, 제가 그동안 긴 시간 동안 시행착오를 겪으면서 스스로 찾아낸 공부 방식이 이 가이드 안에 그대로 체계적으로 잘 정리되어 있었다는 점이었습니다. 성향별 공부법은 각자 다른 학생들이 자신에게 맞는 가장 효율적인 공부법을 빠르게 찾을 수 있도록 돕는 훌륭한 가이드라고 생각합니다.

성균관대 인문과학계열 최○○ 멘토

  고등학교 시절, 공부를 나름 열심히 했지만 성적은 기대만큼 오르지 않았고, 늘 뒤처진다는 막연한 불안감에 시달렸습니다. 지금 생각해보면 단순히 노력이 부족해서가 아니라, 저에게 맞지 않는 방식으로 공부하고 있었던 것이었습니다.
  제가 목표지향형이라는 것을 알고 나서부터는 공부 방식이 달라졌습니다. 데일리 플래너 대신 월간 플래너로 주간 진도를 나누고, 매일 분량은 유연하게 조정하는 방법을 선택했습니다. 특히 '투두메이트'와 같은 루틴 기반 앱을 활용해 계획을 실시간으로 수정할 수 있게 하자 부담이 줄고, 공부 지속력도 높아졌습니다. 또한 전체 흐름 속에서 내가 어디쯤 와 있는지를 파악할 수 있다는 점은 공부에 대한 불안을 크게 덜어 주었습니다.

감각형이라는 성향도 저에게 중요한 통찰을 주었습니다. 저는 예문 중심보다는 단어를 이미지화하거나 테마별로 묶어 시각적으로 정리하는 방식이 더 잘 맞았습니다. 예를 들어 다양한 한글 뜻을 가진 영어 단어를 하나의 이미지로 연상하여 암기했을 때 기억에 훨씬 오래 남았습니다.

- 중앙대학교 중국어문학과 유○○ 멘토

학창 시절, 공부는 저에게 늘 답답하고 막막한 일이었습니다. 왜 해야 하는지도 모르겠고, 어떻게 해야 잘할 수 있는지도 모르겠어서 그냥 버티듯 해온 것 같아요. 대학생이 되고 나서 학생들의 멘토로 활동하며 쿼드스터디의 성향별 공부법 검사를 했는데, 그때 내가 어떤 방식으로 공부해야 하는 사람인지를 알게 됐습니다. '목표지향형'인 저는 구체적인 예시나 전체적인 흐름을 파악하는 게 특히 중요한 사람이더라고요. 남들처럼 줄 노트에 필기하는 게 지루하고 귀찮았던 이유도 그때 알게 됐죠. 이후에는 제 성향에 맞게 시각적으로 정리하는 방식이나 큰 그림부터 세우고 디테일을 좁혀가는 플래너 작성법과 노트 필기법을 시도해봤는데, 확실히 스트레스가 줄었어요.

- 세종대 호텔경영학과 윤○○ 멘토

한 우물형 멘토단의 후기

뒤늦게 공부를 하기로 마음먹고 무작정 시작하려니, 어떻게 해야 할지 몰라 방황을 했습니다. 결국 노력 끝에 저에게 맞는 공부법을 찾았습니다. 이후 전 멘토단에 합류하게 되었고, 퀴드스터디를 접했습니다. 저는 한 우물형이었습니다. 설명을 보니 제가 공부하던 방법과 정말 유사하여 깜짝 놀랐습니다. 저는 자신에게 맞는 공부법을 찾는 것은 매우 중요하게 생각합니다. 공부에 쏟는 노력과 시간도 중요하지만, 공부하는 방법도 성적 향상에 큰 역할을 하기 때문입니다.

- 한양대 국어국문학과 박○○ 멘토

학창 시절 입시에 성공하기 위해서는 '나만의 공부법'이 있어야 한다고 줄곧 들어왔습니다. 하지만 저는 저에게 맞는 공부법이 무엇인지 명확하게 알지 못했죠. 대중적으로 알려진 플래너를 활용하는 공부 방법, N회독 등을 시도했지만 저와 맞지 않았습니다. 여러 시행착오를 겪은 끝에 저는 학습 속도가 느린 편이고, 학습 계획을 상세하게 세우는 일을 어려워하는 성향이었습니다. 이에 따라 키워드 중심으로 적는 위클리 플래너를 활용했고, 필기를 할 때는 상세하게 모든 내용을 적는 것보단 키워드를 중심으로 정리하여 이와 연관된 개념들을 떠올리고 상상하는 방법을 활용했습니다. 학습 초반에는 속도가 느린 탓에 좌절도 많이 했으나 저의 계획대로 이행됐을 때에는 남들보다는 더 잘하는 경우가 있어 이를 양분 삼아 더욱 열심히 공부했던 기억이 있습니다. 나에게 맞는 공부 방법을 찾기 전에는 반드시 '나의 성향'에 대해 알아야 합니다.

- 상명대 교육학과 홍○○ 멘토

저는 고등학교 학창 시절에 기출문제집으로 공부하면 문제 푸는 감각이 생긴다는 말을 믿고 기출문제집을 활용해서 공부했습니다. 문제집 몇 권을 풀었지만 성적은 그대로였고 향상도 미미했습니다. 당시에는 절대적이라고 생각한 공부 방식이 통하지 않아 많이 좌절하기도 했습니다. 그러던 와중에 학교 선생님의 추천으로 인터넷 강의를 위주로 들으며 차근차근 순차적으로 개념을 잡아 나가며 공부를 했고 이를 중심으로 저에게 맞는 공부법을 발견했습니다. 저에게는 차근하게 하나씩 순차적으로 공부하는 것이 제일 좋은 방법임을 찾았던 것입니다.

그 이후로 대학생활 중에 우연히 참여했던 대학생 프로그램에서 퀴드스터디 성향별 공부법을 접했습니다. 그리고 제가 한 우물형이라는 것을 알게 되었습니다. 그리고 저와 너무 잘 맞는 공부법을 추천해 주는 것을 보고 놀랐습니다. 그렇게 헤매면서 찾았던 공부법을 여기서 자세하게 알 수 있었습니다. 누구에게나 다 맞는 공부법은 존재하지 않겠지만, 나에게 딱 맞는 좋은 공부법은 존재한다고 생각합니다.

- 성균관대학교 교육학과 김○○ 멘토-

전체주의형 멘토단의 후기

저는 운 좋게도 제 성격상 스스로의 공부법에 대한 확신이 있었지만, 사실 저의 공부법은 사실 많은 선생님들이 인정하고 추천하는 방식은 아니었습니다. 주변에서 진짜 공부하고 있는 게 맞냐는 질문도 많이 들었죠. 그럼에도 저에게 맞는 방식이기에 그 효과는 확실했고 자신감을 가지고 지속적으로 이 공부 방법으로 진행했습니다. 그러다가 쿼드스터디를 접하고 놀랐습니다. 제가 실천했던 방법이 쿼드스터디에 그대로 있었기 때문입니다. 저와 비슷한 유형의 학습 스타일을 가진 친구들이 이 책을 보고 자신에게 맞는 공부 방법 그리고 자신에 대한 확신을 얻어가실 수 있을 거라 생각합니다. 물론 자신의 공부 방법을 찾고자하는 다른 모든 분들 또한 마찬가지입니다.

- 서울대 생물교육과 문○○ 멘토

저는 전체주의형 학습 스타일을 선호하는 학생으로서, 어릴 적부터 대부분의 학교나 학원의 학습 방법에 큰 어려움을 느꼈습니다. 그래서 저만의 효율적이고 도움이 되는 공부 방법을 찾고자 노력했고, 그 과정에서 쿼드스터디를 알게 되면서 놀라운 사실을 하나 발견했습니다. 예를 들어, 저 같은 전체주의형 학습자는 교과서를 반드시 순차적으로 볼 필요가 없습니다. 대신 여러 단원을 자유롭게 넘나들며, 마인드맵을 통해 핵심 개념을 중심으로 세부 내용을 확장해 나가는 방식이 훨씬 효과적입니다.

여러분도 '모두가 하는 공부 방법'을 따라 가지 못한다고 해서 스스로를 탓하지 마시고, 자신에게 맞는 자기주도적인 학습 스타일을 꼭 찾아가시길 바랍니다. 공부는 단순히 입시를 위한 일시적인 활동이 아니라, 대학을 졸업하고 사회생활을 하며 나이가 들어서도 계속 이어지는 장기적인 마라톤이라고 생각합니다. 이러한 여정 속에서 내가 무엇을 좋아하는지, 나의 목표는 무엇인지, 그 목표를 이루기 위해 어떤 계획을 세워야 하는지를 탐색하는 시간은 매우 중요합니다.

- 태재대학교 김○○ 멘토

전체주의형 성향의 학습자들은 자신의 학습 방식과 가정 및 학교에서 추구하는 학습 방식과의 괴리를 느끼기가 쉽습니다. 저의 방법도 대부분의 상위권 학습자들이 사용하고 추천하는 학습 방식은 아니었죠. 하지만 다행히도 가정과 학교에서 제 학습법을 믿어주었기에 편하게 제가 하고 싶은 공부를 할 수 있었습니다.

공부에 있어 정해진 길은 없습니다. 자신이 가는 길이 곧 길이 되는 것입니다. 처음 쿼드스터디를 접했을 때 느낀 점은 '내 방법이 틀리지 않았구나'였습니다. 주변 상위권 친구들의 공부법을 보다 보면, 나의 방법에서 불확실성을 느끼게 될 수밖에 없습니다. 그런데 쿼드스터디를 보니 저와 유사한 방식으로 공부를 하는 학생들이 존재한다는 것을 알았습니다. 쿼드스터디를 미리 접했더라면 좀 더 제 공부 방법에 대해 확신을 가질 수 있었을 것 같습니다. 비단 저와 같은 유형뿐만 아니라 다른 유형 학생들도 이 책을 참고한다면, 자신의 장점과 공부법에 좀 더 확신을 가지면서 공부할 수 있을 것입니다.

- 고려대 자유전공학부 및 경영학과 오○○ 멘토

학창시절 실망스러운 성적을 받아 보기도 하고, 학원에 다녀도 성적이 오르지 않아 혼자 고민하던 시간도 길었습니다. 그 과정을 겪으며 깨달은 사실, 공부는 결국 '나에게 맞는' 전략을 찾아가는 여정이라는 점입니다. 남들이 좋다고 말하는 공부법을 무작정 따라하는 것이 아니라, '나는 어떤 사람인가?'에 대한 질문에 먼저 답하는 일이 중요합니다.

쿼드스터디는 이 복잡한 여정을 훨씬 단축시켜줄 수 있는 내용을 담고 있습니다. 저는 '전체주의형'인데, 정말로 이 유형의 학습자들이 주로 활용하는 플래너 작성 방식대로 공부를 하고 있었습니다. 쿼드스터디를 일찍 알았더라면, 나에게 맞는 방법을 찾기까지의 시행착오를 훨씬 줄일 수 있었을 것 같아 아쉽기도 합니다. 그만큼 자신의 길을 찾지 못하고 있는 많은 학생들이 이 이야기를 어서 접하면 좋겠다는 바람이 있습니다.

- 이화여대대학원 교육공학과 고○○ 멘토

이 책은 저와 같은 전체주의형 학습자에게 월간 플래너, 마인드맵 등 자유롭게 사고를 정리할 수 있는 도구를 권합니다. 저도 중학교 때는 마인드맵으로 한 단원을 뿌리(핵심내용)-줄기(구체내용)로 나눠 익혔습니다. 고등학교에 올라가니 한 장의 마인드맵에 담기에는 학습 내용이 방대하여 단권화 학습법을 사용했습니다. 두꺼운 연습장 한 권에 내용을 정리하되, 여백을 넉넉히 두는 것이 저만의 방식이었습니다. 이해가 깊어질 때마다 이전 내용을 보강할 수 있도록 왼쪽 장만 쓰고 오른쪽은 비워두었습니다. 이렇게 남겨둔 공간은 다시 돌아와 채우면서 '사고의 엮음점'이 되었고, 회독을 할 때에는 내용에 대해 생각할 시간을 가질 수 있는 틈이 되었습니다.

예를 들어 국어는 한 지문에 달린 문제나 개념이 앞서 공부한 다른 지문과도 연관된다고 생각되면 해당 지문의 여백에 추가로 정리했습니다. 영어는 새 단어를 지문 옆에 적어두는 것보다 낯설고 중요한 순서대로 따로 정리했습니다. 또, 지문의 제목을 직접 상상해 보면 글을 더 잘 이해할 수 있었습니다. 수학은 다른 과목보다 표준적인 방법으로 개념과 문제풀이 위주로 학습했습니다. 단, 잘 안 외워지는 공식, 복수 풀이가 가능한 문제 등 중요하게 생각하는 부분을 그때그때 연습장에 기록했습니다.

각 과목마다 방식은 달랐지만, 돌이켜보면 모두 '직관'과 '총체'라는 큰 흐름 안에 있었던 것 같습니다. 저와 같은 성향의 학생들은 반복 학습을 통해 곳곳의 정보를 연결하며 통찰력을 발휘하는 데 강점을 가지기 때문에, 회독 횟수를 늘려감에 따라 이해의 폭을 급속도로 넓힐 수 있습니다. 단, 빠른 회독으로 연결점을 터득하는 것과 천천히 사고 흐름을 따라가며 정리하는 것은 속도 면에서 서로 충돌할 수 있어, 균형을 찾는 데 어려움이 따를 수 있습니다.

지금 이 글 역시 떠오르는 내용을 먼저 적고 흐름을 연결해 완성했

듯, 학습 스타일은 사고의 방식과 밀접하게 닿아 있습니다. 여러분도 자신의 성향에 맞는 공부법을 발견해 더욱 즐겁고 효율적인 학습을 이어가길 바랍니다.

-성균관대학교 글로벌리더학부 황○○ 멘토

나에게 꼭 맞는 학습 성향별 공부 가이드
무조건 성적이 오르는 쿼드스터디

ⓒ 김청유 2025

인쇄일 2025년 6월 19일
발행일 2025년 6월 26일

지은이 김청유
펴낸이 유경민 노종한
책임편집 구혜진
기획편집 유노라이프 구혜진 **유노북스** 이현정 조혜진 권혜지 정현석 **유노책주** 김세민
기획마케팅 1팀 우현권 이상운 **2팀** 이선영 최예은 전예원 김민선
디자인 남다희 홍진기 허정수
기획관리 차은영
펴낸곳 유노콘텐츠그룹 주식회사
법인등록번호 110111-8138128
주소 서울시 마포구 월드컵로20길 5, 4층
전화 02-323-7763 **팩스** 02-323-7764 **이메일** info@uknowbooks.com

ISBN 979-11-94357-18-6 (13590)

- — 책값은 책 뒤표지에 있습니다.
- — 잘못된 책은 구입한 곳에서 환불 또는 교환하실 수 있습니다.
- — 유노북스, 유노라이프, 유노책주는 유노콘텐츠그룹의 출판 브랜드입니다.